改訂最新版

# ソフトテニス指導教本

（公財）日本ソフトテニス連盟公認

## SOFT TENNIS COACHING TEXTBOOK

（公財）日本ソフトテニス連盟 編
ベースボール・マガジン社

# まえがき

公益財団法人 日本ソフトテニス連盟
専務理事　佐藤 健司

　ソフトテニスは、すでに140年余りの歴史を持ち、国内だけでなく東南アジアをはじめ世界の約60ヵ国（地域）で行われるまでになりました。これは、この競技が魅力にあふれ、多くのプレーヤーに愛され、支えられて、普及されてきたからにほかなりません。

　日本で生まれ育ち、世界に普及したスポーツですが、これも、広く世界への普及に目を向けた関係者の方々の努力の賜物にほかなりません。

　こうした努力によって、海外における競技人口も増え、1990年には北京のアジア競技大会で公開競技に採択され、続く1994年10月の広島アジア競技大会で正式種目として実施されて以来、タイ・バンコク、韓国・釜山、カタール・ドーハ、中国・広州、韓国・仁川、インドネシア・パレンバン、そして2023年中国・杭州と実施され、2026年の日本・名古屋でも実施が決定しています。

　このようにほかの競技とともに公式総合競技大会に参加し、世界選手権大会も2011年韓国・聞慶、2015年インド・ニューデリー、2019年中国・台州で行われました。また、1年の延期を経て2024年には韓国・安城にて開催され、世界五大陸から32ヵ国（地域）が参加し、盛大に行われたことは、ソフトテニスの競技性が認められた証であると自負しております。

　戦後、ソフトテニスの繁栄ぶりには目を見張るものがありました。その一つの要因に早い時期からの「指導員制度」の確立があったと考えられます。そして、この制度の発展的なものとして、日本体育協会（現日本スポーツ協会）公認の「スポーツ指導者制度」が生まれました。

　この指導教本（改訂最新版）は、日本スポーツ協会の公認スポーツ指導者制度に基づき、学校や職場、地域のスポーツ活動の中でソフトテニスを普及発展させる公認の指導者だけでなく、多くのソフトテニス愛好者の技術向上にも大変役立つ内容になっています。本書が幅広く活用され、ソフトテニスの普及と発展に役立てていただければ幸いです。

　本書は、日本ソフトテニス連盟の指導委員会（現指導者育成委員会）、強化委員会、医科学委員会をはじめとする各分野の専門家の分担執筆により構成され、2014年に発刊した指導教本に再編集を加え、さらにわかりやすい内容になっています。

　執筆・編集に携わっていただいた方々には深く感謝申し上げます。また、本書出版（改訂最新版）にあたりましては、篠邉保指導者育成副委員長、井田博史医科学委員長の編集へのご努力とベースボール・マガジン社さまの協力がありましたことを申し添えておきます。

　今回の指導教本は、2025年に本連盟が創立100周年を迎えるにあたり、さらにソフトテニスを世界に普及させるための記念の材料として活用していただければと考えております。

2025年3月

# 編集・執筆者一覧

## 編集・執筆

**佐藤 健司** (公財)日本ソフトテニス連盟専務理事

**篠邉 保** (公財)日本ソフトテニス連盟
参与・指導者育成委員会副委員長

**井田 博史** (公財)日本ソフトテニス連盟医科学委員会委員長
茨城県立医療大学

**堀越 浩** (公財)日本ソフトテニス連盟競技委員会委員長

**浅川 陽介** (公財)日本ソフトテニス連盟競技委員会／
用具・用品・施設部会部会員

**増木 博一** (公財)日本ソフトテニス連盟審判委員会委員長

**小野寺 剛** (公財)日本ソフトテニス連盟強化委員会副委員長

**川上 晃司** (公財)日本ソフトテニス連盟
ナショナルチームマネージャー　天理大学

**松口 友也** (公財)日本ソフトテニス連盟 U-17 チーム男子監督

**守重 昌彦** (公財)日本ソフトテニス連盟医科学委員会／
医学部会長　ぜんしん整形外科

**梶山 翔子** (公財)日本ソフトテニス連盟医科学委員会／
アンチ・ドーピング部会長　ななほし堂鍼灸院

**永野 康治** (公財)日本ソフトテニス連盟医科学委員会／
トレーナー部会長　日本女子体育大学

**村山 孝之** (公財)日本ソフトテニス連盟医科学委員会／
スポーツ科学部会長　金沢大学

**福原 和伸** (公財)日本ソフトテニス連盟医科学委員会／
スポーツ科学部会員　東京都立大学

**中本 裕二** (公財)日本ソフトテニス連盟国際委員会委員

**田中 俊充** (公財)日本ソフトテニス連盟国際委員会委員

**北本 英幸** 元(公財)日本ソフトテニス連盟常務理事・強化委員長

**石井 源信** 元(公財)日本ソフトテニス連盟強化委員会／
医科学部会長　東京科学大学名誉教授

**楠掘 誠司** 元(公財)日本ソフトテニス連盟強化委員会／
医科学部会員　県立広島大学

**山本 裕二** 元(公財)日本ソフトテニス連盟医科学委員会委員長
新潟医療福祉大学

**工藤 敏巳**（故人） 元(公財)日本ソフトテニス連盟医科学委員会／
スポーツ科学部会長

**水野 哲也** 元(公財)日本ソフトテニス連盟医科学委員会／
スポーツ科学部会員　東京科学大学名誉教授

## 編集協力

**目加田 優子** (公財)日本ソフトテニス連盟医科学委員会／
医学部会員　文教大学

**藤本 陽** (公財)日本ソフトテニス連盟医科学委員会／
医学部会員　静岡県立こども病院

**國友 耕太郎** (公財)日本ソフトテニス連盟医科学委員会／
医学部会員　国立病院機構熊本医療センター

**江夏 元揚** (公財)日本ソフトテニス連盟医科学委員会／
医学部会員　山田記念病院

**箱崎 美伽** (公財)日本ソフトテニス連盟医科学委員会／
アンチ・ドーピング部会員　獨協医科大学

**緒方 貴浩** (公財)日本ソフトテニス連盟医科学委員会／
スポーツ科学部会員　帝京大学

**高橋 和孝** (公財)日本ソフトテニス連盟医科学委員会／
スポーツ科学部会員　日本女子大学

**大野 勝敏** 元(公財)日本ソフトテニス連盟指導者育成委員会委員

**東海林 裕晴** 元(公財)日本ソフトテニス連盟指導者育成委員会委員

---

## 編集・執筆（2014 年版）

**表 孟宏**（故人） 元(公財)日本ソフトテニス連盟
会長

**髙井 志保** (公財)日本ソフトテニス連盟理事

**笠井 達夫** (公財)日本ソフトテニス連盟顧問

**神崎 公宏** (公財)日本ソフトテニス連盟顧問

**丹崎 健一** (公財)日本ソフトテニス連盟参与

**柳下 秋久** (公財)日本ソフトテニス連盟参与

**野際 照章** (公財)日本ソフトテニス連盟参与

**斉藤 広宣** (公財)日本ソフトテニス連盟
強化委員会委員

**兼平 智孝** (公財)日本ソフトテニス連盟
ナショナルチーム男子トレーナー

**土井内 友巳奈** (公財)日本ソフトテニス連盟
U-21 チーム女子トレーナー

**高川 亜紀** (公財)日本ソフトテニス連盟
U-17 チーム女子トレーナー

**深間内 誠** (公財)日本ソフトテニス連盟
U-14 チーム男子トレーナー

**中野 道治** (公財)日本ソフトテニス連盟
医科学委員会／トレーナー部会員

**佐藤 美穂** (公財)日本ソフトテニス連盟
医科学委員会／トレーナー部会員

**小峯 秋二** (公財)日本ソフトテニス連盟
運動部活動地域移行推進委員会
委員長　北翔大学

**岡村 勝幸** (公財)日本ソフトテニス連盟
運動部活動地域移行推進委員会
委員

**島本 好平** 法政大学

**立谷 泰久** (独法)日本スポーツ振興センター
国立スポーツ科学センター

**元日本ソフトテニス連盟専門委員／
元強化チームスタッフ**

小西 俊博・武田 博子・松口 康彦・田中 弘・中堀 成生・高川 経生・安達 和紀・池田 征弘・橋本 康徳・鈴木 明子・中津川 澄男・沼崎 優子・永井 博典（故人）・出家 正隆・藤島 淑子・川野 因・平井 博史・浅川 圭子

# CONTENTS

まえがき ............................................................................ 3

編集・執筆者一覧 ................................................................ 5

動画のみかた .................................................................... 8

## 第1章　ソフトテニスの特性　9

## 第2章　ソフトテニスの歴史　15

## 第3章　ソフトテニスの技術　29

§1　効果的な身体の使い方 ............................................ 30
§2　ラケットの握り方 .................................................... 40
§3　グラウンドストローク ............................................ 50
§4　ボレー ...................................................................... 78
§5　スマッシュ .............................................................. 104
§6　サービス .................................................................. 114
§7　レシーブ .................................................................. 122

用語の解説 .................................................................... 128

## 第4章　ソフトテニスのマッチ　131

§1　ダブルス .................................................................. 132
§2　シングルス .............................................................. 134

用語の解説 .................................................................... 150

## 第5章　ソフトテニスの指導　151

§1　U-14 の指導の現状 .............................................. 152
§2　U-17 の指導の現状 .............................................. 153
§3　U-21 の指導の現状 .............................................. 154
§4　ナショナルチームの指導の現状 ............................ 156
§5　生涯スポーツとしての指導の現状 ........................ 158

# 第6章 ソフトテニスのルールと審判 ......161
用語の解説 ......166

# 第7章 ソフトテニスの トレーニング理論と実践 ......169

§1 ソフトテニスに必要な体力 ......170
§2 体力トレーニング ......185
§3 メンタルトレーニング ......191

# 第8章 ソフトテニスの科学理論 ......211

§1 生理学 ......212
§2 心理学 ......221
§3 バイオメカニクス ......231
§4 脳神経科学 ......239
§5 機能解剖学 ......249
§6 栄養学 ......269

# 第9章 ソフトテニスの医科学サポート ......271

§1 安全対策 ......272
§2 傷害と予防 ......274
§3 救急処置 ......281
§4 女性とスポーツ ......285
§5 心理サポート ......291
§6 戦術的サポート ......298
§7 トレーナーサポート ......307
§8 ITサポート ......319
§9 アンチ・ドーピング ......324

### 動画のみかた

■ **動画について**

動画は本書のために撮影・編集したものです。第3章「ソフトテニスの技術」、第4章「ソフトテニスのマッチ」の内容と連動する形でイメージ動画として紹介しています。動画を見ることで、動きのポイントを、より具体的なイメージとしてとらえることができます。本とあわせて活用してください。

※一部、書籍と動画で動作の細かい部分が異なるものもあります。

■ **動画の視聴方法**

QRコード®をスマートホンやタブレット型のパソコン等に付属のカメラで読み取り、視聴してください。

■ **動画の視聴に関する注意**

動画はインターネット上の動画サイト（YouTube）にアップしたものを表示するシステムを採用しています。YouTubeやQRコード®、インターネットのシステム変更・終了、及び回線の通信速度・制限の問題による視聴不良や視聴不能が生じた場合、著作権者・発行者は責任を負いません。

■ **本書に関する注意**

動画に関する権利は、すべて著作権者・発行者に留保されています。承諾を得ず、無断で複製・放送・上映・インターネット配信することは法律で禁じられています。また、また、無断で第三者に譲渡・販売すること、営利目的で利用することも禁じます。

※QRコード®はデンソーウェーブの登録商標です。

## 収録内容

**第3章　ソフトテニスの技術**

§1　効果的な身体の使い方

§3　グラウンドストローク

§4　ボレー

§5　スマッシュ

§6　サービス

§7　レシーブ

**第4章　ソフトテニスのマッチ**

§1　ダブルス

§2　シングルス

# 第1章

## ソフトテニスの特性

# 1．ソフトテニスとは

　ソフトテニス競技は国際性ならびに魅力あるゲーム性を配慮しての10年単位の2度にわたるルールの改正から，ソフトテニスのゲームの特徴の変化について，その概要をまとめてみたいと思う。

　まずは，1994年にルールの改正が抜本的に行われて，ソフトテニスのダブルスゲームが大きく変わることになる。新しい国際ルールの主な改正点は，サービス時にレシーバー以外ベースラインの外に位置しなければならないという「ポジションの制約」と，ネットプレーヤーはサービスをしなくてもよい不平等性の理由からの「サービスのやり方」の2点の変更であった。

　そして国際ルールで2003年まで10年間実施されてきた反省から，ソフトテニスの魅力をより引き出すべく「ポジションの制約」をなくすことにルールを改正し，現在に至っている。

　特に，同一ゲームの中でサービスを2ポイントずつ2人が交替して行うやり方は，硬式テニスとは大きく異なる特徴であり，選手自身がオールラウンドのプレーを目指すことにもつながり，より魅力的なものになっているものと思われる。

　一方，ダブルスを主体として発展してきたソフトテニスも，シングルスが1993年に正式に導入されてから国際大会で勝利するためにはその重要性が大きくなり，その普及にさまざまな試みがなされ，今はジュニアの大会でもシングルスが導入されることになった。

　以前は両サイドのネットの高さを調整することによって，同じコートで硬式テニスとほぼ同様に行われていたが，正式に導入された時に採用されたルールは現在のそれとは大きく異なり，コートの左右半面を使って正クロス，逆クロス，正ストレート，逆ストレートの順でポイントを取り合うものであり，硬式テニスとは違うやり方を志向したが，ダブルスのための練習という意味合いも強

く，またラリーが長く続き，観る立場で間延びして面白くないといった意見が多く，2004年には国際ルールの制定により，改正されることになった。現在は1.07mのパラレルに張られたネットの高さで，硬式テニス同様のコートで行われている。

# 2．ソフトテニスの競技特性

　ラケット競技には，主にソフトテニス，テニス，卓球，バドミントンなどが挙げられる。これらは類似しているが，ラケットの長さ，重さ，ボールの形状，重さなどが異なり，そこから生まれる技術や戦術が，競技独自の様相が見られる。それぞれダブルスとシングルスの形態があり，ラケットを用いてネットをはさんで球を打ち返しながらポイントを競い合う間接型（非接触型）のスポーツである点で共通している。

　以下，ソフトテニスの競技特性をまとめてみる。

## (1) ボールとラケットの特性

　30〜31gの柔らかい白いゴムボールを，200〜300gの軽いラケットで打球を操作する。ボールは空気入れで調整するものであり，プレーするコートサーフィスで1.5mの高さから落として，70〜80cmバウンドするものとする。

## (2) 打球の特性

　コート中央のネットをはさみ，2人対2人（ダブルス），1人対1人（シングルス）の形でサービスから始まり，自分の手でトスしたゴムボールをノーバウンドで打球し，レシーバーは自陣のサービスコートでワンバウンドしたボールをレシーブ返球する。それ以降のラリーではワンバウンドまたはノーバウンドのボールを自由に打ち合うことができる。

## (3) ゲーム特性

　サーバーは，1ゲームの中でパートナーと2ポ

イントずつ交代して行う。

サービス時にはもう一方のパートナーは，後陣あるいは前陣に自由にポジションを取ることができ，いろいろな展開が可能であり，グラウンドストロークをベースにボレーやスマッシュといったオールラウンドのプレーが課題となっている。

## (4) 技能の特性

ベースラインプレーヤーにはグラウンドストロークにおけるコース，スピード，軌跡の長短，ボールの回転，球種などをコントロールする技術，及び相手のネットプレーヤーに対処する技術，さらには味方ネットプレーヤーをコンビプレーで活躍させる技術が必要になってくる。

一方，ネットプレーヤーには，基本的にネット際からサービスラインあたりまでボレーやスマッシュの技術が必要になってくる。またサービスの際，ベースラインからネットにつくまでの対応が極めて重要となってくる。ゲームにおいては，どちらのプレーヤーにも相手から打たれようとするボールのコースや球質に関する予測，及び瞬時の判断と決断と反応が要求される。

## (5) 体力特性

ソフトテニスは，「走る」「打つ」といった動作からなり，人間の最も基本的な身体運動が基盤となっている。

「走る」動作の中には，前後左右に，時には瞬間的に素早く，またゆっくりといった緩急自在でリズミカルなフットワークが要求される。試合に勝つためには最後まで粘り強く戦い抜くためのスタミナは必須である。

「打つ」動作では，相手返球のコースや落下点を予測し，スピーディーなフットワークと打球時に大きな力を加えるためのパワーが必要である。また，スピードと正確性をコントロールするために重心の移動や，回転動作を生み出すための足・腰，腕とのバランスのとれた動作が要求される。

## (6) 心理特性

ソフトテニスは，相手との心理的かけひきが重要なメンタルなスポーツである。作戦・戦術面における予測判断は重要であり，物理的根拠や心理的根拠のもとになされる。特に大事な場面で不安やプレッシャーによる緊張をいかにコントロールするか，また日頃身につけた力を大会でいかに集中して発揮するか，さらには，いかに自信を持って戦うかといったメンタルタフネスが要求される。

# 3. ソフトテニスの魅力

日本で生まれたソフトテニスが，多くの老若男女の愛好者によって楽しまれている魅力とは，どんなものだろうか。以下に，その魅力を挙げてみよう。

年少者から高年齢層までの老若男女が，軽いラケットを用いて遊び感覚で柔らかいボールを打ち合い，少人数でゲームができ，手軽に親しめるスポーツである。

ラケットが軽く，ボールが柔らかいため，硬式に比べるとコートに多人数が入った練習プログラムを工夫することができ，ボールや人との衝突やけがの危険性は極めて少なく，手首の腱鞘炎やテニスエルボーなどの傷害は，比較的少ない安全性の高いスポーツである。

初級者の段階ではラリーを1本でも長く続けようとすることによって，お互いのノンバーバルなコミュニケーションや相手を配慮した心配りがなされ，目標とする回数が達成された時の喜びや満足感は何ものにも代え難い。

柔らかいゴムボールをひっぱたいて打球した時に生まれるあの響きわたる快音は，学業や仕事に疲れた心の中のストレス，心配ごとを解消させるぐらいスカッとさせてくれる。

同等なレベルで打ち合いをする時，お互いが1本1本意図を持って返球しながら，相手のミスを誘った時，あるいは相手をパワーやスピードで

打ち負かした時の喜びは格別である。

スピード，コース，球質などを考えながら，ベースラインプレーヤーはネットプレーヤーをかわす喜びを，逆にネットプレーヤーはポジションやモーションによってベースラインプレーヤーのミスを誘ったりポーチしたりして，悩まされる存在としての心理的かけひきを楽しむことができる。ダブルスの試合で，ペアの2人が話し合いながら協力して攻撃や防御のパターンを展開してポイントした時のコンビプレーの醍醐味は，お互いの喜びを倍増させてくれる。

実際に自らプレーするだけでなく，観たり支えたりするサポーターとして大いに楽しむことができるスポーツである。

# 4. ソフトテニスの現状

1884年以来140年の歴史を持つソフトテニスは，約35万人の登録人口と多くの愛好者を持つ日本における大衆的競技スポーツの1つである。

また，国際普及の努力の成果が実りつつ，新しい国際的競技スポーツとしても発展の途上にあるといえる。

ソフトテニスは，大きく競技スポーツと生涯スポーツに分けることができよう。その普及，発展は，学校体育を中心に展開されてきており，また企業スポーツ，さらには地域スポーツに支えられてきている。

## (1) 学校スポーツ(体育)の現状

ソフトテニスの普及・発展は，体育系及び教育系を卒業して各地域に採用され赴任した教員が，学校教育における活動展開を基盤に重要な役割を担ってきている。なかでも中学校，高校を中心として支えられてきており，保健体育科目の1種目として指導要領にも位置づけられ，体育実技の授業として行われている。また部活動としての位置づけはその発展に極めて大きく貢献してきており，高校に進学すると競技人口が約7万人（令和5

年度）と減少する傾向にあるが，中学校においては部活動の加入者数がほかの競技に比べて上位の位置を長年維持しており，女子では約15万人でバレーボールに次いで第2位，男子では約12万人でバスケットボール，サッカー，軟式野球，卓球に次いで第5位（令和6年度）という現状である。ソフトテニスの特性から来る大きな魅力があるからにほかならない。

## (2) 競技スポーツの現状

日本連盟に登録されている競技人口は35万人（2024年3月現在）といわれる。主な国際競技大会には，ソフトテニス独自に開催されている世界選手権やアジア選手権があり，JOC関連ではアジア競技大会，東アジア競技大会（2013年終了）があり，ソフトテニス競技における「3大国際大会」が開催されている。オリンピック競技大会への参加を夢みながら，アジア圏への普及はもちろん，ヨーロッパへの普及，アメリカへの普及が精力的に日本連盟の国際委員会を中心として行われている。

2022年に長期基本計画「未来構想（2022〜2041）」を策定して，「全世代が夢と感動を持てるソフトテニス」「次世代へ持続可能なソフトテニスを目指す」を掲げた。なかでも次世代を担う子どもたちが希望に夢を輝かせることができる取り組みとして，2040年のオリンピック参入を目指すことになった。

競技力に関連した事業として，特に平成10年頃から指導委員会を中心に日本体育協会（現日本スポーツ協会）の強化を目指す公認スポーツ指導者養成が精力的に行われ，ラケット競技の他種目とほぼ同等な数の公認コーチが養成されてきている。平成17年度からスタートした競技者育成プログラムも着実に成果を上げてきており，指導者陣の共通した一貫指導が徹底されつつあるように見受けられる。

小学生プレーヤーからレディースや中高年のシ

ニアのプレーヤーまで幅広い年齢層の愛好者のための全国大会まで開催され，種別（少年，一般，成年，シニア45からは5歳刻みでシニア80まで）が設けられている。特にほかの競技と比べれば，中学生においては上位を占めるほどの人気種目である。

### (3) 生涯スポーツの現状

一方で普及に関しては，ジュニア層への普及，また中高齢者層にも根強い人気がある。40代あたりから健康のためやストレス発散のために近くのクラブに入会してはじめてソフトテニスに触れる，あるいは学生時代に経験したソフトテニスを楽しみながら再び基礎技能の習得や体力づくりで，健康維持増進のために心地よい汗を流し，シニアライフをエンジョイされているのが現状である。なかでもレディースの大会もますます発展してきている。大衆性スポーツ・生涯スポーツから見れば，確実にメジャースポーツといえる。平均寿命が延びて，4人に1人が65歳以上という高齢化社会が進み，ソフトテニスの重要性はますます増してくるであろう。

第 **2** 章

ソフトテニスの
歴史

# 1. 前史時代

[1868 ～ 1882（明治元～ 15）年頃 ]

　日本で最初にテニスが行われたのは明治の初め頃と考えられ、それは外国の公使館員や宣教師などによるもので、1868（明治元）年とも 1870（明治 3）年ともいわれる。場所は横浜の山手公園、神戸の東遊園地、長崎、東京の築地等の外国人居留地といわれている。

　当時の話に、「明治初年、東京の築地に外人の居留地ができた時分、そこに住んでいる外国人が時々亀の子笊（亀の子のような格好をしたざる）のようなもので球を打ち合って面白そうに遊んでいるのを見た」というのがある。また、長崎のグラバー邸の庭園に日本最初のテニスコートに用いられたローラーが現存している。

　一方では、1873 ～ 1874（明治 6 ～ 7）年頃に、海外遊学の日本人たちがこれを持ち帰って試みたという話もある。それを安部磯雄が岡山へ初めて伝道師として赴任した際に、自ら試みたり人にも教えたりしたという。さらに生糸の商人が習って、これを甲府で試みたともいわれている。

　近代テニスは、1874（明治 7）年にウインフィールド少佐によって発表されたが、当時はコートの形は長方形ではなく砂時計の形をしており、ネットのところでくびれていた。コートが長方形になったのは、ヘンリー・ジョーンズが全英クラブにローンテニス（硬式）を追加採用した 1877（明治 10）年である。

　世界のローンテニスの発生（1874 年）が日本の年号では明治 7 年にあたり、長方形のコートの採用が明治 10 年ということになるので、どう考えても明治 10 年以前に日本でローンテニスが行われていたとは考えられない。おそらくローンテニスの前身であるフィールドテニスか、それに近い種類のものがラケットによってプレーされていたものと考えるのが正しいようである。

　イギリスにおけるローンテニスも最初はゴムまりで、ローン（芝生）すると多少ボールのバウンドが不規則になるのでボールをフエルトで巻いたといわれている。そのことは『As to the ball, the first used was soft and un-covered.』と『THE COMPLETE LAWN TENNIS PLAYER（完全なるテニスプレーヤー）』という本にもある。

# 2. ソフトテニスの発生

[1884 ～ 1887（明治 17 ～ 20）年頃 ]

　1878（明治 11）年、日本政府の招きで来日したアメリカ人の G・A・リーランド博士が、翌年開設された体操伝習所のために、後年になって、わざわざアメリカから用具を取り寄せて学生に教えたといわれている。そのボールはローンテニス（芝生テニス）のボールで、それを紛失したり破損したりした時、輸入品なので入手しにくく、加えて国内で製造するのにも技術的に無理であった。しかも経済的にも問題があったので、その代用品として、比較的入手しやすい女の子の手まり用のゴム球を使用したのだが、これがソフトテニスの発生となった。場所は体操伝習所（後の東京高等師範学校・現筑波大学）で運動場には長い間「日本テニス発祥の地」の立て札があったという。ソフトテニス誕生の発端である。

　日本にいつ頃からゴム球があったのかについては明確ではないが、日本の最初のゴム工場は、土谷秀三が 1886（明治 19）年 12 月に創立した、三田土ゴム会社である。これが、現在のソフトテニスの公認球の 1 つである「赤M」を製造している昭和ゴム株式会社の前身である。ソフトテニスの発生は、このゴム会社の創立よりも前ということになるが、この間は輸入されていたゴム球でプレーされており、輸入品はドイツ製で、青色の馬印のマークがついていたということである。

　最初はボールの生産技術が伴わず、ヤスリでボールの革の厚い部分を削り、ボールのブレを少なくして試合に臨んだとのことである。

## 3. 日本語最初のテニスの本

### 『戸外遊戯法』

1885（明治18）年に坪井玄道・田中盛業編集の『戸外遊戯法』という本が出版されているが，これが日本語によるテニスの本，そしてルールの最初のものであろう。ただし，このルールは，1883（明治16）年に東京でF・W・ストレンジが出版した英文の『アウトドア・ゲームズ』を翻訳したものと推測できる。

## 4. 普及と発展

### [1887 〜 1897（明治20〜30）年頃]

この頃はローンテニスと呼ばれてはいたが，ゴム球のテニスがだんだん行われだした1886（明治19）年には，体操伝習所ではそれが廃止になって，高等師範学校に体操専修科が置かれ引き継がれた。前述の『戸外遊戯法』の編者坪井玄道が高等師範学校体操専修科の教師になったためで，ローンテニスを教える一方，1890（明治23）年に三田土ゴム会社に委嘱してゴム球の製造をさせた。

当時，製造するのならなぜ硬球にしなかったのだろうと思われるが，幸い女の子のつく手まり用のゴム球なら入手しやすく，しかも3〜4銭と価格も安かった。使ってみると結構，間に合う。そんなこともあって，東京高等師範学校がわざわざ三田土ゴム会社に注文してつくらせる頃は，もうすでにテニスは「庭球」といわれて日本化されて，ゴム球になりきっていたのではないかと考えられる。

明治20年代には，輸入されたゴム球によってテニスが行われ，学生間に流行するに従って，その需要が日々に増加していった。明治30年頃までにはゴム球を製造している会社が2社になり，明治40年頃までには7社にもなっている。

三田土ゴム会社も1890（明治23）年に製造を開始し，どうにか国産球を完成したのが1900（明治33）年，特許を取ったのが1908（明治41）年と，長い年月を費やしている。1887（明治20）年頃から，東京高等師範の卒業生は地方に教員として赴任したが，それとともにゴム球のテニスも日本全国に普及していった。

明治30年頃のドイツ製「青馬印」は1ダース1円から1円20銭で売り出されていたが，赤Mボールは1円5銭で売り出され，赤Mボールの出現により輸入ボールは姿を消すことになる。その頃のゴムマリは赤，黄，緑とカラフルであったのが舐めると体に悪いということで白色になった。

## 5. 「テニス」と「庭球」

### [1894（明治27）年]

「テニス」という外来語も「庭球」という日本語も，現在は何気なく使われているが，「テニス」にピッタリの日本語の「庭球」がよくも生まれたものだと感心できる。「ベースボール」を「野球」といっているが，本来ベースとは「基底・土台」の意であることから，「底球」であってもよいはずであるが，音読みで「テイキュウ」となって混同してしまう。

事実，ベースボールを「塁球」「基球」「底球」といっていた頃もあり，「テイキュウ」といえば「テニス」か「ベースボール」かをはっきり区別することができなかった。「テニス」が「庭球」という日本語に定まったのは，1894（明治27）年10月28日である。

これは，ベースボールの育ての親の1人である中馬庚が，『一高校友会雑誌』の号外を同日付で出し，テニスを「庭球」，ベースボールを「野球」にと提唱したことによるものである。

## 6. 東京高等師範と東京高等商業の日本最初のテニス対抗戦

### [1898（明治31）年]

1898（明治31）年末，東京高等師範と東京高等商業の間で対抗テニス試合が行われた。これは

日本における対抗戦としては最初のものである。

東京高等師範に庭球部が生まれたのは1888（明治21）年頃で，1896（明治29）年頃にはテニスは校技と称せられるほど盛んで，全生徒はほとんどラケットを手にし，その費用も運動会の全経費の3分の1以上を支出したとある。

当時の東京高等師範はお茶の水にあり，東京高等商業が神田一橋にあった。東京高等師範の付属中学からは東京高等商業へ進む者も毎年何人かあったことから，東京高等師範で行われていたテニスは，明治20年頃から30年頃までの間にだんだん東京高等商業でも行われるようになり，対抗的な意識が芽生えるようになってきた。

1898（明治31）年11月，双方10組ずつの選手を出して5回ゲームで試合が行われたが，東京高等師範が段違いの差で楽勝した。その後の10年間の対戦成績は，東京高等師範が8勝2敗で勝ち越している。

当時のコートの大きさは現在と同様であるが，ラインは石灰やラインテープではなく，木を埋めたり，じょろなわを張って釘で留めたりしていた。ルールなどもはっきりしておらず，ネットも正規の高さより低かったといわれる。試合方法も，この時はじめて両校協議の結果出来上がったものであるが，5回勝負2組勝抜優退という方法である。これは，両校から10組ずつの選手を，順番を決めて出し，5回ゲームをやって，3ゲームを先取した方を勝ちとする試合である。もし，その最初に勝った組が次の相手の組にも勝った時は，優退と称していったん引き下がって，ひととおり全部の試合がすむまで休んでいる。そして10組が最後まで戦ったあと，一方に優退した組がなければその優退組を出した学校の勝利，もし両校に優退組があるとその優退組を再び決戦させて，結局残った側を優勝校とする方法である。その2組優退法の名残として，現在でも殲滅戦という1組優退法というべきものがある。

# 7．連合テニス大会

[1902（明治35）年]

1898（明治31）年に対抗試合が行われてから4年後の1902（明治35）年5月18日，東京高等師範の主催で東京12校の連合テニス大会が開かれた。ということは，東京でテニスが各大学に急速に普及していったことがうかがわれる。

この各学校連合テニス大会は，東京高等師範の沿革史によると「これ恐らく我が国に於ける総合テニス会の濫觴（ものごとの始まり）であろう。都下12校の選手を招待し，お茶の水校舎運動場の中央に新設せられたコートで行われた」（番組省略）とあり，現在隆盛になっている各種大会の発生といえるだろう。

# 8．4校対立の中で生まれた　　最初のルール

[1904（明治37）年]

東京高等師範と東京高等商業に続いて，1899～1900（明治32～33）年頃から早稲田・慶応もテニスが盛んになり，猛練習の結果，1904（明治37）年には早くも4校がまったく互角の勢いを示した。そしてルールも，今までのような翻訳的な申し合わせでは満足できなくなってきた。

そこで，4校の代表委員が集まって，はじめて純日本式のソフトテニス規則を制定したが，出来上がったものはまだまだ不備な点が多く，コートの大きさ，ボールの重さや大きさ，そのほか重要なことに厳格な規定がなく，不文律として習慣に委ねられていた。

これは，当時としては無理もないことであろう。ただし，この4校で制定したルールがソフトテニスとしての最初のルールであった。

# 9．陣形の変化

現在，ソフトテニスで一般化されている陣形は，雁行陣といって後衛と前衛が専業の陣形であるが，

この陣形もいろいろな変化を経て現在に至っている。

まず鶴翼陣法と魚鱗陣法とに分けることができる。

鶴翼陣法とは、「蓋しこの場合に於て中央線の右に落つる球は右方競技者、その左に落つる球は背部競技者に一任するを可とす。この鶴翼陣法は容易かつ適当なる配備にして、最も普通一般の例なり。併しここに他の異れる陣法を張る人あり。即ちサーブ線の前方に落下する球は一人にて総て受合ひ、他の一人はむしろネットより遠く距りて落つる球のみを打ち返へす。若し競技者の一人が『バウーレイ』を得意とする時はむしろこの魚鱗陣法に依るを良策とする」とあり、前者が並行陣で後者が雁行陣といえるであろう。

古い時代にはシュートボールが少なく、ロビング並行陣が主であったので、このように優雅な名称をもつ新しい戦法もあったようである。また、底部並行陣・小雁行陣・大雁行陣・中部並行陣・単縦陣などの名称の分け方もある。

底部並行陣は、2人ともベースラインにいて打ち合うもので、1903（明治36）年ぐらいまではこの陣形が普通の陣形となっていた。小雁行陣は、1人がベースラインに、そしてほかの1人はサービスラインぐらいに進んで戦う陣形であり、大雁行陣は現在の陣形で、中部並行陣は2人ともサービスラインぐらいまで前進してプレーすることをいう。また、単縦陣は最も変形的なもので、コートを縦に半分にしたその一方に2人とも陣取って打ち合う陣法である。

雁行陣といっても、現在のようにサービスやレシーブの時から前・後衛に分かれているのではなく、当時はラリー（打ち合い）中に、チャンスを見てベースラインからネットに前進してノーバウンドでボレーをしたり、スマッシングをしたりしたのである。

# 10. ルールの変遷

1885（明治18）年に、『戸外遊戯法』という日本語のルールがはじめてつくられてから、4校対立の1904（明治37）年に至る約20年間にも、ルールにいろいろな変遷が見られる。その後のルールの変遷も含めて、特に現在のルールと著しく異なっている点について取り上げてみた。

## (1) いろいろな名称

1897（明治30）年以前は、ボールをプレーしはじめる方法をサービングと呼んでいる。もっと古く1887（明治20）年頃はサルブともいっており、日本語では打出人ともいう。そして、サービスを受け返す相手の人、つまりレシーバーをストライカー・アウトといい、打返人といっている。

また、デュースとしてアドバンテージの際にも、サービスサイドが有利であればアドバンテージイン、レシーブサイドが有利であればアドバンテージアウトといっている。アドバンテージのことを「先手許容」などという難しい日本語で説明しているテニスの指導書もあり、「利益」ともいっている。また、デュースのことを「対立」といっている。

## (2) サービスの行い方

審判がポイントカウントを宣言することによってサービスを始めるのであるが、明治30年代にはサービスをする際は、サーバーが相手に対して「ノーティス（通報）」と宣言して、相手に準備をさせてからサービスをしたようである。また、「ノーティス」と宣する代わりに「プレー」といったり、日本語で「用意」といったこともある。

また、審判が「始め」といってからサービスをしたこともあり、発言はしないけれど、サーバーがラケットを両手で持ち上げて相手に合図をして、レシーバーも同様にラケットを両手で持ち上げて合図をしたのを見届けてから、サービスをしていた時期もあった。

サービスコートも片方のコートだけラインが引いてあって1ゲームごとにサーブする組はチェン

ジ・コートをした時もあったようだ。

## （3）ネットの張り方

ソフトテニスでネットを一直線に張ることは，たび重なるルールの変更にも関わらず，案外明治期から採用されていたのかもしれない。

「網の張り方には二様あり，一つは上線を地面に並行ならしむる張り方にして，他の一つは両端を高く中央部を低くする張り方なり。何れを採用するも戯友の自由なれども四十呎（フィート）内外のものを地面と並行に張ることは困難なるべけれど，かくの如き場合は中頃を三呎両端を三呎六吋（インチ）の高さに張るを便とする。両端の支柱は長さ五呎内外細くして強き棒を用ひ，上部に二条の細紐を結び地中に打ち付け，網の位置を固定するなり」というルールがある。

## （4）ネットの判定

1902（明治35）年頃までは，ネットに触れて相手のコート内に入ったボール（サービスのレットも，打ち合いの場合でも）はすべて有効であったようである。

「甲は庭の外境線に沿へる或一定の位置よりサーブを為せり，そのサーブ球は飄々として網の上部に軽く触れ，網に近き端に落ちたり。この時この球を返へす位置を占めし丙は突進し，辛くもその球を受け止めしが，その球は余り強きに過ぎ……球は正に庭外に落ちぬ。すなわちここに第一戦は終りを告げ，丙丁の組は敵に一点を輸せしなり」とある。

また，「旧来の規則に拠れば，このサーブ（レットインのサービスのこと）は適良なりといへども，その後この規則を改めてかくの如き球をレットと唱へぬ」ともあり，サービスだけがレットとなり，現在のようなルールに変わったことを示している。

そのほかにも，サービスであっても打ち合いであっても，すべてノーカウントになっているルールもある。

「一軍の一将が球をネットに打ちつけるか，或は適当なる敵の球庭以外に入るまでは中止することなし。ネットの頂上に触れて敵の適法なる球庭内に落下する場合，即ち『レット』の場合は，今日に於いては，再びやり返すまでにて，勝敗の計算に別段の影響なし」とあり，すべてノーカウントである。

## （5）サービスをする場所

現在のルールでは，「サービスは，サイドラインの延長線からセンターマークの延長線までの間においてベースラインの外で行わなければならない」となっているが，明治・大正期のサービスの位置については，「サーブを為すに当りては少くとも一脚をベースライン外に置くべきものとす」とある。現在から見ると妙なルールで奇怪な感がするが，当時のテニスの指導書を見ると，全部そのようになっている。

それでは，もう一方の足はどうなっていたかということであるが，1907（明治40）年頃までは，一脚はベースライン上において行ったといわれている。

また，ソフトテニス最初のルールともいわれている1904（明治37）年のルールの第6条には，「サーヴァーがサーヴセントスル時ハ，ソレ一脚ニテラインヲ踏ミ，他ノ一脚ヲラインノ外ニ置クモノトス」とあり，1907（明治40）年の改正によって，第19条に「サーヴヲ為スニ当ツテ少クトモ一脚ヲベース線外ニ置クベキモノトス」と変更されている。

現在のように両脚ともライン外に置くように変更されたのは，1923（大正12）年の改正によったものである。

ボールが，ネットまたはネットポストに触れたあとに相手方のサービスコートに入った場合はレットであるが，古いテニスルールでは，サービスのセンターライン上にボールが落下した場合もノーカウントで，やり直しとなっている。つまり，

サービスボックスが2つあり，そのセンターのラインは互いにほかと共用しているものとの判断から，ライン上に落ちたボールがノーカウントになったと考えられている。

このルールは，1908（明治41）年の改正から大正時代にかけてのルールであり，それ以前のルールはサービスのオンラインや，イレギュラーバウンドもノーカウントであったりしている。

## 11. 慶応大学 硬式テニス転向への波紋

[1913（大正2）年]

1913（大正2）年2月，慶応大学庭球部は硬式に転向した。当時は先見の明に賛成する人もいたが，ソフトテニス界からはあまり好ましいとは思われなかった。慶応大学は転向したが，ソフトテニスは依然として隆盛を極め，全国津々浦々まで普及し，対抗試合には応援団も観衆も熱狂した。

## 12. ソフトテニスの衰退

[1913（大正2）年～]

1913（大正2）年に硬式に転向したのは慶応大学であったが，1920（大正9）年に至って東京高等師範，東京高等商業，早稲田大学，明治大学，東京大学と，主たる大学が一斉に硬球を採用した。関西でも1921（大正10）年，京都大学，神戸高等商業，関西学院が硬式に転向したために，ソフトテニスは凋落してしまった。

当時の庭球誌にはまさに日本のテニスが本来の硬式（レギュレーションボール）になり，ソフトテニス（ゴム球）は消滅するような文面が多く見られる。しかし一方，社会人クラブはソフトテニスを採用し，また，大学でも東京医専，東洋大学，国学院大学，中央大学などが関東学生軟式庭球連盟を結成し，女子生徒のソフトテニスも盛んとなり，社会人クラブと女子によってソフトテニスは発展していった。

## 13. 準硬球の誕生

[1920（大正9）年]

1920（大正9）年に登場した準硬球は，1924（大正13）年に至ってその役目を果たすようになった。このボールを考案したのは鳥山隆夫で，軟球の打球法では硬式は打てないということと，硬式のボールが高価であるという2つの理由からである。

準硬球によって硬球の打法を会得し，安価で硬球と同じプレーができる，というキャッチフレーズで，1926（大正15）年には，大阪毎日新聞社主催の全国中等学校準硬球庭球大会シングルス，ダブルスの大会が開かれるくらいに発展した。しかし，全国的に普及されるには至らず，昭和初期には姿を消してしまった。

## 14. 明治神宮ルールと 2協会の対立

[1924～1925（大正13～14）年]

1924（大正13）年10月に第1回明治神宮大会が開催されたが，ソフトテニスはちょっとした行き違いから競技種目に加えられず，第2回大会から参加することになった。この第2回大会に参加する際に，現今のルールは改正の必要ありということになり，7月下旬から8月下旬まで約1カ月の長期間を費やして神宮ルールの制定をみた。

この神宮ルールが制定されたことをめぐって，日本軟球協会から選出された委員と，そのほかの委員とで意見の食い違いが生じ，軟式庭球界に2つの統轄機関が生まれる結果になってしまった。

神宮ルールの改正の際には，従前のルールの改正点は10数カ所であったが，全日本軟式庭球連盟が設立されて対立した時に，ルールで相違した点は，「各プレーヤーが交互にサーヴィスする」ことに反対であることと，「シングルゲーム」を認めないという2点であった。

しかし，この2統轄機関も1928（昭和3）年4月7に日本軟球連盟として統一され，そしてま

た，1931（昭和6）年に至って神宮ルールが再度論議されはしたものの，1933（昭和8）年に日本軟式庭球連盟の創立をみた。

## 15. 戦争で衰退

[1938〜1945（昭和8〜20）年]

1933（昭和8）年以降，ソフトテニスはまた隆盛を極めるが，1938〜1939年を境にして，第二次世界大戦の影響下，ゴムは軍需物資となってボールそのものも配給制となった。また，原料をまわしてもらうために「軟式庭球」を「和球」などという名称変更も真剣に考えられ，また競技規則でもサーブを一球で行うことになった。そして，テニスコートも戦時農園として大半がいも畑になってしまった。

## 16. 復興と隆盛

[1945（昭和20）年〜]

第二次世界大戦後は国民の意気向上にスポーツが叫ばれたのに呼応して，ソフトテニスも全国的に復興し，国民体育大会（現国民スポーツ大会）を中心に社会人・学生・高校生・中学生・小学生の全日本大会をはじめ，各種大会が盛大に実施されている。

そして，特に昨今はレディーステニススクールが各地で行われ，テニスブームをもたらし，ソフトテニス人口700万人ともいわれている。

また，国際的にも普及し，世界選手権大会も行われて，以前から行われている韓国，中華台北，中国はもちろんのことアメリカ，ドイツ，ハンガリー，イタリア，チェコ，ポーランド，イギリス，ベルギー，ブラジル，ドミニカなど，約40の国（地域）に広がっている。

## 17. 現代のソフトテニス

〈30年の主な出来事〉

### （1）競技名称変更（1992（平成4）年4月1日）

**「軟式庭球からソフトテニスへ」**

1990（平成2）年のアジア競技大会で公開競技として開催され，1994（平成6）年のアジア競技大会（広島）での正式種目実施がほぼ確定したことなど，目覚しい国際普及により，世界の多くの国（地域）での「ソフトテニス」という名称が定着していることから，この機会に競技名称を「ソフトテニス」に統一し，今まで以上に愛されるスポーツとして国内外における一層の普及発展を目指すことにした。合わせて，（財）日本軟式庭球連盟を「（財）日本ソフトテニス連盟」に改称した。

### （2）ルールの変遷

**新ルール（国際ルール）制定**（1993（平成5）年1月）

広く一般大衆に親しまれるスポーツとして国内外における一層の普及を図るため，プレーヤーの平等性を確保し，かつ，全員攻撃，全員防御の原則に立ち，より多様で柔軟なゲーム展開を志向するとともに，シングルスの導入により競技者個人の評価が明確になるよう図ることなどを主眼とした，ダブルス・シングルスの新ルールを制定した。

　①改正のポイント

（a）サービス交替制の採用

ゲーム中に2人のパートナーがそれぞれ2本ずつ交替でサービスする。

（b）ポジションの制約を設ける

サービスをする時，レシーブをする者以外のプレーヤーはサービスが終わるまでベースラインの後方に位置する。

（c）ファイナルゲーム時のサービスのチェンジとサイドのチェンジ

ファイナルゲーム時にサービス，レシーブの交替を実施し，2ポイント以後4ポイントごとにサイドのチェンジを行う。これと合わせてゲームの勝敗を7ポイント先取，6オールでデュースとする。

（d）シングルスを正式に導入する

従来，国際的大会ではダブルスのみが行われていたが，国際的には個人プレーを重視する考え方から要望の強いシングルスルールを制定した。当初のルールは，ボール，ネットをダブルスと同じにし，コートを4分割して使うことにより，硬式テニスとの違いを明確にした。

②**ルール改訂（ソフトテニスハンドブック）制定**（2004（平成16）年4月1日）

1993（平成5）年1月の新国際ルールの施行後は，プレー全体の動きが大きくなり，またプレーヤーの平等性も高まり，競技性の向上という当初の目的は達成したが，実施から数年を経過し，①ファウルの問題，②シングルスの競技性の問題という課題が生じたことから，見直しを行った。

（a）改正ポイント〈ダブルス〉

（1）ポジションの制約の廃止

サービスをするプレーヤーのほかはポジションの制約は行わない。

（2）異議の申し立ての禁止

アンパイヤーの判定に対し質問は認めるが異議の申し立てを認めない。

（3）警告及び罰則

警告が3回で失格（1回目－（イエローカード）注意，2回目－（イエローカード）注意，3回目－（レッドカード）失格）

（b）改正ポイント〈シングルス〉

（1）4分割によるコートの使用の廃止。コートの幅を硬式と同じシングルスラインとする。

## （3）会員登録制度とIT化の推進

**会員登録制度の実施**（1999（平成11）年4月1日）

日本ソフトテニス連盟及びその加盟団体（下部組織含む）における会員組織を確立し，会員及びその所属団体の把握を明確にすることにより，普及活動の基盤として役立てるとともに，各組織の健全な財政に寄与させるため，会員登録制度を実施した。

＊会員組織の確立

会員組織の掌握によって，各年齢層にわたる従来以上にきめ細かな指導普及体制（システム）の構築や普及活動結果の評価を可能とすることで，組織の活性化を図るもの。

＊財政への寄与

各競技団体は，一般的に会員からの会費などを財源として運営されており，各都道府県連盟や市区町村連盟などでもいろいろなかたちで会費制が導入されていることに対し，日本ソフトテニス連盟は加盟団体（支部）単位での一括会費制となっていたことから，これに加えて，登録料としての個人会費制を導入し，ソフトテニスの一層の普及のために行う諸事業の財源に役立てるもの。小学生中学生についてはジュニア審判を普及促進することを条件に当分の間は無料とした。

（a）小学生・中学生の会員登録有料化（2005（平成17）年4月1日）

長年の懸案となっていた小・中学生の会員登録について，IT化を図ることにより会員登録事務を軽減して有料化に踏み切った。有料化当初は大幅に登録料が減少したが，各支部（都道府県連盟等）の努力とソフトテニス愛好者の協力により年々登録数は増大し，会員登録制度が定着した。関係者の要望が高かった会員登録料納付システムの構築により，支部（都道府県等）の会費も合わせて納付され，日本連盟・支部共に資金繰りが円滑となって事業推進に大きく寄与している。

（b）会員登録システムのIT化

従来の紙ベースでの管理をIT化（全国一律の一元化システムを導入）によって，実務の効率化が実現でき，日本連盟，支部（都道府県連盟等）及び団体の管理者の事務効率が，飛躍的に改善さ

れた。

あわせて，会員登録料納付システムを導入した
ことで，登録料の納付及びその入金チェック作業
の効率化を図ることができた。24時間いつでも
登録でき，コンビニやゆうちょなどからも登録料
の納付が可能になり，安全で確実な事務への移行
により会員登録の推進が図れた。

会員登録，審判，技術等級番号の統一化により
管理が一元化されたことで，会員の大会参加資格
チェックが全国どこにいてもインターネットの環
境があれば瞬時に会員の状況が把握できるように
なり，支部（都道府県連盟等）や団体管理者の事
務作業の軽減を図ることができた。

また，会員サービスとして，会員証（カード）を
発行し，ソフトテニス会員の明確化を図っている。

### ①連盟のホームページ推進

IT化に伴い，日本連盟及び支部（各都道府県
連盟等）のホームページ化を推進し，会員への情
報提供（大会や事務連絡等）を実施している。

また，YouTubeで各都道府県にホームページ
上のWeb動画配信環境を提供することで，各地
域の大会結果や技術向上のためのVTRなども配
信している。

### ②審判認定システム・技術等級認定システムの導入（2009（平成21）年）

審判資格認定と技術等級認定をIT化するとと
もに，会員登録番号の永久統一番号化による会員
登録，審判，技術等級のシステム統合を実施した。
その結果，大会参加申込み時の資格チェックがす
べてシステム化され，ソフトテニス会員のデータ
ベースが文字通り一元管理され，一層の事務の効
率化が実現できた。

### ③大会申込システムの導入（2012（平成24）年）

日本連盟主催の大会申込システムを導入するこ
とで，大会運営の効率化を実現させた。

申込時の会員資格・審判資格・技術等級資格の
各チェックが瞬時に自動判断されることで，ミス
のない迅速な申込処理が可能になった。

申込時の振込実務や入金管理も事務効率が飛躍
的に向上でき，あわせて，管理実務の透明化や安
全性を確保することができた。

## （4）競技者育成プログラムの推進と全国展開

国際レベルの競技能力の開発を目指して，競技
者の発掘，育成，強化の全体を通じた共通の理念
と指導カリキュラムに基づいて，それぞれの時期
に最適な指導を一貫して行うこと。また，ソフト
テニス競技をより魅力のあるスポーツに育て，競
技を通じて青少年の育成に寄与していくことを基
本理念として，平成16（2004）年度に競技者育
成プログラムを策定した。

**高校生・大学生の全日本選手権大会成績（上位入賞者数）**

| | | ①平成7（1995）年～平成16（2004）年 | | | | | ②平成25（2013）年～令和6（2024）年※ | | | | | 増減 | 伸び率 |
|---|---|---|---|---|---|---|---|---|---|---|---|---|---|
| | | 優勝 | 準優勝 | 第3位 | ベスト8 | 小計 | 優勝 | 準優勝 | 第3位 | ベスト8 | 小計 | ②－① | ②／① |
| 高校生 | 男子 | 0 | 0 | 0 | 2 | 2 | 0 | 0 | 2 | 4 | 6 | 4 | 3 |
| | 女子 | 0 | 0 | 0 | 1 | 1 | 2 | 0.5 | 1 | 0 | 3.5 | 2.5 | 3.5 |
| | 小計 | 0 | 0 | 0 | 3 | 3 | 2 | 0.5 | 3 | 4 | 9.5 | 6.5 | 3.2 |
| 大学生 | 男子 | 0 | 1 | 4 | 7 | 12 | 3.5 | 0 | 6 | 15 | 24.5 | 12.5 | 2 |
| | 女子 | 1 | 3 | 3 | 8 | 15 | 4 | 1.5 | 3 | 11 | 19.5 | 4.5 | 1.3 |
| | 小計 | 1 | 4 | 7 | 15 | 27 | 7.5 | 1.5 | 9 | 26 | 44 | 17 | 1.6 |
| 計 | 男子 | 0 | 1 | 4 | 9 | 14 | 3.5 | 0 | 8 | 19 | 30.5 | 16.5 | 2.2 |
| | 女子 | 1 | 3 | 3 | 9 | 16 | 6 | 2 | 4 | 11 | 23 | 7 | 1.4 |
| | 合計 | 1 | 4 | 7 | 18 | 30 | 9.5 | 2 | 12 | 30 | 53.5 | 23.5 | 1.8 |

※令和元年と2年は新型コロナ感染拡大により未開催のため除く

日本ソフトテニス連盟では平成17（2005）年度から競技者育成プログラムを全国でスタートし，各都道府県のSTEP-1，2（地域）として活動に対して一定の助成を行い，STEP-3（ブロック）に参加する優秀選手を発掘・育成し，8ブロックのSTEP-3に各都道府県の指導者が集まりSTEP-4に推薦する選手を強化・選考し，11月のスポーツ拠点化事業である宮崎のSTEP-4ジュニアジャパンカップで全日本アンダー選手を選出している。このSTEP-4で選ばれた選手からSTEP-5の全日本アンダーチームを編成し，1年間合宿や強化練習に参加して競技力向上を図っている。これら全日本アンダーチーム選手は，ナショナルチームへと育ち，日本代表としていろいろな国際大会で活躍する選手が相次いでいる。特筆すべきはこの競技者育成プログラムの推進以降，若い選手層の活躍は目を見張るものがあり，この一貫指導システムの成果が如実に表れているものと思われる。

参考に，競技者育成プログラムをスタートした平成17（2005）年度の前の10年間と近年の全日本選手権大会における高校生と大学生の活躍状況を比較した。

## （5）「公益財団法人」への移行認定

公益法人制度改革に基づき，公益法人への移行を望む団体は2013（平成25）年11月までに移行手続きを行うこととなった。当連盟も，全国を統括する競技団体として高い社会的信用を維持し，公益目的事業である「ソフトテニスの普及振興事業」を行うため，公益財団法人移行へ向けて準備を進め，2012（平成24）年3月21日付けで内閣総理大臣からの認定書を取得した。準備にあたっては，公益財団法人移行後も，円滑で適切な業務執行を可能とするため，外部委託をせずに事務局内部で研修して申請資料等の作成を行い，移行手続きを自らの手で行ったことは当財団の大きな自信と財産になった。同年4月1日付で登記手続きが完了し，新法人として公益財団法人日本ソフトテニス連盟が新たにスタートを切った。これに伴い，主務官庁も文部科学省から内閣府に変更になるとともに，連盟の基本規則が寄附行為から定款へと変わり，各種規程の整備を合わせて行った。

## （6）日本連盟新事務所を取得，岸記念体育会館から品川区へ移転

日本ソフトテニス連盟の事業拡大に伴い，永年入居していた岸記念体育会館の事務室では手狭になってきたこと，各種会議を行うための会議室の確保が難しくなってきたこと，そして岸記念体育会館の老朽化等により，計画的に新事務所を探していた。

全国から集まるソフトテニス関係者にとって，飛行機でも新幹線でも便利，交通至便な品川で，耐久性に優れた28階建新築ビル2階の一部を新事務所として取得，2012（平成24）11月4日から新事務所での業務をスタートした。日本学生連盟も同居させ，毎年交代する学生役員に直接連絡指導できるようになった。理事会，専門委員会等各種会議が開催できるスペースが確保され，ソフトテニス振興を図る新たな拠点ができた。

## （7）「指導教本，映画，漫画」でソフトテニスを広くアピール

東京オリンピックが決定したことによる社会やスポーツ環境の変化に対応し，2020年，さらにその先を見据え，長期的展望にたってソフトテニスのアピールと振興策を積極的に展開し，ソフトテニスの素晴らしさを広く知らしめ，ソフトテニス愛好者の増加を図ることとした。

その一環として，現場でご努力いただいている多くの指導者の方々からの要望を受け，2014（平成26）年にDVD付の指導教本を作製し，全国1,500の書店や図書館に設置し，ソフトテニスの競技力向上や普及に役立てていただいた（本書は

その改訂版にあたる）。この指導教本に加え、ソフトテニス界でははじめての試みとしてソフトテニス映画と漫画を製作、広報活動としてこの3点セットで全国展開を行った。

映画は2015（平成27）年に47都道府県すべてで公開され、向こう10年間にわたり、あらゆる機会と場所をもって放映し、漫画は、指導教本と同時に、全国の書店や図書館に多くの愛好者の目に触れることとなった。

## （8）国際普及

日本でソフトテニスが生まれ140年（明治17年、令和6年現在）、多くの先人の熱意と努力によって国際普及が推進されてきた。国際普及の歴史を振り返ると、1956（昭和31）年に初めての国際大会である第1回アジア選手権大会（中華台北）が日本，韓国，台湾の参加のもとで開催されて以来，1975（昭和50）年には第1回世界選手権大会（ハワイ）へ発展し，1985（昭和60）年に第6回世界選手権大会がはじめて日本（名古屋市）で開催された。

さらに，中国への普及を足がかりにオリンピックへの道を目指し，新生アジアソフトテニス連盟が1988（昭和63）年に結成され，第1回アジアソフトテニス選手権大会が名古屋市で11カ国（地域）の選手，役員の参加のもとで開催された。

そして，国際普及の定着と飛躍に向けて開催されている世界選手権大会は，1995（平成7）年第10回大会が岐阜市で開催されたが，4年に1回開催される大会として第11回は1999（平成11）年に中華台北の台北で，第12回大会が2003（平成15）年広島市で開催された。ソフトテニスの国際大会としては唯一の世界規模の大会である世界選手権大会，その第13回大会は2007（平成19）年韓国の安城で開催され，ヨーロッパから13カ国（地域）をはじめ初参加が10カ国（地域）を超える状況で，過去最高の42カ国（地域）約350名の選手，役員が参加した大会となった。

14回大会も2011（平成23）年に韓国の聞慶で開催され，2大会続けて韓国での開催となっている。その後は2015（平成27）年の第15回大会はインド（ニューデリー）で，2019（令和元）年の第16回大会は中国（台州）で，ともに初開催され，2024（令和6）年の第17回大会は韓国の安城で2回目の開催となった。

また総合スポーツ大会としては1990（平成2）年の北京のアジア競技大会で公開競技として初めてソフトテニス競技が行われ，4年後の1994（平成6）年広島でのアジア競技大会で正式種目となった。以後，1998（平成10）年バンコク（タイ），2002（平成14）年釜山（韓国），2006（平成18）年ドーハ（カタール），2010（平成22）年広州（中国），2014（平成26）年仁川（韓国），2008（平成30）年ジャカルタ（インドネシア），2023（令和5）年杭州（中国），2026（令和8）年名古屋市と，正式種目として継続して競技がなされる。

一方，念願の将来を担うジュニアの夢と希望に応え，競技者育成プログラムの成果を検証するため，2009（平成21）年に第1回国際ジュニア大会を競技者育成プログラムと同様の年齢となるU-15, 18, 21のカテゴリーにより日本で開催し，三重県の四日市ドームで世界19カ国（地域）のジュニア選手による熱戦が展開され，日本は6種別中5種別で金メダルを獲得するという好成績を上げた。2014（平成26）年11月にはインドにて第2回世界ジュニア大会として開催され，2018（平成30）年には韓国にて第3回大会が，2024（令和6）年には中国にて第4回大会が行われた。

国際普及はアジアのみならず，ヨーロッパでも普及が進み，ハンガリー国際大会をはじめ，ポーランド国際大会，ドイツ国際大会，ワタキューカップなどが毎年開催されており，日本も毎年参加し，好成績を収めている。

公式国際大会としては，オリンピックと同じよ

うに4年に一度開催される大会として世界選手権，アジア競技大会，アジア選手権，東アジアユース競技大会の4大会があり，この4大会は同一年には開催されないよう計画されている。なお東アジアユース競技大会でソフトテニスは，2019（令和元）年 開催の第1回大会（台湾・台中）では実施競技となっていたが、大会が中止となり、2023（令和5）年開催の第2回大会（モンゴル・ウランバートル）では、実施競技から外れている。

# 第3章

## ソフトテニスの技術

# §1 効果的な身体の使い方

◀P030-033

競技力向上のためには、『心技体』の3つの要素をバランスよく磨いていかなければならない。それに加えて、本来、人間が持ち合わせている身体機能を無駄なく活用することでより一層のレベルアップを可能にできる。昨今、ソフトテニス界でもナショナルチームやアンダーの選手たちが、身体の各機能の働きを学び、それをプレーにつなげられるよう取り組んでいる。ここでは、特に、効果的な身体の使い方の一部を紹介していこう。

## 【パワーポジション】

### ■ ベースライン プレーヤーの場合

**内またにしない**
股関節から内またにするのではなく、膝だけを内側へ入れる意識を持とう。内またになってしまうと、重心移動がスムーズにいかず、動き出しの1歩に無駄ができる。

**身体を反らさない**
体軸に対して、身体が反ってしまうと、重心移動に時間がかかる。頭、膝、つま先が一直線になるようにやや前傾姿勢をとろう。ただし、前にかがみすぎるのもNG。

## 地面を踏みしめることで地面から力を吸収する

さまざまな競技で「パワーポジション」という言葉を使っている。ソフトテニスでいうと、待球姿勢の中で最も安定して力が入る姿勢のことを指す。パワーポジションとは、足の裏でグッと踏ん張り、身体が一直線（頭、膝、つま先）で、股関節が曲がっている状態のことである。

別の言い方をすると、上半身と下半身の独立した体勢の安定を保つ（バランス可動体軸）のことであり、この姿勢を獲得することで、正しく地面に力が伝わり、どの筋肉にも瞬時に力が加わっていく。移動時に効率よく、必要な力を一瞬で発揮することができる。

# ■ネットからの距離でパワーポジションは違う

ポジションがベースライン付近（写真左）、中間（中央）、ネット前と異なる場合、対処するボールのスピードや打点が違うため、パワーポジションも変わってくる。

- ●ネット前についている時　　ネット上を通過するスピードボールやスマッシュボールに素早く対応するため、足幅は肩幅くらいに開き、膝を緩め、伸ばしておく。つま先重心。
一瞬膝の力を抜いて、膝を落として地面に力を伝える。ただし、猫背にならず、ボールは上から見るようにする。
- ●中間　　　　　　　　　　　低い速いボールをノーバウンドで返球するため、やや前傾姿勢で足幅は肩幅よりも広くとり、膝をグッと曲げ、腰を落とす。
- ●ベースライン付近　　　　　ワンバウンドしたボールを返球するため、左ページにもあるように、膝は曲げすぎず内側に入れ、やや前傾姿勢をとる。両足裏で地面をグッと踏みしめる。

ポジションとネットまでの距離が異なることで、スムーズに動き出しの1歩を踏み出すためのパワーポジションも変わってくる。

最大の力を発揮するためには、地面をしっかりと踏みしめ、地面から力を吸収。膝、足首は柔らかくしておくものの、太ももやふくらはぎはリラックスさせながらも、キュッと筋肉を収縮させるようなイメージで待球姿勢をとるとよいだろう。

パワーポジションをしっかりとることで、待球姿勢からスムーズな軸移動ができ、素早く力強い動き出しの1歩を踏み出せ、フットワークのスピードアップにもつながる。

効果的な身体の使い方

# 【スプリットステップ】

## 両足のかかとで地面を踏みしめるだけで、腱の伸張反射を活用できる

どのような競技でも、「1動作（ワンアクション）で、瞬時に、いかに速く動き、移動できるか」はプレーをするうえで大きな課題となる。ここで重要なのが、『スプリットステップ』といえる。

スプリットステップとは、待球姿勢の状態から素早く動き出すために、地面に対して圧を加えて、その反動で素早い動き出しを生み出すこと。具体的には、パワーポジションの状態からつま先立ちになり、そこからかかとを踏みつけるように、地面に対して圧を加えることである。

身体の動きとしては、筋肉の張力と伸展スピードにより、地面に圧を加えることで筋の端につく腱が反応。そうすることで、筋の伸展をコントロール＝伸展反射を生み出すわけだ。言い換えると、

地面を踏みしめる

NG

**スプリットステップは両足ジャンプではない**

ジャンプしている時間がロスにつながる。かかとを地面に踏みつけるだけでスプリットステップはできる。

32　3章 ソフトテニスの技術

バランスを取って身体を前傾させ（＝パワーポジション）、かかとを上げている（＝パワーポジションからかかとを上げている）状態から、両足のかかとで地面を踏みつけると、アキレス腱が反応し、ふくらはぎが伸ばされ、次の動きに素早く移行できる。

ただ、スプリットステップは「パワーポジションの状態から両足ジャンプする」ことだと間違ったイメージを持っている人も多い。両足ジャンプをし、身体全体を上下に動かさなくとも（滞空時間をつくり、わざわざロスをつくることはない）、かかとを地面に踏みつけるだけで腱は反応し、筋が伸展コントロールされる。

パワーポジションからスプリットステップを行い、素早い動き出しを実現させる際に、もう1つ意識するポイントがある。それは、進行方向とは逆側の足で片足踏み切りをすることだ。そうして不安定な状態をつくると、ベクトル（地面に対して加えた力）に対し反対の力が働き、左右に均衡した状態をつくり出そうとする。この力を利用し動き出すと同時に進行方向側の足の拇指球で方向づけすることにより、体軸がブレず、安定した状態で効率よく目的の方向へ移動できるというわけだ。

### 両足つま先立ち状態から両足を地面に踏みつけ、地面に圧を加える

スプリットステップからの動き出し……右利きの選手がバック側へ移動する場合、パワーポジションから両足をつま先立ちにし、かかとを上げる。両足が着地すると同時に、右足で小さく踏み切り、左足の拇指球で左へ方向づけをする。その後、左足はバック側（左方向）へ向きを変えていく。

踏み込みは、親指の付け根を中心につま先全体を使う

パワーポジション　　両足のかかとが上がる　　かかとを地面に踏みつけ、右足で片足踏み切り。左足の拇指球で方向づけ　　一瞬で、左方向への移動体勢ができる

効果的な身体の使い方

# 【ゼロポジション】

## 肩関節が最も安定し、ボールに力が伝わる

　野球の投球動作、バレーボールでアタックなどを行う際にも重要視されている『ゼロポジション』。肩と腕の角度のことで、インドの整形外科医によって発見された、肩関節が最も安定し、ボールに力が伝わるポジションである。

　具体的には肩甲骨の軸と上腕骨（肩甲骨の棘突起と上腕骨の長軸）が一直線上になる肩と腕の位置関係を指す（脇の角度が120度くらい）。肩の周りには複数の筋肉があり、肩全体を支えている。ゼロポジションの位置関係にある時は、どの筋肉にもバランスよく力がかかり、肩が安定する。テニス競技でいえば、体幹部からのパワーを無駄なく、ラケットを通じてボールに伝えられるポジションといえる。

　具体的には、サービスやスマッシュの時に打点が下がってしまったとしても、ゼロポジションの条件を満たせるよう体幹を傾ける。そうすることで、効率よくパワーをボールに伝えることができ、パワフルなショットを打つことができる。

左腕が上がり、右腕が下がっている。左の脇が120度くらいの角度で上がり、肩甲骨の軸と上腕骨が一直線となり、ゼロポジションといえる。

スマッシュを打とうとしているが、肩甲骨の軸と上腕骨が一直線になっているため、ゼロポジションを維持したまま、下半身から上半身へと伝わってきたパワーを効果的にボールに伝えることができる。

左腕が上がっているものの、肩甲骨の軸と上腕骨が一直線になっていないため、ゼロポジションといえない。

効果的な身体の使い方

# 【ラケットを持っていない手を有効に使う】

## 利き手の肘を上げるためには、反対側の手の甲は上に向ける

コマは左右対称に回ることでスムーズな回転ができる。別の言い方をすると、左右対称の作用が自然な回転運動を生み出すということだ。

ソフトテニスのストロークを例に挙げると、スイング時にラケットを持った腕が前に出てくると、同時に逆側の腕は後方へ下がる。言い方を変えると、片方の腕が伸び、もう片方の腕が動いていない状態では回転はできない。だから、ストローク時は回転軸である脊柱（背骨）の左右のバランスが崩れてはいけないわけだ。

そう考えると、ラケットを持っていない側の手のポジションも非常に重要な役割を果たす。

右利きの選手がストロークでテイクバックをした場合、左手の手のひらを上に向けてしまうと、

理想的なテイクバックの姿勢。右利きの場合、左手は手の甲を上に向け、右肘を上げやすくする。身体と左手の間に空間をつくり、スムーズな回転運動につなげる。

利き腕の逆側の腕、左手が下がっているため、身体の回転を妨げる。

右肘は下がってしまう。一方で、手の甲を上に向けると、逆側の腕の肘は上げやすくなる。

同様に、左手がだらんと下がっていると、体軸を中心とした回転力を妨げてしまう。したがって、利き手側の右の脇はあけ、ふところをつくり、ラケットヘッドをしならせてスイング。それに対応して、左手は肘から一直線に後ろに下げていくのではなく、左腕が身体よりも少し外側に円を描くようなイメージで、左腕を外旋させながら、徐々に身体に引き寄せていくと腕の振りがスムーズに行える。

左肘が曲がっていることで、身体の自然な回転を利用することができない。

スイング時に左肘が曲がり、身体とラケットを持っている手の間に、スイング中に常に空間がないと、身体の回転を詰まらせてしまう。

効果的な身体の使い方

# 【運動連鎖】

　パワーポジションからスプリットステップを活用し、地面から得た力を最大限に利用して動き出しの1歩を行うことでスムーズかつスピーディーなフットワークにつながる。

　このように、ほかの場面でも、身体機能の働きを理解し、活用することで、効率の良い動きを習得していきたい。例えば移動後の打球時にも地面からの力を下半身、上半身、そしてボールへと無駄なく生かすことができる。それが『運動連鎖』である。

　具体的には、下半身で生み出された力が、時間的にズレながら徐々に力を大きくさせて、上半身、ボールへと伝わっていく。野球の投球動作やサッカーのキックなどさまざまな競技でも運動連鎖を活用している。

　テニス競技において、サービス、スマッシュ、

インパクトでは下半身で生み出された力を上半身、そしてボールへと伝えていく

身体の捻り戻しを行いながら後ろから前へと体重移動

そしてストロークと各ショットで運動連鎖は見られる。例えばフォアハンドストロークではパワーポジション、スプリットステップを行うことで地面からの力と下半身の力を得てテイクバック。このテイクバックの際に軸足の膝にタメをつくり、胴体を捻る。さらにラケットを振り出し、インパクトに向かう時、捻った身体を戻しながら、できるだけタメをつくった軸足の膝を内側に返さず、同時に踏み込み足の膝で壁をつくる。

このように身体の捻りと下半身のタメと壁をつくることで、下半身で生み出された力を上半身の動きへ効率よくかつ最大の力を伝えることができる。

ラケットを振り出すが、軸足の膝をギリギリまで内側に返さず、力をためる

テイクバック完了。胴体を捻り、軸足の膝にタメをつくる

# §2 ラケットの握り方

## 1. なぜ今、グリップの定義を行うのか？

ソフトテニスに関するグリップの問題はこれまでどのように認識されてきたのであろうか？

硬式テニスのみならずソフトテニスの研究において「日本テニス学会」は重要な学術交流の場であるが、同学会が学会化した当時に発行した小冊子には、Elliott博士による報告が多数確認できる。その中のElliott et al.(1986)の論文では、"All eight subjects used a continental grip"（実験参加者8人全員がコンチネンタルグリップを使用）というフレーズが書かれている。楠堀（1997）の論文では、ソフトテニスのグラウンドストロークを対象とした実験が行われているが、他の実験参加者がすべてウエスタングリップであるなか、1名だけはイースタングリップを使うと認識されているプレーヤーであった。イースタングリップのデータをウエスタンのそれと同じように扱ってよいのか疑問が残る。それは、グリップの違いがパフォーマンスに大きな影響を与えることは容易に理解できるからであるが、そのような影響を議論し、指導上の修正に活かすためには、まずグリップの違いを言語として共有する必要がある。そのためには、共通した言葉としてグリップを定義し、理解しなければならない。

Elliott et al.(1989)の論文には、"The Grip: One subject used an Eastern forehand and the other seven used a semi-Western grip"（グリップ：実験参加者の1人はイースタンフォアハンドを使い、他の7人はセミウエスタングリップを使った）とある。しかしながら、ソフトテニスの指導本のほとんどにおいてはセミイースタンと書かれている。Groppel博士（1984）の著作でも、

"In the forehand, for instance, an eastern, semi-western, or western-forehand grip is usually recommended"（例えば、フォアハンドでは、通常、イースタン、セミウエスタン、ウエスタンフォアハンドのグリップが推奨される）と書かれている。同時代のテキスト、『テニス教本』（日本プロテニス協会編、1994）では「一般的な分類」として6つのグリップが紹介されており、やはり「セミウエスタングリップ」と紹介されている。ソフトテニスの国際大会の場でも、「イースタングリップ」という言葉は通用しないようである。

## 2. グリップのグローバルスタンダードな定義

スポーツに限らず技術であれ、仕事であれ、海外で何かを普及・指導することに対して「言葉の壁」は非常に大きいが、ソフトテニスもご多分に漏れない。特に日本文化の影響を受けて競技として育ってきたソフトテニス（Kusubori & Tanaka, 2023）に関しては、その壁もさまざまである。

例えば、英語でグリップ（grip）とは「ラケット保持方法」のことであり、ラケットを保持する際に持つ柄の部分は、正しくはハンドル（handle）と呼ばれる。日本のソフトテニス関係者が、硬式テニスを背景とする東南アジア諸国のプレーヤーやコーチたちと話しをする場面では、「ハンドル」のことを「グリップ」と言ってしまうミスを犯すことも危惧される。アジア全域でソフトテニス競技の認知度を上げ、ソフトテニス競技のアジア競技大会参加継続を実現するためには、共通言語による共通理解が求められるであろう。

長きにわたり、軟式庭球時代からソフトテニス界の共通言語は日本語を土台にしてきたが、もともと硬式テニスからソフトテニスに転向する海外

プレーヤーと話をするにあたって、日本語ベースの指導には多くの支障があると考えられる。「セミイースタン」というグリップ名称もその1つであろう。国際テニス連盟（ITF）では、フォアハンドグリップとして3種類、バックハンドグリップとして3種類、フォアハンド、バックハンドどちらでも使えるグリップとして「コンチネンタル」グリップを定義している。フォアハンドでいえば、「イースタンフォアハンド」「ウエスタンフォアハンド」、そして「セミウエスタンフォアハンド」である（Crespo & Reid, 2009）。

存在しないグリップ名称を伝えても理解されることはない、ということは当然のことと思われる。日本ではバドミントンとソフトテニスでは「セミイースタン」という名称が使われているようだが、日本の硬式テニス関係者はその用語は使わない。そもそも存在しない「セミイースタン」というグリップ名称など、テニスに関する言語が共有できない状況にあることは大きな問題となりうる。

## 3. 多様なグリップの理解

テニスのオーバーハンドサービスにおいては、前腕部の回内運動がラケットヘッドスピード獲得のために効果があるとされている（Sprigings et al.,1994; Elliott et al.,1995）。これをウエスタングリップにあてはめて考えると、オーバーハンドショットの際にラケットを速く振るためには前腕の回内運動は必要だが、インパクトではラケット面は利き手側の体外側に向かって開くため、リバース回転のショットしか打てない。そのためラケット面を調整してフラットに打とうとすればショット速度は低下する。

前田と永野（2023）が行った関東学生リーグの1、2部に属する女子選手のサービス時のグリップ調査によると、2部校に所属する女子プレーヤーではその55.6％が、ウエスタンフォアハンドグリップでオーバーハンドサービスを行っていたという。従前から「女子は非力だからウエスタンでリバースサービスを」ということがよく言われていたが、今や硬式テニスでは小学生低学年であってもイースタングリップでサービスを行うのは当然のように見られる。

近年のソフトテニスにおいては、ネット際におけるラリーの応酬が目につく機会が多くなった。場合によっては、コンチネンタルグリップでの裏面でなければ対応できない場合も目立つ。ジュニア期の子どもたちが、イースタンやコンチネンタルグリップを使いこなせないという根拠は特に見当たらない。

スポーツが必ずしも高い国際競技力を持たなければならないわけではないが、スポーツに参加する人たちの理由はさまざまであり（Chelladurai, 2006）、それぞれの参加者のニーズに応えられるスポーツでなければ普及は困難だ。すでにエリートプレーヤーが存在するソフトテニスにとって、その高い国際競技力維持を図りつつ、普及にも尽力することが必要である。もともとスポーツへの参画度はそれ自体計ることが困難である（Gratton et al., 2011; De Bosscher et al., 2015）。たとえレクリエーションとして始めた子どもたちであっても、実際にどれだけ熱心に取り組んでいるのか判断するのは難しいということになる。そして、その中には未来のスターが存在する可能性がある。そのような可能性ある子どもたちに対して、レクリエーションであっても正しい知識を伝える必要がある。そうでなければソフトテニスそのものを考え、理解する機会を将来的に奪ってしまいかねない。

ソフトテニス界に見られる多くの壁を乗り越えるためには、共通の言葉で互いの理解度を高め合う必要がある。ソフトテニス競技として、最も基本となるべきラケットの持ち方「グリップ」の定義をグローバルレベルで統一することは、多大な利をソフトテニスにもたらすことになる。

# ラケットの握り方

文献

1) Chelladurai P. (2006). Human resource management in sport and recreation. 2nd Ed., Human Kinetics, Champaign, IL

2) Crespo M. & Reid M. (2009). Coaching beginner and intermediate tennis players: A manual of the ITF coaching programme. ITF

3) De Bosscher V., Shibli S., Westerbeek H. & van Bottenburg M. (2015). Successful elite sport policies. Meyer & Meyer Sports, UK

4) Elliott B., Marsh T. & Blanksby B. (1986). A three-dimensional cinematographic analysis of the tennis serve. International Journal of Sport Biomechanics 2, 260-271

5) Elliott B., Marsh T. & Overheu P. (1989). A biomechanical comparison of the multisegment and single unit topspin forehand drive in tennis. International Journal of Sport Biomechanics 5, 350-364

6) Elliott B., Marshall R. N. & Noffal G. J. (1995). Contributions of upper limb segment rotations during the power serve in tennis. Journal of Applied Biomechanics 11, 433-442

7) Groppel J. L. (1984). Tennis for advanced players and those who would like to be. Human Kinetics Publishers Inc., Champaign, IL

8) Gratton C., Rowe N. & Veal A. J. (2011). International Comparisons of Sports participation in European Countries: an Update of the COMPASS Project. European Journal for Sport and Society 8,1-2,99-116

9) 楠堀誠司 (1997).選択反応課題時のソフトテニス・フォアハンド・グラウンド・ストロークにおける上肢回転運動についての3次元分析研究. 金沢大学大学院教育学研究科修士論文

10) Kusubori S.& Tanaka T. (2023). Factors winning medals in international soft tennis events. Int. J. Racket Sport Sci. 5-1 (https://journal.racketsportscience.org/index.php/ijrss/article/view/84/165)

11) 前田朋亜, 永野康治 (2023). 大学女子ソフトテニス選手におけるサーブ時のグリップおよびテイクバックについて. 第6回日本ソフトテニス研究会ポスターセッション P-04

12) 日本プロテニス協会編 (1994).『テニス教本』. スキージャーナル, 東京

13) Sprigings E., Marshall R., Elliott B. & Jennings L. (1994). A three-dimensional kinematic method for determining the effectiveness of arm segment rotations in producing racquet-head speed. Journal of Biomechanics 27-3：245-254

# 【基本はウエスタン、コンチネンタル、イースタンの3種】

ラケットの握り方には大きく分けて「ウエスタン」「コンチネンタル」「イースタン」の3種がある。この3種以外はそのバリエーションであり、『薄い』とか『厚い』などをつけて表現される（後述）。

グリップの呼称は伝統的に硬式テニスのものを流用している。以前は硬式と軟式では使用グリップそのものに明確な個性が見られたが、用具の進化とそれに伴う技術の変遷を経て、両テニスは急速に接近してきた。ただ同じ握りを用いてもその使用方法は大きく違うことがほとんどで、これはボールそのものの特質に起因するものである。

以下にそれぞれのグリップの写真と、図を伴った具体的な握り方を付記したが、手の大きさ、指の長さ太さ、グリップサイズは千差万別であり、また個人の主観も完全に排除することは不可能である。ここに示したのはあくまで参考程度、目安であることに留意してほしい。

**甲側から見て**

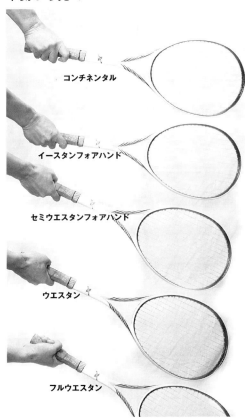

**指側から見て**

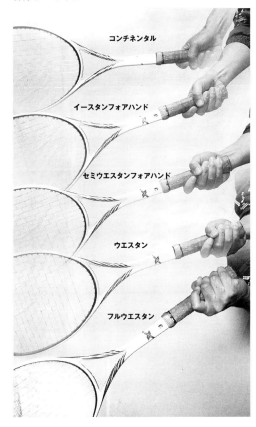

ラケットの握り方

## ■ グリップと手の位置関係

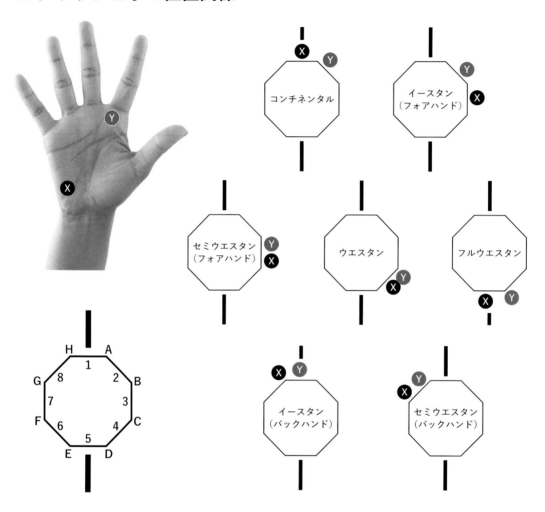

| グリップの種類 | 人差し指第一／第二関節 | 手のひらのヒール（X） | 人差し指の付け根（Y） |
|---|---|---|---|
| コンチネンタル（包丁握り） | 第一：C／第二：B | 1にのる | A |
| イースタンフォアハンド | 第二：4 | 1〜Aにのる | 2〜B |
| セミウエスタンフォアハンド | 第二：4 | 3にのる | 3 |
| ウエスタン | 第二：D | 4にのる | C |
| フルウエスタン | 第二：E | 5にのる | D |
| イースタンバックハンド | 第二：A | 1〜Hにのる | 1 |
| セミウエスタンバックハンド | 第二：A〜1 | Hにのる | H |

# ■ ウエスタングリップ

目安：人差し指の第二関節＝D／手のひらのヒール＝4／人差し指の付け根＝C

ソフトテニスの基本グリップであり、グラウンドストローク、ボレーで広く使用され、極めて汎用性が高い。フォアハンドとバックハンドをグリップチェンジなしに、あるいはわずかの握り替えで使用できる。アメリカ西部地方で広く用いられたことからその名があるが（カリフォルニアグリップとも）ローンテニス発祥のごく初期からイギリス、及び欧州大陸でも用いられている。導入としては地面に置いたラケットを上から自然に握る。あるいは左図の3の面に人差し指を這わせ握り、人差し指を外すというやり方がある。前者はやや厚め、後者はやや薄め（セミウエスタン）になる傾向が指摘されている。

コンチネンタルやイースタンに比較してラケット面の操作性において劣るがパワフルさで勝る（パワーグリップという異名あり）。ボール自体の反発力の低い軟式テニスにおいて早くから主流となった所以である。

硬式テニスおいてはヘヴィートップスピンを生み出すために大きく上方に振り上げるように使われることがほとんどだが、ソフトテニスでは直線的なスイング（フラット）で強振強打しボールにペースとパワーを与え同時にナチュラルなトップスピン（いわゆるフラットドライブ）を生み出す。特に高い打点に強い。ボールの左側をヒットすることができるので右方向への打球に特に強みを発揮する。一方で低い打点はやや苦しく、膝を十分に曲げ重心を落としループドライブで対応する。

手首の自由度が低いためスマッシュやサービスといったオーバーヘッドストロークには不向きだが、例外としてボールに左回転を与えるリバースサービスに用いられる。

バックハンドグリップとしてもそのまま（あるいはわずかの握り変えで）手首を返すこと（フォアハンドと同一面）で使用するのがソフトテニスにおける主流となっている（硬式テニスでもごく初期には見られたが近年はほとんど見られない）。

## □ セミウエスタングリップ

目安：人差し指の第二関節＝4／手のひらのヒール＝3／人差し指の付け根＝3

前段の標準的なウエスタンの握りとイースタンフォアハンドの中間をセミウエスタンと呼ぶ。セミウエスタンフォアハンドはイースタン（フラット）とウエスタン（トップスピン）の特徴を併せ持った強打に最適なグリップである。ソフトテニスのグラウンドストロークにおけるグリップは標準的なウエスタンとセミウエスタンフォアハンドが中心となる。過去の指導書において標準的なウエスタンから『やや角度つけて握る』グリップがたびたび推奨されてきたが、このセミウエスタングリップのことを指している。

## □ フルウエスタングリップ

目安：人差し指の第二関節＝E／手のひらのヒール＝5／人差し指の付け根＝D

標準的な握りからバックハンド側（右側）にずらした握りがフルウエスタン。そのままだと面が完全に閉じた状態（やや右上がり）になるので、インパクト時には手首を大きく返し手のひらがほぼ上向きとなる。打点が身体に最も近くなり、スイングの自由度が低くなる。

低い打点の処理が難しいが、高い打点の処理が容易なため、ジュニアがこのグリップになりがちな傾向があることに留意する必要がある。

## ラケットの握り方

### ■ コンチネンタルグリップ

目安：人差し指の第一関節＝Ｃ／第二関節＝Ｂ／手のひらのヒール＝１／人差し指の付け根＝Ａ

　コンチネンタルは、古くはイングリッシュともいわれ、ローンテニス発祥当初からイギリス及びヨーロッパ大陸（コンチネンタル）でポピュラーとなった握り。

　すべてのショットをワングリップ（あるいはわずかの握り替えで）でこなすことができ、汎用性の高さが特徴である。左右そして上下のリーチが最大となりラケットの操作性に優れタッチショットに最適だが、通常のグラウンドストロークにおいてはラケットを支えるパワーに不足するので不向きである。

　一方でサービス、スマッシュ等のオーバーヘッドストロークにおいてはイースタングリップとともに広く用いられる。カットサービスにおいても使用頻度が極めて高い。またリーチの長さ、操作の良さからフォロー等、難球処理時にもたびたび使用される。

　包丁握りに例えられるコンチネンタルは、個人による誤差が生じにくく、このグリップを中心に各握りを考えることがグリップへの理解を深める。コンチネンタルから90度握り変えたのがウエスタングリップ。その中間がイースタンフォアハンド、イースタンバックハンド。ウエスタンとイースタンの中間がセミウエスタンとなる。

　コンチネンタルから順番にグリップを変えていくと「コンチネンタル→イースタンフォアハンド（45度）→セミウエスタンフォアハンド→ウエスタン（90度）→セミウエスタンバックハンド→イースタンバックハンド（45度）→コンチネンタル」となる。

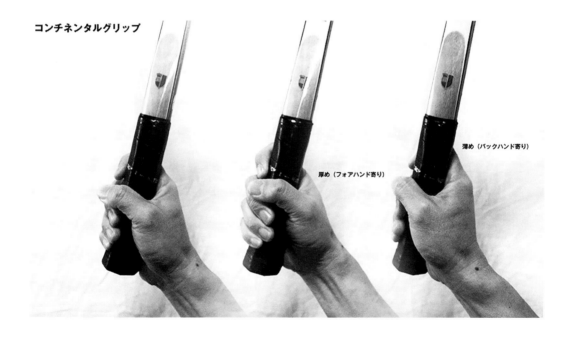

**コンチネンタルグリップ**

厚め（フォアハンド寄り）

薄め（バックハンド寄り）

# ■ イースタングリップ

古くはアメリカングリップとも呼ばれ、アメリカ東部地方で熟成された。チルデンがその完成者といわれる。

テクニカルで守備的なコンチネンタルと攻撃に特化したウエスタンとの中間的な存在として工夫され、一世を風靡。現在においても硬式テニスにおけるグラウンドストロークの基本グリップといえる。フォアとバックそれぞれに特化し、イースタンフォアハンド、イースタンバックハンドの2種類がある。つまりフォアとバックでの持ち替えが大前提である。

フラット、アンダースピン、トップスピン等、多種多様な打球が可能。

## □ イースタンフォアハンド

目安：人差し指の第二関節＝４／てのひらのヒール＝１〜Ａ／
人差し指の付け根＝２〜Ｂ

手のひらとラケット面を合わせそのままハンドル部分までずらして握る。また地面に対して垂直な状態（フレームのエッジを立てて）でセットされたラケットをハンドル部分の底が自分に向けられた状態で握手するように自然に握ることからシェークハンドグリップとも呼ばれる。手のひらの向きとラケット面の向きが同じとなるように握る、最もナチュラルなグリップである。

フラットで打ち抜くようなパワフルなスイングが可能。比較的低い打点が打ちやすいが、トップ打ちのような高い打点の処理が難しい。ラケットヘッドがよく回る（ボールの外側（右側）ヒットできる）ので順クロスのような左方向への打球に強みがある。

バックハンドで大きな握り替えが必至。

ソフトテニスにおいて1960〜1980年代にか

けて特に男子選手で名手（後衛）が輩出したことは特記されねばならない。

オーバーヘッドストローク（サービス、スマッシュ）でも使用される。

## □ イースタンバックハンド

目安：人差し指の第二関節＝Ａ／手のひらのヒール＝１〜Ｈ／
人差し指の付け根＝１

コンチネンタルから反時計回り（左）にずらして握る。拳の面と打球面が同じ角度になる。硬式テニスでは最もポピュラーなバックハンドグリップ。

（フォア同様）フラット、アンダースピン（含カットストローク）が容易だが、ソフトテニスにおいてはトップスピンの制御が、フォアハンドイースタンに比較して、やや難しく不安定になりやすい。しかし、スピンに多様性が求められる現在では検討されるべき握りである。またスピン過多のカットサービスでこのグリップを用いる例もある（裏面を使用）。ウエスタン寄りにやや厚い握りはソフトテニスでもよく見られる（セミウエスタンバックハンド）。

## ラケットの握り方

### ■ バックハンドグリップについて

ソフトテニスのグラウンドストロークにおいては慣例的にフォアハンドとバックハンドで握り替え（グリップチェンジ）を行わないことが推奨されてきた。

しかし現実には意識的、無意識的を問わず、フォアとバックでグリップチェンジを行うプレーヤーは少なからず存在している。シングルスの普及、ダブルスのスタイルの多様化が進む現在、グラウンドストロークにおけるバックハンドの重要性は以前とは比較にならないほど重要になっている。

### □セミウエスタンバックハンド

目安：人差し指の第二関節＝A〜1／手のひらのヒール＝H／
　　　人差し指の付け根＝H

**基本グリップ3種の比較**

|  | コンチネンタル<br>（包丁握り） | ウエスタン | イースタン |
|---|---|---|---|
| グラウンドストローク | ☆ | ☆☆☆ | ☆☆☆ |
| サービス | ☆☆☆ | ☆ | ☆☆☆ |
| ボレー | ☆☆☆ | ☆☆☆ | ☆☆☆ |
| スマッシュ | ☆☆☆ | ☆ | ☆ |
| フォロー | ☆☆☆ | ☆☆ | ☆☆☆ |
| バックハンド | そのまま可 | そのまま可／少しの握り替え<br>（セミウエスタンバックハンド） | 握り替えが必要<br>（イースタンバックハンド） |
| 特徴 | 汎用性に優れる、<br>操作性に優れる | 基本グリップ、<br>汎用性に優れる | 多様な打球が可能 |

## ハンマーグリップ：
## 4本の指をつけて握る

ハンマーグリップは、親指以外の4本の指をくっつけた状態で握る。俗に「鷲づかみ」「クソ握り」などと称される。異端の握りとして長らく推奨されてこなかったが、しばしばチャンピオンを生んできたのもまた事実である。今後の研究が待たれる。

## グリップと打点の関係：
## コンチネンタルが最も遠く、
## フルウエスタンが最も近い

打点は、コンチネンタル→イースタン→セミウエスタン→ウエスタン→フルウエスタンの順に近くなり、フルウエスタンの打点が最も近く前になる。コンチネンタルの打点が最も遠く、身体から離れて後ろ（奥）になる。

打点が遠くなるに従いスイングの自由度は増すが、同時に腕力やリストに依存する割合が増えることになる。

## グリップの「厚い」と「薄い」：
## 厚いはウエスタン寄り
## 薄いはコンチネンタル寄り

グリップが厚いというのは、握りがウエスタン寄りであるということ。逆に薄いというのは、握りがコンチネンタル寄りであるということである。

絶対的なものではなく相対的な表現として用いるのに便利である。例えば「厚めのコンチネンタル」「薄めのイースタン」等、微妙なニュアンスを表現できる。

なお、面が薄い（厚い）、当たりが薄い（厚い）という表現もあるが、直接的な関係はない。

## 用語の混乱について：
## コンチネンタルを正しく理解し
## イースタンと混同しない

これまでソフトテニスでは「コンチネンタルグリップ」の呼称はほとんど使用されず、それはイースタンと表現されてきた。その際、イースタンのことはセミイースタンとかイングリッシュあるいはイースタン気味と呼ぶ。現在でも実際によく使われるので、コーチングを受ける時は、実際にはどのグリップを指しているのかよく確認することが必要になる。

ソフトテニス型イースタングリップなる名称も存在する。これについてはたいていの場合イースタンフォアハンドと同一のものである。ただし、セミウエスタンの場合もあり得る。

また、年輩のひとたちに多いのだが、（フォアハンドの）イースタングリップをイングリッシュグリップと呼ぶ例も散見される。これらの人がイースタンという場合には、正しくはコンチネンタルを指す。ただし、例外もある。

## §3　グラウンドストローク

◀P050-077

グラウンドストロークとは、コートに一度、バウンドしたボールを打球するため、構えて打つ動作のこと。また、利き手側で打球することをフォアハンド、利き手の逆側で打球する場合をバックハンドという。グラウンドストロークは、その打点の高さにより、アンダーストローク、サイドストローク、トップストロークに分けられる。

### ■ アンダーストローク

膝から下の高さで打球するストローク。膝を曲げて、後ろから軸へ身体を移動させながら、ボールを送り出すように打つ。下半身の強さが要求される。

50　3章　ソフトテニスの技術

## シュートはスピードがあり、
## ロビングは山なりの軌跡を描く

　グラウンドストロークの球質には、大きく分けてシュートとロビングがある。シュートはネット近くを速い速度で飛ばす打球。一方でロビングはネット（前衛）上を高い山なりの軌跡を描くように飛ばす打球のことをいう。ロビングは主にコース変更時に使用するが、陣形が崩れた時の時間稼ぎ、また相手の陣形を崩すための攻撃的なロビングとして、中ロブも非常に有効である。

グラウンドストローク

## ■ サイドストローク

腰の高さくらいで打球するストローク。身体の軸をまっすぐにして打てるので、
身体の回転を使いやすく、ミスもしにくい。

## グラウンドストローク

### ■ トップストローク

肩の高さくらいで打球するストローク。最も攻撃的なグラウンドストロークで、流す方向に打ちやすい。

ソフトテニスの技術

グラウンドストローク

# ■ スライスストローク

インパクト時、ボールの下側をこするように打球し、ボールに逆回転を与えるショット。
特にシングルスにおいて多用される。

ソフトテニスの技術

グラウンドストローク

# 【グラウンドストロークの基本的な打ち方】

テイクバックでは、グリップは小鳥をつかむように やさしく握るようにし、顔の高さぐらいの位置まで高く上げるようにするとよい。ただし、バックスイングの大きさは打つボールの長さにより調整していく。短く打つ場合は小さく、長く打つ場

＜フォアハンド＞

58　3章　ソフトテニスの技術

合は大きくバックスイングする。フォロースルーも同じで、短く打つ場合は小さく、長く打つ場合は大きくすべきである。

テイクバックの完了と同時に軸足（後ろ足）を設定し、タメをつくる。そして、その状態から踏み込み足を前に踏み出し、後ろから前に軸移動する。重心を低く保ち、腰（骨盤）・肩・肘・手首の順に力が伝わるよう身体を回転させながらラケット振っていく。その際、身体が流れないようにする。

## グラウンドストローク

<バックハンド>

ソフトテニスの技術

61

グラウンドストローク

## ■ テイクバック→ラケットの振り出し

### 肩甲骨を後ろに引くイメージでテイクバック

インパクト前にラケットを後方に引くこと（バックスイングを行う動き）を、テイクバックという。

待球姿勢から、（右利きの場合）身体の捻転動作を行いながら、フォアハンドの場合は、利き手側の肩甲骨を後ろに引くイメージでテイクバック。また、右足の拇指球と利き腕の肩甲骨を連動させて、テイクバック始動をするようにすると、素早くテイクバックでき、バランスの良いストロークができる。

バックハンドの場合も、利き手側（肘、肩、腰）を使ってテイクバックを始動する際、左足の拇指球と連動させて身体を捻ることでバランスの良いストロークができる。

●テイクバック（フォアハンド）

●テイクバック（バックハンド）

## ■ インパクト→フォロースルー

### 下から上へ振り上げることで自然なドライブ回転がかかる

ラケットを下からやや上へ振り上げる途中でインパクトを迎えることで自然とドライブ回転がかかる。しっかりとしたドライブ回転を加えて打ち込むには、インパクトしたラケット面がインパクト直後もキレイに見えるとキレイなドライブ回転が行える。

●インパクト

●フォロースルー

## Check Point

### ① テイクバックと軸足設定のタイミング

打たれたボールがワンバウンドするタイミングに合わせて、テイクバックを完了し、同時に軸足設定ができるようにフットワークすることが重要！ また、このときに、ボールをとらえる打点によって膝の角度を変えて姿勢の高低を調整するとよい。

### ② 踏み込んだ足の膝で壁をつくる

踏み込んだ足の膝で壁をつくり、身体の回転を促進させる。踏み込む直前には、利き手の逆側の腕はボールとの距離感をつかみやすくするために、打たれたボールをつかみにいくように内側から前方へ出すとよい。

### ③ フォロースルーの方向

ボールに加える力の方向とスピン量によってフォロースルーの方向は変化する。どの方向へどのようなスピードでどのくらいのスピン量のボールを打つのか、どのような軌道でボールを飛ばしたいのかを強くイメージすることが上達への近道である。

グラウンドストローク

# 【打点の違いによるストローク動作の変化】

## ＜アンダーストローク＞ ── 膝より低い打点

やや縦面を使い、
軸移動を行い、
ボールを前方でインパクト

ラケットヘッドをグリップより低い位置から上方へラケットが振り抜かれる打点を目指す。ボールに合わせて膝を曲げ打点を前にして打つ。ラケットをヘッドより低い位置から上方へ振り上が

## ＜サイドストローク＞ ── 腰あたりの高さの打点

ボールを
フラット面でとらえ、
地面と水平にスイング

打点が腰あたりの高さのため、アンダーストロークより重心は高め。軸足でタメをつくり、踏み込み足への体重移動と同時にスイングを始める。軸を移動しながら、腰の回転を使ってスイングす

る打点が確保できれば、自然にドライブ回転が加わり、ボールをコントロールしやすい。やや縦面を使い、軸移動を大きく、打点を前にしてインパクトを行う。

ボールはネットより低い位置からネットを越え、山なりの軌道を描いて、相手コートに入っていく。

る。
　ラケットを地面と水平に振る中で、ボールをフラット面でとらえ、ラケットをやや立てながら振り抜く。

グラウンドストローク

# 【打点の違いによるストローク動作の変化】

## ＜トップストローク＞ ── 肩くらいの打点

**肩の横回転を大きく使い、全体重を乗せて打つ**

相手のロビングが短くなった時などに、攻撃的ショットとして使う。

打点が高いため、テイクバックの位置も少し高くなる。ラケットヘッドをやや立てて、ボールの

●アンダーストローク

●サイドストローク

内側を打つようにすると打ちやすい。
　軸足のタメを踏み込み足側へ軸を移動させる際に、つま先を瞬間的にブレーキングさせ、加速させることにより反動でインパクト後は軸足が大きく跳ね上がる。また、打点が高くなるにつれて、身体の横回転は大きくなる。トップストロークの場合は、肩の横回転を大きく使うイメージで打つと打ちやすい。

● トップストローク

グラウンドストローク

## 【いろいろなスタンス】

スタンスとは、打球方向に対して踏み込む足の方向（打球する際の両足の位置）のことをいう。

＜クローズドスタンス＞

＜平行スタンス＞

### 特徴

**低い打点、引っ張る方向に打ちやすい**

利き手側に打たれたボールや、低い打点のボールが打ちやすい。ボールの外側にラケット面を当てる打ち方となるため、打点は前、引っ張るコースに打ちやすい。

### 特徴

**基本スタンス、サイドストロークが打ちやすい**

打球方向と踏み込む足の方向が同じ。最も基本的なスタンスで、十分に体重を乗せて打つことができ、サイドストロークが打ちやすい。

グラウンドストローク

## ＜オープンスタンス＞

●クローズドスタンス

●平行スタンス

### 特 徴

### 高い打点の時、流す方向に打ちやすい

利き手と逆側に打たれたボールや、トップストロークが打ちやすい。ボールの内側にラケット面を当てる打ち方となるため、打点はやや後ろ、流す方向に打ちやすい。

●オープンスタンス

ソフトテニスの技術

第3章

グラウンドストローク

# 【いろいろなストローク】
＜バックハンドストローク①＞

＜バックハンドストローク②＞

## フォアに比べ、打点の幅が狭い、踏み込んだ前足の延長線でインパクト

　バックハンドストロークの場合、基本的にシングルハンドが多用されている。ラケットを持つ利き腕（肩）が前にくるので、フォアに比べ打点は肩幅分、前になり、クローズドスタンスになることが多い。上体を捻る感覚が難しく、右利きの選手は左手にラケットを持ち替えて、左のフォアハンドの練習を行うと感覚がつかみやすい。またテイクバックを行う際、手の甲で打つイメージで行うと自然と脇がしまった良いテイクバックができる。

　打点はフォアハンドストロークよりも幅が狭くなるが、上達すると打点が安定しフォアハンドストロークよりもミスが少なくなる傾向が高い。踏み込み足の延長線上で肘の伸長反射を利用してインパクトを迎えられるのが望ましい。インパクト後に胸が開く（両肩甲骨が内転）ようになるのが一般的である。

## インパクト時に利き腕と逆側の手でプッシュしながら打つ

　かつて韓国選手の多くが、この形のバックハンドストロークを用いたことから、韓国式バックハンドとも呼ばれる。インパクト時に利き腕の二の腕や肘のすぐ下を、利き腕の逆の手でプッシュしながら打つ打法である。

　メリットとしては、打点をより前でとらえやすいことと、インパクトの時に利き腕の逆側の手をプッシュするので、補助動作により右腕のエネルギー効率が高まり、肘の伸長反射を促進させることにより安定したストロークが可能になる。シングルスが強い選手にこの打法の選手が多い。初心者の指導や、バックハンドストロークが苦手な選手への指導などに用いると、バックハンドでの身体の使い方が身につきやすく効果的である。

グラウンドストローク

## ＜ライジングストローク＞

## 相手打球の上がり際を早いタイミングで打つ

相手の打球がバウンドして、頂点から落ちてくるボールを打つ通常のストロークと違い、頂点に達する前の上がり際を打つ打法。速いタイミングで打つため、相手に時間的余裕を与えないという点で有効である。また、下がらずに打球することで守備範囲を確保することが可能でディフェンス力の向上にもつながる。バウンドと軸足設定の距離を縮める必要があり、踏み込み足でエネルギーをタメる意識で行うとタイミングがつかみやすい。普段より1〜2歩ほど前に詰めて打つ必要があるので、相手打球への早い予測とフットワークが要求される。

グラウンドストローク

## ＜ロビング（ロブ）＞

## ＜中ロブ＞

## ラケットの軌道が上方になる場所でボールの下をとらえる

曲げた膝を伸ばしながら、ラケットを下から上に振り上げる。シュートボールに比べ、打点がやや後ろになる。

山なりの軌道となるロビングは、ソフトテニスの大きな特長の一つである。ボールの下をラケットがとらえるようにボールとの距離を確保する。ディフェンスとして時間を確保する役割や相手の陣形を崩す場合に活用する。特に攻守が入れ替わる場面で多く使用され立体的なゲーム展開を可能にする。

## ロビングよりもボールの軌道は低く、スピードが速い

中ロブとは山なりの軌道を描くロビングよりも、高い打点で、ボールの軌道は低く、スピードが速い。ちなみにボールの最大弾道高に達する位置はロビングよりもベースライン側になり、ネットプレーヤーからは取れそうで届かないイメージとなる。

速いボールの打ち合いだけではなく、ロビングを使ってリズムを変えたり、コースを変更して、相手を動かす中で、攻撃のチャンスを広げていく場面で多く使われている。

# §4 ボレー

◀P078-103

相手の打球（特にシュートボール）に対して、ノーバウンドで返球するプレーをボレーという。ボレーには、その打点によって、スタンダードボレー、ハイボレー、ローボレーに分類される。また、返球するスピード（球質）で分類すると、スタンダードボレー、スイングボレー、ストップボレーと分けられる。スイングボレーは、ラケットをグラウンドストロークのようにスイングして、攻撃的に打ち返す打法であり、ストップボレーは、ボールの勢いを殺して、短く返球する打法である。

■ フォア　　　　　　　　　　　　■ バック

## 相手の状況や特徴などにより、ポジショニングは変化

　ネットプレーヤーのポジショニング（構える位置）については、相手プレーヤーの状況や特徴、風向き、戦略・戦術、調子の良し悪しなどによって、柔軟に変化させることが必要だ。ただし、基本的なポジショニングの考え方とその位置どりは理解しなければならない。それを理解したうえで、状況に応じて変化させていくべきだろう。

### ポジションの基本的な考え方

## 打球者の打点とセンターマークを結んだ線上に立つ

ダブルスのポジショニングの大前提は、2人のプレーヤーがお互いにセンターマークを基準にし、コートの2分の1の守備範囲をしっかり守ること。特に、雁行陣におけるネットプレーヤーの基本的なポジションは、相手後衛の打点と自分側のコートのセンターマークを結んだ線上または、その線上より少しサイドライン側となる。

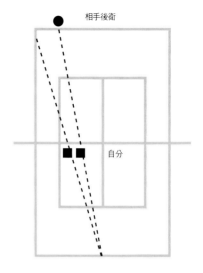

# Check Point

## ネットプレーヤーAのポジションについて

ボレー時のポジショニングを、ネットプレーヤーAの場合で確認していこう。

コートの2分の1の守備範囲をしっかり守りながら、ベースラインプレーヤー側へ打たれたボールに対しても、チャンスがあれば、ボレー、スマッシュへいくことを考えた場合、相手プレーヤーの打点とセンターマークを結んだラインの線上または、その線上より少しサイドライン側の位置が基本的なポジションといえる。

したがって、相手後衛がクロスの定位置で打つ場合と、クロスコースではありながらもコート外から打つ場合では、ネット前につく前衛のポジショニングは変わらなければならない（上のコート図参照）。そのためラリーの中でも瞬時にポジションチェンジをしていくことになる。

つまりネットプレーヤーAはグレーの部分にきたボールは取れないものの、斜線部分に関してはプレーの範囲といえる（右のコート図参照）。

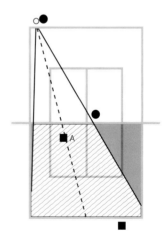

ボレー

# 【スタンダードボレーの打ち方】

## ■ 待球姿勢

**スタンスを大きく広げすぎず、足首、膝の力を抜く**

ボレーでは、ネット上を通るスピードボールに素早く対応できるよう、無駄な力を抜き、リラックスした自然体で立つことが重要である。

スタンスを大きく広げすぎず、かかとに紙を一枚入れたくらいの感じで地面から少し上げ、足首、膝の力を極力抜くようにするとよい。

ラケットは利き手の逆側の手をラケット面の下あたりに添え、ネットより高く構えるのが基本。上級者になると、肩の力を抜くため、ラケット面をネットの下にさげて構える場合もあるが、当然、ボレー直前のテイクバック時には、ラケット面はネットより高くなっている。

前から

横から

※かかとは地面から紙一枚分上げる。写真はわかりやすくオーバーに行っている。

## ■ 軸足設定 → テイクバック

**軸足に体重移動したタイミングでテイクバック**

スタンドボレーは打たれたボールのコースやスピードに合わせて、左足で地面を蹴りながら右足を1歩踏み出す形で、軸足設定が行われる。軸足に重心が移されるタイミングで、ラケットを持つ右腕の肘が上方に上げられる。この動きがスタンダードボレーのテイクバックである。

その際右腕の力に頼るのではなく、ラケット面の下に添えられていた左手の力をうまく使うことが、力みのないボレーにつながる。

テイクバックの大きさは、打たれたボールのスピードが速くなればなるほど、小さく行うのが一般的であり、大きくテイクバックしすぎるとインパクトのタイミングを合わせるのが難しくなる。

前から

横から

## ■ インパクト

### 踏み込み足を踏み出し、ラケットを振り出す

　軸足を1歩踏み出した時にラケットを少し上に上げて準備し、さらに右足で地面を踏み込みながら踏み込み足（左足）を1歩踏み出した時に左腕が引かれると同時にラケットが振り出されてインパクトとなる。このリズムとタイミングを合わせることが最も重要だ。

　インパクトでは、ボレーしたいコースへボールを運ぶようにラケットを押し出し、インパクト後もラケット面を打球方向に残しておくことが大切である。

**前から**　　**横から**

## ■ 送り足

### インパクト後の送り足を送ることでバランスを保つ

　踏み込み足（写真：左足）だけで終わらず、インパクト後にさらに逆側の足（写真：右足）を前に送ることでバランスを保ち、次のプレーへとスムーズに移行できる。

**前から**　　**横から**

※写真はわかりやすくオーバーに行っている。ネットオーバーはNG。

ボレー

# 【ランニングボレー】

身体から離れたコースに打たれたシュートボールに対し、素早く追いかけて行う攻撃的ボレーのことをランニングボレーという。

## ■ フォアのクロスボレー

試合では、最も多く見られるボレー。ボールのコース、スピードを予測・判断しながら、スタート。フットワークをはじめると同時にラケットを上方に上げるようにテイクバック。特にフォアのクロスボレーの場合、右肩の前にグリップ。顔の右側にラケット面がくるように、テイクバックする。顔の前でボレーするイメージでインパクトするのがよい。

ボレー

## ■ フォアのストレートボレー

フォアのストレートボレーは、ボールをコートの内側に入れる必要があるため、クロスボレーに比べ、ラケット操作（肘の動き）が大きくなる。

身体から遠いボールを想定し、横面ぎみにラケット面を身体から離すようにテイクバックするのがよい。ラケットを振るのではなく、打点をより前にとることで、ボールをコートの内側に入れるようにしよう。

ボレー

## ■ バックの逆クロスボレー

フォアのクロスボレーと同様に身体に近いボールを想定して、縦面でテイクバックしていく。グリップが左肩の前、ラケット面が顔の左側にくるくらいに肘を上げてテイクバック。ただし、フォアの場合よりも、身体を横に向ける必要があることに注目。この連続写真では、予想よりもボールが身体から遠かったため、横面でボレーされている。インパクト後もしっかりとラケット面が保たれ、安定感のあるボレーになっている。

ボレー

## ■ バックのストレートボレー

試合では最も多く見られるバックボレーであり、このボレーの良し悪しがネットプレーヤーの良し悪しだと言っても過言ではない。

ボールをコートの内側に入れる必要から、身体から遠くのボールを想定し、横面ぎみに身体からラケットを離してテイクバックしている。

インパクトをかなり前にして、自分の背中方向にボレーするようなイメージが必要。

ボレー

# 【ローボレー】

中間ポジションにおいて行う、打点の低いボレーのことをローボレーという。
下半身を柔らかく使い、ボールをラケット面で運ぶように送り出す。

## ■ フォアのローボレー

グラウンドストロークとボレーの中間のプレーでラケットを小さく低く後ろに引き、右膝を伸ばす力を使い大きくステップしながら、ラケットを上方へ振り抜くようにインパクト。身体から遠いボールまたは離れていくボールに対しては、このようにドライブ回転で返球するのがよい。また、膝よりも低いボールや身体に近づいてくるボールに対しては、ボールにスライス回転（逆回転）を加えるようにローボレーすることにもチャレンジしよう。

ボレー

■ バックのローボレー

フォアのローボレーよりも上体を大きく捻りながら、低くテイクバック。左膝を伸ばす力を使い大きくステップしながら、ボールを下から上へと運ぶようにインパクト。打点がフォアよりも前になるので、体重が乗りやすく、ボレーは安定しやすい。

ボレー

# 【ディフェンスボレー】

身体に近いコースに打たれたシュートボールに対し、素早く反応して行う守備的ボレーのことをディフェンスボレーという。

## ■ ディフェンスボレー

近い距離からの攻撃に対してのディフェンスボレーの場合、スタンダードボレーとは軸足が逆になる。バックのディフェンスボレーの場合、右足を軸として力を蓄え、ボールのコースに合わせて左足をステップし、ボールをブロックするようにボレーする。

クロス展開からストレートへ攻撃された場合、しっかりとステップを使い、サイドライン方向へボールを運んでいる。

ボレー

# 【スイングボレー】

中間ポジションにおいて、打点の高いボールに対してはコンパクトにラケットを振りながら行うスイングボレーで対応する。

## ■ フォアのスイングボレー

中間ポジションにおいて、やや高めの遅いボールに対して行うボレー。ラケットを立てて、右肘を身体の前に置いたままで、上体を捻りテイクバック。ラケット面を外から内（右から左）に使いながら（回内運動）、ボールにリバース回転を加えるようにヒットしていく攻撃的なボレーである。

ボレー

# 【ハイボレー】

相手の打った中ロブなどを止める際に活用するボレー。別の言い方をすると、顔よりも高い位置に飛んでくる打点の高いボールに対するボレーのこと。

## ■ フォアのハイボレー

ストレート方向に打たれた中ロブに対してのフォアのハイボレー。ボールの高さに合わせて左腕が上げられると同時に右肘を上げてテイクバック。自分の顔の前でインパクトし、ボールをコート内側へ打っている。右腕が前に振り出される作用とのバランスを取るため左足が上へ振り上げられているところに注目。

ボレー

## ■ バックのハイボレー

ストレート方向に打たれた中ロブに対して、後退しながら、大きく高く右肘を上げてテイクバックし、タイミングを合わせて左足でジャンプしてボレーしている。インパクトの時にラケットを止めるようにすると、強くインパクトすることができる。左腕でバランスを取ることも、もちろん必要である。

## ボレー

### ■ ボレーの技術のポイント

　フォアハンドボレーでは、右利きの場合は利き腕側の肘（右肘）がどの位置にあるかが重要なポイントとなる。ラケットが引かれ、「さあボレーしよう」とする時に右肘が右肩の前にあることが大切だ。

　その理由として、身体の横でボールをとらえると脇があき、ラケット面が崩れやすい。しかし、肘が前にあればスピードボールに対しても力負けしない。また、予想のコースと実際のボールにズレがあったとしても、利き腕の回内、回外運動（バイバイの動き）でラケット面を合わせることができる。

　身体の向き（肩の入れ方）は、基本的にはネットに対して45度くらいで、身体の近くのボールに対しては角度は小さめに、遠くのボールに対しては角度を大きくとる。

　一方、バックハンドボレーでは、基本的にはネットに対して身体の向きが90度くらい。身体の近くのボールに対しては肩をあまり入れず、逆に身体から遠いボールに対しては、90度以上になり背中が相手に見えるくらいになる。

## ■ ラケット面について

### 利き腕側の肩よりも打点は前

　ラケット面は、身体からボールが離れるにつれ斜め、あるいは横に使っていく。少なくとも利き腕側の肩よりも打点を前にしてとらえる必要がある。

### 目の使い方 — Levelup Point

　ボールの軌道を見てボールをとらえるようにする。スピードボールに対しては、インパクトまでボールを見ようとすると遅れてしまうので、必要以上に見すぎないようにすることも大切である。

# §5 スマッシュ

◀P104-113

スマッシュは、ボレーと並んでネットプレーにおける基本プレーであり、相手のロビングボールをノーバウンドで頭上から強烈に打ちおろす打法である。

## ■ 前進（前に踏み込んで）スマッシュ

## ■ 前退（後ろに下がりながら）スマッシュ

## ■ ジャンピングスマッシュ

104　3章　ソフトテニスの技術

## 打球コースやスピードを判断し、半身になって追う

構えるポジション及び待球姿勢については、基本的にボレーと同様である。ただし、スマッシュの場合はスマッシュが打てると判断された段階で、ボレーのポジションよりも少し後ろに移動したあと、ボールが飛んでくるコースやスピードを判断し、半身になってボールを追うようにする。

スマッシュ

# 【スマッシュの打ち方】

## ■グリップ

### 上達するにしたがい、グリップチェンジを

　グリップは、初級レベルではウエスタングリップで練習するのが望ましい。レベルの向上にしたがい、広範囲の打点に対応できるように、セミウエスタンもしくはイースタングリップへと変化させていくことで、プレーの幅が広がっていきダイナミックなプレーを行うことができるようになる。

## ■軸足設定とテイクバック

### ボールの落下点を素早く見極めフットワーク

　基本的にはスマッシュのフットワークは後ろに下がる動きが中心である。高さやスピードが違うボールを確実にとらえるためには、ボールの落下点を素早く見極めフットワークし、膝を軽く曲げた状態で軸足（右足）設定を行い、膝のタメを十分に使ってタイミングを取るようにする。

　この軸足設定のタイミングに合わせ、テイクバックが完了している必要がある。一流選手の場合、膝を大きく使いながらスピーディーにフットワークし、軸足を決める段階まではグリップエンドをおへそあたりに設定。できるだけリラックスした状態を保っているのが特長だ。

　初心者は打点が遅れやすいために、フットワークをスタートした時点でラケットをかついで後退する指導も必要だが、上体ができるだけリラックスした状態でテイクバックすることを強調していくべきだろう。

**軸足設定**
膝を軽く曲げた状態で軸足設定を行い、
膝のタメを十分に使ってタイミングを取る。

**テイクバック**
右足（軸足）に十分に力が蓄えられた時点でテイクバックが
完了している。この形から右足を伸ばす力を使ってラケット
を振り出す。

## ■ テイクバック　→ラケット振り出し

### グリップエンドを高く上げてテイクバック

　テイクバックは、左肘を上げるのと同時にラケットをかつぐように行う。グリップエンドが耳の横あたりにくるくらいに右肘を上げることが重要である。

　スマッシュ動作は、野球などボールを投げるスローイング動作と似ていて、下半身でタイミングを取りながら、下半身から上半身への回転動作で、ラケットを遠くへ投げるように振り出すとよいだろう。

## ■ インパクト　→フォロースルー

### ボールを上からたたくのではなく、面でボールをつかんで放す

　スマッシュのスイングで重要なのは、肘の使い方ではなく肩の使い方である。背骨を中心に前後に位置している両肩の位置を入れ替えるイメージだ。

　肩甲骨を大きく使ってスイングするとよい。グリップは低いところから高いところを通ってダウンスイングにはいるというように、ラケットの軌道を理解させていきたい。

　ボールをヒットするイメージとしては「ボールを上から強くたたく」というよりも「ボールをラケットでいったんつかんで、ボールを打ちたい方向へ運ぶ」というイメージや感覚が重要である。

**インパクト**
ボールを上からたたくイメージではなく、ラケット面でボールをつかみ、コースへ運んでいく感覚でスイングしていこう。

**フォロースルー**
後ろにある右肩を、前にある左肩と入れ替えるようにスイングすることで、上体の回転力をうまく引き出すことができる。

スマッシュ

## ■ 前進（前に踏み込んで）スマッシュ

## 踏み出し足は打ちたい方向へ向ける

野球の外野手が、ホームベースへバックホームするように大きく後ろへ下がり、前進するフットワークを活用してタイミングよくヒットすることが重要。踏み出し足（左足）は打ちたい方向へ踏み出す。

スマッシュ

## ■ 後退（後ろに下がりながら）スマッシュ

### 身体の横に踏み込み足を出し、身体の回転を大きく使う

　身体の後方へ打たれたボールに対し、踏み込み足を前方ではなく、身体の真横に踏み出し、身体の回転をより大きく使ってスイングする

スマッシュ

# ■ ジャンピングスマッシュ

## 利き手側の逆の足を引く力を利用してスイング

身体の後方へ大きく打たれたボールに対してジャンプをして打球。利き手側の逆の足を引く力を利用し、タイミングよくスイングする。

# §6 サービス

◀P114-121

サービスは自分の意思とリズムで打てる唯一の技術である。また、インプレーに入る最初の技術でもあり、ファーストサービスとセカンドサービスからなる。ファーストサービスは常に攻撃的武器となりうる。

## ■ フラットサービス

ボールの真後ろをフラット面でとらえる、最も威力のあるサービスである。身体の伸び上がりを使うことでボールに順回転を加え、入る確率をアップさせよう。両足でジャンプし、左足で着地している。

## ■ スライスサービス

右利きの場合、ボール右側をこすり上げるように打つ（写真は左利きのためボールの左側）フラットサービスよりもボールの軌道が山なりになり、確率は上がるが威力は落ちる。ラケットを下から上に投げるように打つとコツがつかみやすい。

## ■ リバースサービス

ラケットをやや右から左に使い（回内運動）、ボールの左側をこするように回転を加える。打ちたい方向に左足を1歩踏み出すようにして打つと打ちやすい。初心者でも打ちやすいサービスである。

## ■ 主導権を握るためには「正確さ」と「スピード」が必要

ラリーの1本目であるサービスは、相手の弱点を狙ったり、サインプレーを仕掛けるなど、ゲームの主導権を握りやすいショットである。攻撃的武器としての条件は、「正確さ」と「スピード」が挙げられる。一流選手のデータでは試合でのファーストサービスの成功確率は平均7〜8割だ。基本的には、スピードを多少落としても正確性を確保したうえでスピードを高めていくことが要求される。

●サービスの段階的ポイント●
①高確率である　②コースを狙える
③スピードや変化がある

　ファーストサービスでは、上達するにつれていかに攻撃性を高めていくか求められる。①〜③のように段階的に練習していくことが重要。セカンドサービスについては、入らないとポイントを失うため、攻撃性よりも安全性を優先するサービスとなる。ただし、相手レシーバーに攻撃されにくいサービスでなければならない。

サービス

# 【サービスのグリップ】

グラウンドストロークではウエスタングリップが標準だが、サービスではコンチネンタル系の薄いグリップが標準となる。各グリップの詳細については、本章§2のラケットの握り方の項を参照のこと。

コンチネンタル系の薄いグリップで握ることで、インパクト前後の前腕の動きが自由になり、ボールにパワーを与えると同時にスピンも自在に付加し、スピードとコントロールを兼ね備えたサービスが可能となる。ボールが軽く柔らかいソフトテニスの特徴として過度なスピンはしばしば予測不能な不安定さをもたらすが、上位ではそれを逆手にとった変化球サービスもしばしば見られる。イースタンフォアハンドから導入し、段階的により薄い握りに馴染んでいくことを推奨する。

## ■ オーバーハンドサービス（フラット、スライス、トップスピン）

イースタンフォアハンド～コンチネンタルの薄い握りを推奨。バックハンド（イースタン）寄りのコンチネンタルも使用される。イースタンフォアハンドグリップでは最も厚い当たりのフラットが可能だが、ラケットの可動域が狭く、ラケット制御が制限される。グリップが薄くなりコンチネンタルに向かうに従い可動域は広がり操作性も向上して多彩なスピンが可能となるが、同時にラケット制御の難易度も上がり熟練が必要になる。

オーバーハンドサービスのグリップ（グリップエンドを余さず長く握る）

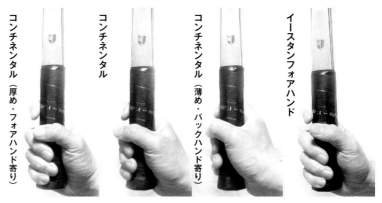

コンチネンタル（厚め・フォアハンド寄り）　コンチネンタル　コンチネンタル（薄め・バックハンド寄り）　イースタンフォアハンド

## ■ アンダーカットサービス

ボールに強烈なスピンかけるアンダーカットサービスに代表されるカットサービスは、イースタン～コンチネンタルが中心となる。さらに薄いバックハンド寄りのグリップもしばしば見られる。シャープなスイングが必須のためハンドルの上部、つまり短く握る例も多い。セカンドサービスで使用例の多いショルダーカットサービスにおいてもさまざまな薄いグリップが使用される。

カットサービスのグリップの一例
（短く持ったコンチネンタル）

コンチネンタル　コンチネンタル（薄め・バックハンド寄り）

## ■ リバースサービス

サービスは薄いグリップが標準だが、例外としてボールに左スピンをかけるリバースサービスがある。ウエスタングリップからフルウエスタンの厚い握りを用いる。初心者向けのサービスとされるが、強烈なリバースサービスは最高峰の国際大会の場でしばしば効果的に使用されている。

ウエスタン

116　3章　ソフトテニスの技術

# 【オーバーハンドサービスの打ち方】

## ■ トス

### 肘や手首は使わず、肩を中心に腕全体でスイング

オーバーハンドサービスを打つ際の共通のポイントとして、最も重要なのがトスである。

トスを安定させるには、肘や手首はできるだけ使わず（肘を曲げない）、肩を中心にした腕全体の大きな動きを利用することが大切だ。

トスアップした左手がボール方向に伸びていくことで、左肩の位置が上がり（逆に右肩の位置が下がり）大きなスイングが可能になる。

## ■ フラットサービス

### 直線的な軌道で打ち出される最も攻撃的なサービス

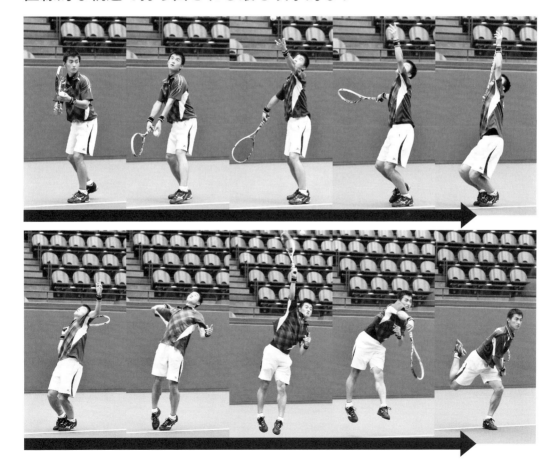

サービス

■ スライスサービス　　鋭いスピンでスピードとコントロールを同時に実現

■ リバースサービス　　相手選手のバックハンドを攻めろ！

サービス

# 【アンダーカットサービスの打ち方】

## ボールがラケット面と鋭角にこすれる

　強力な回転をボールに与えることによって不規則な打球を生み出し、相手の体勢を崩す攻撃的なサービスでファーストサービスとして使われることが多い。

　グリップは、主に短いコンチネンタルで、スタンスはオープンに構える。
　インパクトではボールとラケット面が鋭角にこすれる。ラケット面上をボールが転がるように打

つのがコツである。上達すれば、ほとんど弾まない、あるいは鋭角に曲がるサービスとなる。ハードコートや板張りの体育館での試合に有効なサービスといえる。

　低い打点で打つほど、ワンバウンドした後、鋭角に曲がるが、打点が低いほど入れるのが難しい。

導入段階では、腰くらいの打点で打つようにすると、腰の回転を使って、ボールに鋭い回転を加えるとコツがつかみやすい。入るようになったら、少しずつ打点を下げていくとよい。

# §7 レシーブ

◀P122-127

相手のサービスを返球するグラウンドストロークをレシーブという。
一般的なグラウンドストロークと比べると、コンパクトなスイングが要求される。

## ラリー中のストロークよりも打球距離が短い

ラリー中に行うグラウンドストロークとレシーブの違いを挙げてみよう。
①相手プレーヤーの自在にあやつるサービス（スピードの強弱、コース、ボールの変化など）に対して、素早く対応しなければならない。
②制限されたサービスコートの中に打たれたサービスを返球するため、通常、コート内でのプレーとなり、一般のグラウンドストロークと比べると打球距離が短い。
③打球後、ベースラインプレーヤーなら後方へ、ネットプレーヤーなら前方へのフットワークを伴う。
④レシーバーにとっては、インプレーに入る最初のプレーであり、レシーブの良し悪しが勝敗を大きく左右する。またどのようなレシーブを行うかは戦術、戦略に直接関わるため、最も緊張感を伴うプレーであり、集中力、決断力がより求められる。

# 【クロスサイド（フォアサイド）】

## ■ グラウンドストローク

レシーブは一般のグラウンドストロークに比べコンパクトなフォームになる（打つ距離が短い、いろいろなボールに対応できる）。体重移動、テイクバック、フォロースルーも小さい。

## ■ レシーブ

レシーブ

# 【逆クロスサイド(バックサイド)】

■ グラウンドストローク　基本的にはクロスサイドと同じ。ただし、レシーブをした後、ネットプレーを狙う場合は、テイクバック時から、かなり前傾しているケースが多い。

■ レシーブ

# 【レシーブの考え方】

相手プレーヤーのサービスに対する返球をレシーブというが、攻撃的なファーストサービスに対するレシーブと守備的なセカンドサービスに対するレシーブとでは、その考え方は大きく変わってくる。

## ■ ファーストサービスに対するレシーブ

### 確実に返球し、陣形を立て直す時間をかせぐ

　グラウンドストローク（ワンバウンドのボールの返球）の中で、ファーストサービスに対するレシーブが技術的に最も難しい。攻撃的なサービスで大きくバランスを崩されたり、陣形が崩れる場合もでてくるだろう。

　したがって、ファーストサービスのレシーブにおいて、まず考えなくてはならないのは…

①確実に返球する
②バランスや陣形をたて直す時間をつくる

　具体的にはサーバーの足もと、もしくはセンター寄りのコースに長いボールを返球することが必要。ネットプレーヤーの攻撃をかわす意味でロビングを用いる場合もある。攻撃的なファーストサービスに対して「守る」ことがまず優先される。

## ■ セカンドサービスに対するレシーブの攻撃

### 相手プレーヤーをいかに動かすか

　ファーストサービスに対するレシーブはまず「守り」であるのに対し、セカンドサービスに対するレシーブは「攻撃」である。

　相手の陣形によっても攻撃の方法は違ってくるが、基本的には"相手プレーヤーをどのように動かすか"が重要である。

レシーブ

# 【一般的な雁行陣に対するレシーブコース】

＜クロスサイド＞
① コーナー
② センター
③ 角度のついたクロス
④ ストレートへのロビング
⑤ アタック
⑥ サイドパッシング
⑦ ツイスト（ドロップショット）

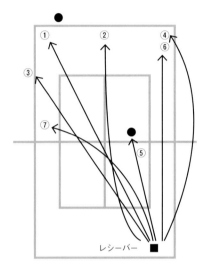

＜逆クロスサイド＞
① コーナー
② センター
③ 角度のついた逆クロス
④ ストレートへのロビング
⑤ アタック
⑥ サイドパッシング
⑦ ツイスト（ドロップショット）

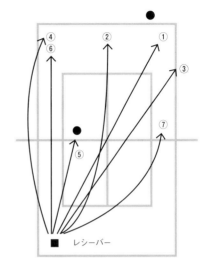

## 第3章　ソフトテニスの技術
# 用語の解説

【ア行】

**アタック　attack**
　至近距離から相手前衛付近への攻撃。

**アプローチショット　approach shot**
　ネットへ詰めるためのショット。

**アンダーストローク　under stroke**
　グラウンドストロークの打ち方の１つ。腰より低い高さのボールをラケットの斜面（ラケットのヘッドをグリップより下げる）を使って，こすり上げるように打つ打法。

**イースタングリップ　eastern grip**
　ウエスタングリップとコンチネンタルグリップの中間的な握り方。

**インパクト　impact**
　ボールがラケットに当たる瞬間。コンタクト（contact）ともいう。

**ウイニングショット　winning shot**
　一番得意な打球（決め球）。ポイントを勝ち取る最後のショットのことで，一番得意なプレーを使うのが理想。

**ウエスタングリップ　western grip**
　地面に対してラケット面を水平にし，そのまま上から握るグリップ。

**エース　ace**
　サービスやグラウンドストロークで，相手プレーヤーが，ボールに触ることができずにポイントになること。単にサービスによる得点を指す場合もある。

**オールラウンドプレーヤー　all-round player**
　攻守にわたり，すべてのプレーを平均以上にこなせる選手。

【カ行】

**カット　cut**
　ラケットでボールを切るようにスイングし，逆回転をかけること。

**グラウンドストローク　ground stroke**
　ワンバウンドしたボールをネット越しに相手コートに打ち返す動作。またはその打球動作全般のこと。

**グリップ　grip**
　ラケットの握り方（ウエスタングリップ，コンチネンタルグリップ，イースタングリップなどがある）。またはラケットの握りの部分。

**コートカバーリング　court covering**
　ボールを打ったあと，返球の方向やその強弱を予測して素早く守備位置につくこと。

**コック　cock**
　バックスイングが完了した時，手首が手の甲の方に折れ

曲がっていること。

**コンチネンタルグリップ　continental grip**
　地面に対してラケット面を直角にし，そのまま上から握るラケットの握り方。いわゆる包丁握り。

【サ行】

**サービス　service**
　ポイントの最初に，相手のサービスコートに向かって打つプレー，またはその打球のこと（ボールの打点や加える回転方向によって，オーバーハンドサービス，フラットサービス，スライスサービス，リバースサービス，アンダーカットサービスなどに分類される）。

**サイドストローク　side stroke**
　グラウンドストロークの打ち方の１つ。腰の高さくらいの打点で打つグラウンドストロークのこと。ラケットを地面と並行に振り抜くように打つ打法。

**シュートボール　shoot ball**
　コート面と平行に，ネットすれすれに速く鋭く飛ぶ打球のこと（同義語：ドライブ）。

**スイング　swing**
　ラケットの振り，ラケットの動き。

**スタンス　stance**
　打球時の足の位置や間隔（オープンスタンス，平行スタンス，クローズドスタンスなどがある）。

**ストップボレー　stop volley**
　ボールが当たる瞬間にラケットを引くようにし，ボールの勢いを吸収して相手コートのネット際に短く落とすボレー。

**ストローク　stroke**
　ボールを打つ動作，またはその打球全般のこと。グラウンドストローク，ボレー，スマッシュ，サービス，レシーブのこと。

**スピン　spin**
　ボールに回転を与えること。トップスピン（順回転），アンダースピン（逆回転），サイドスピン（横回転）などがある。

**スプリットステップ　split step**
　相手がボールを打った瞬間に両足で軽くジャンプし，地面を踏み込む動作。次の動作に移りやすくなる効果がある。

**スマッシュ　smash**
　ボールをたたきつけるように強く打ち込むこと。高く上がってきたボールを，頭上より高い打点で，相手コートに打ち込む攻撃的なストローク。

**スライス　slice**
　ラケットでボールを切るようにしてスピンをかけた打球。アンダースピンのボールを指す場合もある

【タ行】

**縦面　racket head up, racket head down**
　ラケット面が縦になっている状態。また，ラケットヘッ

ドを上げたり下げたりした状態を作ること。

**打点　contact point**
　ラケットがボールと当たる位置。

**チップ　tip**
　ボールがラケットのフレーム部分をかすめ，返球できないこと。

**テイクバック　take back**
　ラケットを後方に引く動作（バックスイング）。また，その動作を行うこと。

**トップストローク　top stroke**
　グラウンドストローク打法の1つ。胸よりも高い打点でボールをたたくように打つ打ち方で，ラケットのヘッドをグリップよりやや上げて行う。

**ドライブ　drive**
　ボールに対して順回転をかけること。コートの面と平行にネットすれすれに鋭く飛ぶ打球を指す場合（同義語：シュートボール）や，単に強い打球や強く打つことを指す場合もある。

**ドロップショット　drop shot**
　ラケットでボールをカットして逆回転を与え，ネット際に短く落とす打球法。

## 【ナ行】

**ネットプレー　net play**
　ネット際で行われるプレーのこと（ボレー，スマッシュなど）。

## 【ハ行】

**ハーフロブ　half lob**
　シュート（ドライブ）ボールとロビングの昼間の攻撃的なロビング。中ロブ（ロビング）や半ロブともいう。

**バックスイング　back swing**
　ストローク動作の中で，ラケットを後方に引く動作の完了した形。フォワードスイングに入る直前の構えのこと。

**バックハンド　backhand**
　利き腕の逆側で打つ打法。また，ラケットを持っていない側で打つこと（対義語：フォアハンド）。

**パッシング　passing**
　プレーヤーの脇を抜く打法，または，その打球のこと。パスともいう。

**フィニッシュ　finish**
　スイングの最終姿勢。振り終わりの形。

**フォアハンド　forehand**
　利き腕側で打つ打法。または，ラケットを持っている側で打つこと（対義語：バックハンド）。

**フォロー　follow**
　相手のエース級のボールについていき，返球すること。

**フォロースルー　follow through**
　振り抜き。インパクトのあとラケットの動きを止めず，そのまま振り続ける動作のこと。スイングの後半部分の動作で，インパクトからフィニッシュまでの振り動作をいう。

**フォワードスイング　forward swing**
　後方に引いたラケットを打球のために前方へ振り出す動作。

**フットワーク　footwork**
　打球地点へ身体を移動するための足の動きのこと。

**フラット　flat**
　ボールの軌道に対してラケット面を直角に当て，ボールにはほとんど回転がかからない打球。強力で攻撃的な打球。

**ポーチ　poach**
　ダブルスで，味方のベースラインプレーヤーが打つべきコースのボールを，ネットプレーヤーが横取りして打つ，奇襲攻撃のボレーのこと。

**ポジション　position**
　プレーヤーの立ち位置（構える位置）のこと。また，プレーヤーがその位置につくことをポジショニングという。

**ボレー　volley**
　相手の打球がコートにバウンドする前に，直接（ノーバウンドで）打つストローク。打点の高さによってハイボレー，ローボレーや，前に落とすストップボレーなどがある。

## 【マ行】

**モーション　motion**
　プレーヤーの動作。相手に対し自分の動きを見せて，ゲーム展開を有利にする動き。

## 【ラ行】

**ライジング（ライジングストローク）　rising（rising stroke）**
　バウンドした後，跳ね上がるボールをバウンドの頂点に達する前に打つこと。

**ラケットヘッド　racket head**
　ラケット面の先の（グリップから最も遠い）部分。

**ラリー　rally**
　ボールの打ち合い（連打）が続くこと。

**ランニングショット　running shot**
　走りながらボールを打つこと。

**リーチ　reach**
　ボールに対するラケットの届く範囲。主に，ネットプレー時の守備範囲のこと。

**ロビング　lobbing**
　グラウンドストロークの打法の1つ。相手ネットプレーヤーの頭上を越えるよう，高く弧を描くようにボールを打ち上げるストローク。ロブともいう。

# 第4章

## ソフトテニスの
## マッチ

# §1 ダブルス

◀P132-133

ダブルスが主流のソフトテニス。ペアと2人でコート1面を守っていくダブルスでは、2人が無駄なく効果的に守備をこなしていかなければならない。

## 【攻守にバランスがとれた陣形＝雁行陣】

これまで国内では、雁行陣VS雁行陣の対戦が主流であり、お互いの駆け引きを楽しむ要素が強かった。しかし、シングルスが広く普及した影響もあり、オールラウンドプレーヤーによって、陣形を変化させながら戦うケースも多くなってきている。

コートサーフィスや、風向き、相手ペアの特徴などにより、陣形を変化させながら戦略を練るのもダブルスの面白さの一面である。

基本的にプレーする位置が、ネットに近いほど攻撃的で、遠いほど守備的であるといえる。

雁行陣は、攻撃を担当するネットプレーヤーと守備を担当するベースラインプレーヤーによる陣形であり、攻守にバランスが取れている陣形だ。また、前陣の並行陣は超攻撃形、後陣の並行陣は超守備形といえる。

● 雁行陣

● 並行陣（後陣）

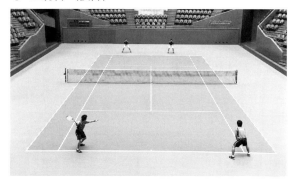

● 並行陣（前陣）

### ●「雁行陣形」
グラウンドストロークを得意とするベースラインプレーヤーとネットプレーを得意とするネットプレーヤーが役割を分担しながらプレーする陣形。攻撃と守備のバランスが最も保たれた陣形である。

### ●「並行陣形」（後陣）
グラウンドストロークを得意とするプレーヤー2人ともがベースラインでの後陣でプレーする陣形。ただし、ポイント源が少ないので、精神的に根気強い粘りのテニスが必要とされる。

### ●「並行陣形」（前陣）
ネットプレーを得意とするプレーヤー2人ともが、中間ポジションか、あるいは、さらにネット近くにポジションを取りプレーする陣形。ほとんどの打球がノーバウンドでプレーするため、攻撃力が強い。

132　4章　ソフトテニスのマッチ

## ■ それぞれの陣形による対戦

① 並行陣（後陣）vs 並行陣（後陣）

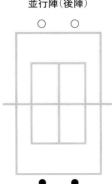

② 雁行陣 vs 並行陣（後陣）

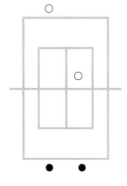

③ 雁行陣 vs 雁行陣

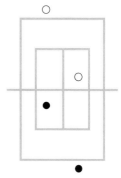

④ 雁行陣 vs 並行陣（前陣）

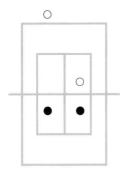

⑤ 並行陣（後陣）vs 並行陣（前陣）

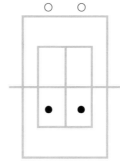

⑥ 並行陣（前陣）vs 並行陣（前陣）

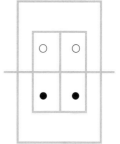

### ＜雁行陣、並行陣のメリット＆デメリット＞

| | 雁行陣 |
|---|---|
| メリット | ・攻守のバランスが取れている |
| デメリット | ・ロビングを打たれ、1対2のプレーになりやすい<br>・前衛が攻められやすい |

| | 並行陣（後陣） |
|---|---|
| メリット | ・どんなボールでも返球でき、相手にポイントを取られにくい<br>・簡単なミスをしにくい<br>・1人の守備範囲が狭くてすむ |
| デメリット | ・ポイントを取りにくい<br>・強いペアをつくるのに時間がかかる<br>・相手にいろいろな攻め方をされやすい |

| | 並行陣（前陣） |
|---|---|
| メリット | ・ネットに近いポジションからの攻撃により、相手にプレッシャーをかけることができる<br>・相手打球を返球するまでの時間が短いため、相手に次の準備をさせる余裕を与えない |
| デメリット | ・相手の攻めに対する守りが難しい |

# §2 シングルス

◀P134-149

近年、国際大会普及という観点からも、シングルスの普及が急務とされていた。最近では、国内でもシングルスの大会が徐々に増えはじめ、さらに、シングルス技術を磨くことでダブルスに生かしている選手も多数いる。今後もますます普及活動は幅広い層で加速するのではないだろうか。

## 【ソフトテニスにおけるシングルス】

### 国際大会では、シングルスの勝敗が団体戦の勝敗に大きく影響

ソフトテニスは長い間、ダブルスを中心として行われてきた。

2人でのコンビネーションや協調性、パートナーを思いやる気持ちなど、教育上、好ましい点が多く、学校体育を中心として発展。また、シングルスに比べ、体力的な負担が軽減されるため、生涯スポーツとしても愛好されてきた。

しかし、ソフトテニスのさらなる発展を考えた場合、シングルスを、今まで以上に積極的に普及することが急務であった。今では、ソフトテニスの新たな楽しみ方の一面を見出し、愛好者の増加や海外普及、国際化につなげられている。

現在の国際大会では、個人戦だけではなく、団体戦にもシングルスが導入され、シングルスの勝敗が団体戦の勝敗に大きく影響を与えている。それに伴い、各国のシングルスプレーヤーのレベルの向上が著しく、観客を熱狂させるようなゲームが展開されている。

## ■ ダブルスとの違い
### 個人のオールラウンドな能力が求められる

ダブルスとの最も大きな違いは、1人でプレーするという点である。サービス、レシーブ、グラウンドストローク、ボレー、スマッシュなど、すべてのプレーを1人で行うシングルスは、個人のオールラウンドな能力が要求される。

また、ダブルスと比べると、1人で守るコートの幅が広くなるため、コートカバーリングとプレー後のポジショニングがより重要になる。

1人で考え、判断し、1人でプレーするシングルスでは、精神的な強さや自立心がより要求される。

シングルスに積極的にチャレンジすることは、自らのプレーの幅を広げ、運動能力の向上、精神力、判断力の向上につながることは間違いない。もちろん、ダブルスの強化にも必ず役立つ。

シングルス

# 【シングルスの技術】

## ■フリーフォーム、フリーグリップ

### 各プレーに適したフォーム、グリップを選択

　シングルスでは、コートのカバーリングが広くなることにより、身体から遠いボールに対しては、コンチネンタルグリップの方がリーチが出やすい。

　ダブルスにおいては、限定されたスペースへ打たれたボールに対し、フォームを固定して、返球するプレーが要求される。だが、シングルスではいろいろなスピードや変化、長さのボールに対応するため、各プレーに適したフォームやグリップを状況に応じて使い分けできることが求められる。理想は「フリーフォーム、フリーグリップ」である。

コンチネンタルグリップに握り変えることで、リーチを伸ばし、身体から遠いボールに対応。

## ■ ボレー、スマッシュ

### コースを狙って正確に返球

アプローチして前進してからのプレーになるため、ハーフボレー（スイングボレー）やハーフスマッシュ（振り抜かずに、インパクトでラケットを止める）の形になることが多い。

ダブルスでは、ボレー、スマッシュともスピードで押し込むケースが多いが、シングルスでは、よりコースを狙う正確性が要求される。

ボールのコースに軸足を近づけ、オープンスタンスでストロークすることでプレー後の戻りを速くする。

## ■ グラウンドストロークにおけるスタンス

### オープンスタンスはバランスを保ち、素早いポジションの戻りを可能にする

シングルスでは、コートのカバーリングの必要性から、打球後、すぐに適切なポジションに戻らなければならない。そのため、踏み込んでボールを打つ形のクローズドスタンスや平行スタンスよりも、身体の回転でボールを打つ、オープンスタンスでの打法が中心となる。ボールのコースに軸足をより近づけて打球するオープンスタンスでの打法は、バランスを保ち、スムーズにポジションに戻ることができる。また広角にボールを打つことにも適している。

バックハンドストロークにおいて、オープンスタンスで打つことは非常に難しいが、プレー後のコートカバーを考えると、やはり軸足の設定をボールのコースに近づける努力が必要である。

通常のバックハンドストロークのほかに、非力な選手などが行う、利き手の逆側の腕で利き手を押しながら打球するバックハンドストロークがあるが、このショットは身体の回転を使いやすく、シングルスに適した打法といえる。

利き腕を利き腕の逆側の腕でプッシュし、身体の回転を生むバックハンド。

137

シングルス

## ■ グラウンドストローク全般

### 相手に揺さぶりをかけるために
### ボールへの回転を加える方向やスピン量のコントロールが必要

　ダブルスでは主にドライブ回転（順回転）で長いボールを使うが、シングルスではよりコートを広く使い、ドライブ回転での長短、スライス回転での長短の打ち分けが要求される。
　ボールの長短やスピン量をコントロールすることで、相手に揺さぶりをかける。

＜フォアのドライブ＞

＜フォアのスライス＞

ドライブ回転のボールは、スピード、威力があり攻撃的である。それに比べスライス回転のボールは、スピードが遅く威力も少ない。それぞれの特性を生かして、プレーの幅を広げることが、シングルスでは要求される。

シングルス

## ＜バックのドライブ＞

## ＜バックのスライス＞

シングルス

## ■ディフェンス（守り）のためのスライスストローク

### 体勢を立て直す時間をつくる必須ショット

　ダブルスでももちろんだが、1人でコート全面をカバーするシングルスでは自分の体勢を立て直すための時間をつくるために必須なのが、ディフェンスのためのスライスストローク。ボールの下にラケットを滑り込ませるように逆回転を与え、滞空時間をつくり、自分の体勢を立て直す時間をつくる。

　手首や肘を返すのではなく、自然に脇をしめていって、肘をたたみ、股関節をスライドさせながら、スイングしていく。

　グリップを握るスピードの強弱、股関節をスライドさせるスピードによって、インパクトの強さ

### ＜フォアのスライス（ディフェンス）＞

### ＜バックのスライス（ディフェンス）＞

を調節し、ボールの長さやスピード、バウンドの高さをコントロールする。長いボールを打とうとする時は、フォロースルーは大きくなり、短いボールの時は小さくなる。

スライスストロークとはボールに逆回転を加えて打つストロークのこと。ドライブのボールに比べて、飛行速度が遅く、バウンドが小さいので攻撃された際、自分の体勢を立て直すための時間かせぎなど、守備的に使われることが多い。

シングルス

## ■ オフェンス（攻め）のためのスライスストローク

### 相手を走らせ、相手の打点を狂わせる

　ドライブ回転のシュートボールで厳しいコースを突いていく攻撃に加えて、スライス回転で揺さぶりをかけることができれば攻撃の幅がグンと広がる。攻めのためにスライスストロークを活用すれば、さらに相手を走らせ、相手の打点を狂わせることができる。

　ドライブ回転で返球できるボールを、わざとスライス回転で返球し、リズムを変えたり、相手をより多く走らせたり、ボールのバウンドを変化させたりすることで、相手の打点を狂わせる。

### ＜フォアのスライス（オフェンス）＞

### ＜バックのスライス（オフェンス）＞

144　4章　ソフトテニスのマッチ

# 【シングルスの基本的な考え方】

まずは、打点の幅が狭いバックハンドを狙っていくことも1つの作戦。相手がフォアに回り込んだら、カウンターで大きく空いた相手のフォア側（オープンスペース）へ打っていこう！

## ■ 不利な状況の時

① オープンスペースを
　狭くする方向に返球する

・クロスボールには相手の足元へ返球
・ショートボールにはストレート方向へ返球

② 時間をかせぐ

・スライスショットやロビングなど
　長いボールで返球

## ■ 有利な状況の時

① コースを変更し、相手を動かす

② ストレート方向へ返球したり、
　スピードのあるボールで返球し、
　相手に時間を与えない

③ コートの中でプレーできる時は、
　アプローチしてボレーやスマッシュを狙う

シングルス・ダブルスに関わらずサービス、レシーブで先手をとることが一番大切（先に相手を動かして、相手の体勢を崩す）。また、打球のスピードや回転方向に変化を加えて、相手のリズムを狂わすことも非常に効果的だ。攻守の切り替えにうまく対応していくことがシングルスの勝敗を左右するだけに、相手のボールのスピードを利用して効率よく打つことを心がけよう。

シングルス

# 【シングルスの練習方法】

バックハンド、
コートカバーリング力、
オールラウンドプレー…を磨く

バックハンドの強化、そしてオールラウンドなプレーの習得、さらには素早い戻りやフットワーク、オープンスタンスからの打ち分け、カバーリング力等々、シングルス上達のためにはいくつものポイントがある。

これらをマスターするための練習を紹介していこう。シングルスの練習でも、ダブルスでも役立つ技術習得ができるだけに、ぜひ、これらの練習にも取り組んでほしい。

■：練習者　　――：ボールの軌道
●：球出し　　………：人の動き

---

 鋭角打ち

センターに構える練習者に対し、球出し者が手投げで左右に上げボールする。練習者はクロスからの上げボールはクロスへ、逆クロスからの上げボールは逆クロスへ返球（紫色の部分を狙う）。

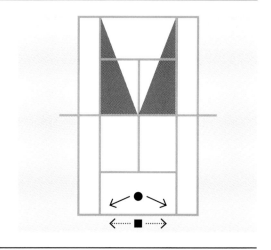

---

練習2 ショート＆スライス
ロング＆スライス

練習1同様に、球出し者が手投げで左右に上げボールをする。
① 練習者はショートボールとスライスを交互に返球。
② 練習者は深いボールとスライスを交互に返球。
クロス、逆クロスへの上げボールともに、狙うコースはどこでも OK だが、ボールの長短については、スライスはグレー部分、深いボールは濃いグレー部分を狙う。

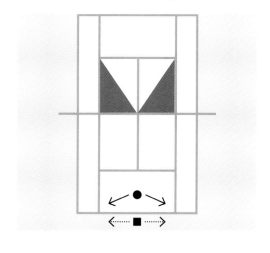

146　4章　ソフトテニスのマッチ

## 2対1

2対1のラリー。練習者1人に対し、球出し者は2人で2人の方は1人のバックを狙って返球。センターにコーンを置き、練習者は1球ずつセンターのコーンの位置に戻る。

★相手が打球する位置（＝自分の打球の飛んだ位置）によりポジショニングすることが大切。ストレート方向（正クロス側）へ返球した場合はコーンの右側へポジションを取ろう。実戦でも、1球ずつセンター付近に戻って待球姿勢をとることを意識して練習しよう。

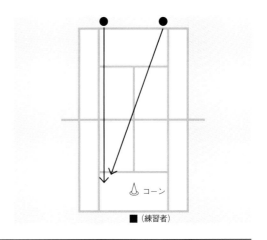

 ## 2対1の振り回し

練習3同様に、練習者1人に対し、球出し者が2人でのラリー。ここでは、球出し者のコースはフリーで1人の方を振り回す。
①フリーでの振り回しのラリー
②サービスから始まる振り回し
③レシーブから始まる振り回し

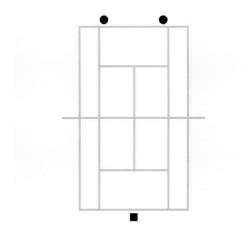

 ## アプローチからの ボレー（フォア、バック）

練習者はクロスのサービスラインのやや後ろくらいに構える。球出し者はセンターから①に上げボール。練習者はアプローチを好きなコースへ打つ（②）。球出し者が③を上げ、練習者が前に詰めてそれをたたく。ちなみに、バリエーションとして、③の上げボールを高めにすることで、「アプローチからのスマッシュ」の練習もできる。

★アプローチショット（②）を打ったら、すかさず練習者は前に詰めて、次にくる甘い球をたたく意識を持とう。

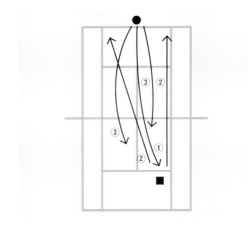

## シングルス

 **セオリーに沿った練習①**
### ～相手が回り込んだ ボールをカウンター～

逆クロス展開にポジションを取り、練習者が球出し者に対して逆クロスへ打ち（①）、フォアに回り込ませて打たせる（②）。練習者はストレートに返ってきたボールをすかさず、クロスへカウンターを打つ。

★逆クロスのボールを打つ際に、相手がフォアに回り込んだら、相手のクロス側のスペースがオープンスペースとなり、攻撃のチャンスとなる。「フォアに回り込んだらカウンター」のセオリーを覚えておこう。

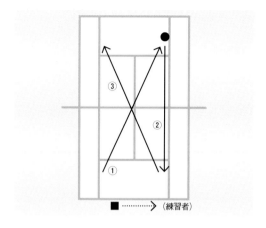

 **セオリーに沿った練習②**
### ～厳しいボールを つなげるスライス～

相手にバック側を攻められた場合（①）、練習者はスライスでセンターに深く返す（②）。打球後、練習者はすかさずセンターに戻り、待球姿勢をとる。

★攻められても、深いスライスで時間をかせぎ、自分の体勢を立て直し、次のボールに対する準備をする意識を持とう。

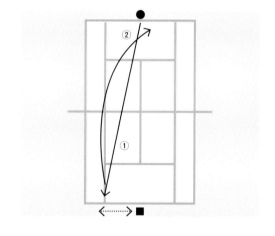

 **セオリーに沿った練習③**
### ～チャンスボールを サービスコーナーへ～

センターにいる球出し者がチャンスボールの上げボールをする。練習者はベースライン付近から前に出てチャンスボールを打つ（紫色の部分を狙う）。

■：練習者　　──：ボールの軌道
●：球出し　　‥‥：人の動き

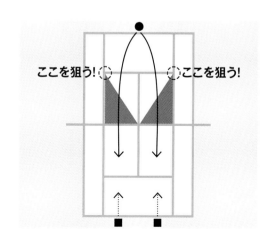

セオリーに沿った練習④
## ～打点の幅を使い分け～

球出し者がセンターからサービスライン付近に上げボール。練習者は①ライジング②サイドストローク③アンダーストロークを正確に打ち分けていく。上げボールはすべて同じ上げボールで。

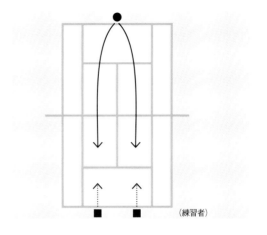

(練習者)

 セオリーに沿った練習⑤
## ～リズムを変える～

センターにいる球出し者が速いボールを上げボールする。練習者は緩く⇒緩く⇒攻撃の順でリズムを変えて返球していく。1人連続3本×2セット行う。

★シングルスのみならず、ダブルスでもボールのリズムが変わるとミスを生じやすくなる。そのため、この練習では相手の速いボールに対して、意識してリズムを変えて返球し、瞬時のリズム変化にも対応できる力を磨く。

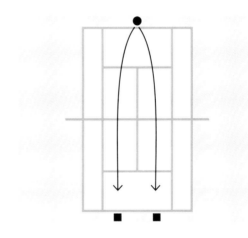

 ## 前後のカバーリング

球出し者が前→後→前→後の順で交互に上げボール。練習者は10本返球するまで続ける。

★シングルスにおいて、ほとんどの選手が左右に動きよりも、前後の動きに弱く、前後に揺さぶりをかけられるとミスをしてしまう傾向がある。そのため、前後の練習は不可欠である。これはダブルスにもいえる。

★実戦を意識し、前後の揺さぶりを受けても、自分の体勢を立て直す時間を得るために深い返球を心がけよう。

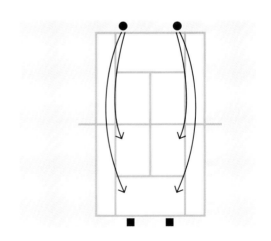

# 第4章 ソフトテニスのマッチ
# 用語の解説

【ア行】

**アイフォーメーション　I formation**
　サーバーとパートナーがコートのセンター付近で縦1列になる。

**オーストラリアンフォーメーション　Australian formation**
　サーバーとパートナーが同じサイドに位置する布陣。

**オープンスペース　open space**
　コート上でプレーヤーがいない空間のこと。

【カ行】

**雁行陣　one up one back formation**
　ダブルス時の陣形で，1人が前，1人が後ろに位置するフォーメーション。

**クレーコート　clay court**
　コートの種類の1つで，赤土または粘土と細かい砂を混合したコート。

**クロス　cross**
　打球のコースの1つ。コートの縦のラインに対し，ボールが斜めに飛ぶこと（対義語：ストレート）。ネットに向かって右側のクロスを正（順）クロス，左側のクロスを逆クロスという。

**コンビネーション　combination**
　ダブルスにおいて2人のプレーヤーが連携してプレーすること。

【サ行】

**シングルス　singles**
　プレーヤーが1人対1人で戦う試合のこと。

**ストレート　straight**
　打球コースの1つで，コートの縦のラインに沿ってボールが飛ぶこと（対義語：クロス）。

【タ行】

**ダブルス　doubles**
　プレーヤーが2人対2人で戦う試合。

**ディフェンス　defense**
　守備（守り）のこと。

【ハ行】

**ハードコート　hard court**
　コートの種類の1つ。セメントやアスファルトを基礎にして，多くの場合，合成樹脂などでコーティングして造られる。

**フォーメーション　formation**
　陣形のこと。ダブルスの陣形には雁行陣，並行陣などがある。

**並行陣　parallel (two up, two back) formation**
　2人が前に，または後ろにそろって位置する陣形。

150　4章　ソフトテニスのマッチ

第 **5** 章

ソフトテニスの
指導

# §1 U-14の指導の現状

## (1) 技術

**オールランドプレーヤーの育成**

　技術指導の目標として、オールラウンドプレーヤー、そしてシングルスプレーヤーの育成を目指し、「正しい基本技術とスポーツ選手としての考え方を身につけること」を掲げている。そのテーマを突き詰める際の留意点として、目先の勝利にとらわれず、可能性を導き、プロセスを大切にすることを指導者として心得ておかなければならない。

　具体的には、ストロークにおいては待球姿勢（準備）、テイクバックを素早く取り、体勢が崩れた場面でも適切な判断や対応ができ、自然に順回転や逆回転をかけることの習得を目指した指導も大切だ。また、サービスでは野球の投球動作の同様の身体の使い方を覚え、若年層からサービス力強化を進めていく。さらに、カットやスライスなどさまざまな球種があることを確認させる。

　シングルスにおいては、まず１面を守り抜くことを目指し、コートの大きさなどから待球時にどちらでも動ける体勢づくりを意識させる。そして中間ポジションでの対応を取り入れている。たとえできなくとも、習熟度的にできるものとし

知識や情報を提供することが大切であり、またダブルスでも共通する項目だけに、ベースラインプレーヤー、ネットプレーヤーという区別なく、全員がオールラウンドなプレーを目指していく。

　ゲーム全体像からストーリーを考察し、課題点を抽出することで基本技術の習得を図り、攻撃的なゲーム展開を徹底し、すべてのショットにおいて再現性を高め、確実で正確な技術を向上させていく。

## (2) 身体

**７つの能力向上を目指す**

　神経系の発達が著しいこの時期にはバランス、リズム、反応、定位、分化、変換、連結の７つの能力向上を図るべく、コーディネーショントレーニングを実施していく。

　成長期のため、筋力アップではなくあくまで身体動作を正確に行える神経系を育むよう啓蒙する。すなわちこの年代は神経系を含むフィジカル力のアップが課題。遊びの要素も取り入れ、神経系を刺激し、身体の機能をスムーズに使いこなす力を磨いていく。具体的にコーディネーション能力、俊敏性、持久性などを合宿時は重点的に追求していく。

　股関節、肩甲骨をより上手に使うことができれば競技力向上に大きくつながることから、ソフトテニスにおける効率的な身体動作の習得を目指すことで、より飛躍する選手の輩出を目指す。

　良い部分を伸ばす取り組みと、若年層だからこそ効果が大きい神経系の活発な活動を促していく。

　また、栄養、休息、トレーニングのバランスが大切であることを必ず理解させ、普段の生活からの取り組みを考えるきっかけを与えていく。さらに、栄養を考えた食事についても理解を深めさせている。この年代は自宅から通学する選手がほとんどで、合宿などで得た知識や情報を日々の生活に生かせるよう、家庭での食生活改善につなげている。

### (3) 心

**勝利を目指す上ではプロセスが大切**

　U-14に選抜される選手のほとんどがジュニア育ちである。選手として多くの経験を経る一方で、勝利至上主義により技術と精神面でのバランスが伴わない選手もいる。ボールさばきのうまさ、そして「勝たなくては意味がない」という社会的価値を追い求めすぎて、バーンアウトしてしまう選手も見受けられる。

　この年代の選手には「楽しさ」が大切であり、自己実現に向けて何事にも最後まで諦めずに取り組む姿勢や、競技者として、人としての礼節が備わることも大切である。競技者としてみならず、人格形成につながる指導によって、競技のバランスが良くなり、結果、より競技生活が豊かとなり、競技力向上につながることを理解してもらうよう努めている。

## §2　U-17の指導の現状

### (1) 技術

**国際大会に向けて身体機能の理解と習得**

　この世代はパワーやスピードに加えて、技能の高度化を図っていきたい。それとともに、身体機能を効率よく使った打法や動き方を習得し、さらにコンビネーションプレーを磨いていく。

　また、日本代表を目指すうえで、戦術の理解よりさまざまな陣形への対応力が求められていることを理解し、積極的にその対応力を培い、オールラウンドなプレーを身につけていくことを要求。さらに、さまざまな陣形に対応するべく、実戦でのさまざまな状況変化を予測できるよう常日頃から、トライさせる。これは、いかなる状況においても適切な判断をして、遂行するための技術習得を求めることからである。

　以上のような目標を掲げつつ、選手たちにはしっかりとした基礎がなければ枝葉は伸びていかないことも理解させていく。ストロークではボールの変化に対応し得るラケット操作ができなくてはならない。さらに、フォロー時に瞬時にどちらのラケットフェースも使いこなしの操作ができるなど、状況に応じたグリップチェンジやラケットフェースの使い分けをマスターしていく。

　カットサービス＆ボレーに関しても、並行陣（前陣）のフォーメーションの場合など、至近距離でのボレーをする際は、シンプルな身体動作とラケット操作を行えるよう、ボレーボレーでも日頃から身体のさばきをするようにさせる。

　身体の動きとラケットワークを連動させながら説明していくようにしている。

　また、各ショットの技術的な基盤作りはU-17までに行っておきたい。そのためにも、やはり理にかなった基本技術の習得が必要である。

　シングルスにおいては、国際大会（ハードコート）を視野に入れた戦術、戦略の強化に取り組んでいる。そのためにもナショナルチームなどと連携し、国際大会の傾向やプレースタイルの情報を共有するようにしている。

　現段階での必須なプレーとしては、バックハンドの自由度を増すこと、スライスショットの正確性、アプローチからのネットプレー、下がらないでプレーするフットワークとなる。サービスにおいてのエースはほぼできなくなってくるとして、

ラリー戦になった際にいかに相手の時間と場所を奪うかに注視して指導を実施している。

## (2) 身体

### ソフトテニスの特性を活かしたトレーニングを習得させ、継続させる

ソフトテニスの動作からのウォーミングアップ、トレーニングの考え方を伝えたうえで、必ず理由を持ってそれぞれ行えるように指導を実践する。

強化のうえではどうしても練習強度が上がるため、試合だけでなく、技術力をマスターしていくためにも体力づくりは必須となることを必ず伝える。このカテゴリーでは、打球スピードもプレーのスピードも格段に上昇する。この年代で現段階の自国のナショナルチームと互角に戦えるようになることを一つの目標に自分の身体のコンディショニング、コーディネーション、トレーニングを実践してもらい、すぐにでも国際大会に出場できる選手となるよう取り組んでいる。

ただ、「ミスを少なくし、パワーのあるショットを実現するためには、安定した姿勢がよい」とU-17の合宿時に講義を受けたとしても、合宿から帰った日常生活の中で、それをフィードバックし、継続して行う必要がある。高い知識を手に入れても、意識して反復していかなければ、選手の成長を促進することはできない。現況、合宿と所属チームとの連絡を密にとりながら内容などを伝え、できる限り所属でも意識して選手が取り組みを行っている。

## (3) 心

### 自己コントロールのできる選手の育成

10代後半になる選手たちは思春期でもある。感情のコントロールの仕方を身につけさせ、集中力を発揮できるように導きたい。U-17の合宿時にもチームワークや協調性、また、ダブルスにおけるコンビネーションを身につけさせるようにしている。さらには、粘り抜く強さや闘争心も培わせるために、個々に合わせて意識的に奮起させるようにアプローチしていく。

この世代が終わると、公的な学校教育の場から巣立ち、自主的な取り組みを行わなければならない。そこへつなげるためにも、指導者は提案し、それを選手自身が選んで実践する。そしてそれがどうだったのか、選手自ら振り返りを行い、また実践を積み重ねることが大切である。自分で判断することが、この先の選手として、一個人としての成長へとつながるのである。

この世代の選手たちには日本代表を目指す高い志と、心から応援される選手としての言動を持ち合わせてほしい。また、同年代のアスリートは世界で戦っている選手もいることから、いかに大人と会話できるような思考を持ち合わせるかが一つポイントとなる。所属監督のいない合宿での言動こそが自分を律するチャンスであり、環境や人などが変化しても普遍的な自己形成の取り組みを崩さずできるような人間となるよう選手たちへは要求し、取り組んでもらっている。

# §3 U-21*の指導の現状

## (1) 技術

### あらゆるサーフィスに対応できる選手の育成

国内ではいまだ雁行陣が主流といえるが、国際大会の代表を狙うU-21の選手たちはオールラウンドプレーヤーを目指すのは当然のことである。

ベースラインプレーヤーがネットプレーを、ネットプレーヤーがベースラインプレーをこれまで以上に高め、よりオールラウンドの質を向上させることが重要といえる。

さまざまな陣形を使いこなさなければ、国際大会の舞台に立てない中、陣形によってそれぞれ少しずつ技術が異なることを理解し、さらにはそのテクニックを習得しなければならない。つまりこ

※令和7年にU-20からU-21に改編

の世代では、あらゆるコートサーフィスにも対応できる選手の育成が求められている。

シングルスについては、U-21メンバーの全員がシングルスにも対応できるわけではないため、シングルスのスペシャリストの育成を目指している過程である。具体的にはパワーステップやポジショニング、タイミングの取り方など細かなテクニックの追求である。また、バックハンドはダブルスとは異なり、シングルス的な身体の使い方をしなければならない。同様に、ほかのショットでも、特にシングルスではカットやスライスでのつなぐボール、スライスでの攻めなど多様なショットの使い分けが求められる。ダブルス、シングルスにおいても、反応のスピード向上における、プレー（技術）の選択ミスの減少など、これまでの取り組みの成果もうかがえるが、手打ちやインパクトの強弱の使い方の未熟さなど、いまだ課題も多々ある。

### (2) 身体

**体幹の安定、柔軟性やスピードアジリティの向上を目指す**

18～21歳までの選手たちの身体は、すでに出来上がりつつある。その中で、筋肉レベルでは、①最大筋力、②筋持久性、③全身持久力については向上している。これも合宿を通して知識を得て、それを個人個人が日頃のトレーニングで実践しているからともいえる。

ただ、オールラウンドプレーヤーになるために必要とされる身体の安定、柔軟性の向上、スピードアジリティの向上については、まだ確かな成果が出たとはいえない。

体幹の安定には、股関節と肩関節の連動も関わる。また、同じ動作が続くことで腰や肩、背中など1点に負担を集中させず、関節可動域を広くすることが柔軟性の向上につながる。さらに、パワー及びスピードアップがスピードアジリティの向上を促すなど、それぞれ関連する部位の機能も

向上させることができなくてはならず、簡単に成果はでないのも事実ではある。

今後も、日々の選手たちのトレーニングの積み重ねと、合宿時での成果の確認や専門のスタッフによるさらなる知識や情報の提供により、地道な取り組みを継続していきたい。

### (3) 心

**人に流されず、自分の言動を正しい状態に維持**

学校教育から巣立ち、大学進学や社会人として一歩を踏み出す選手もいる。年代的に考えてもはめを外しやすい時期でもある。

所属チームが異なることがネックでもあるが、少しでも早くナショナルチーム昇格を目指すならば、選手は自分自身の信念を持ち、当然、ナショナルチーム、日本代表にふさわしい言動を身につけていなければならない。人に流されず、自分の言動を正しい状態に維持するべきである。

ナショナルチームに昇格しても、周囲が首をかしげるような行動がある選手では意味がない。トップに立ってもなお、努力、進化を目指す選手はいる。そういう強い気持ちで、誰もが憧れ、応援されるような選手となる努力をしてほしい。それは個々の自覚によるところが大きい。

基本的に、U-21＝ナショナルチームであることを肝に銘じ、ナショナルチーム同様の心技体の追求をしていかなければならない。

# §4 ナショナルチームの指導の現状

## (1) 技術

### ■男子

**シングルス強化が急務。ダブルスは3つの陣形を駆使すべく、リズムチェンジ力を磨く**

海外での国際大会はハードコートでの開催が多く、サーフィスに応じた強化が最優先される。特にアジア競技大会においてはダブルスが個人種目からなくなったこともあり、シングルスが国別対抗戦と個人種目となっており、シングルスでのメダル獲得を目指すべくシングルス種目の強化が急務となっている。

近年、ダブルスではハードコートでの戦いの中では並行陣（前陣）が強さを発揮していたが、各国が並行陣（前陣）に対抗するための戦略を練り、現在では1ポイント獲得するために、雁行陣、並行陣（前陣）、並行陣（後陣）の3つのフォーメーションを場面に応じて使い分ける力が求められている。ナショナルチーム選出の際、今やこの瞬時のリズムチェンジができるか、できないかも条件の大きな要因の1つである。

具体的な技術としては、ベースラインプレーヤーのストローク力強化はもちろんのこと、それに相反するボレーやスマッシュなどのネットプレーにも取り組む。ネットプレーヤーは、ネットにつくことだけではなく、ストロークでもシュートボールやさまざまなショットで攻撃ができるよう技術を磨かなければならない。

また、並行陣（前陣）同士のラリーになった際は、受けるボレーだけではなく、相手よりもプレッシャーをかける必要がある。例えば、前だけではなく前後のプレーを交える、前VS前となっても適時ポジションの変化を入れるなど、さまざまな揺さぶりを取り入れることが大切だろう。

シングルスにおいては、国際大会団体戦でシングルスの勝敗がカギを握るため、非常に重要な種目である。2013年東アジア競技大会で日本男子初のタイトルを長江光一選手が獲得し、2024年には世界選手権大会で上松俊貴選手が日本初優勝を遂げたが、引き続き強化が必要な種目ともいえる。ソフトテニス特有のボールの柔らかさを生かし、カットやショートボールなどを利用するなど、左右、長短、強弱の意図的なストロークの習得、そして、シングルスの基本ともいえるバックハンドストロークの打ち分け強化を引き続き行っていかなければならない。戦術的には、硬式テニスに近づいているともいえる。

### ■女子

**相手の心理を読み、冷静な判断、ゲームメイク力向上を目指す**

ダブルスではラリーの中の1場面で並行陣（前陣）のフォーメーションとなることがあるものの、女子は、運動能力の差により、男子ほど並行陣（前陣）が主流とはいえない。ただ、雁行陣での戦いの方が女子にとっては安定した強さを発揮できるが、相手の出方によって雁行陣、並行陣（前陣）、並行陣（後陣）を使い分ける力は男子同様、必要とされている。

昨今、ベースラインプレーヤー、ネットプレーヤーともにストローク力の強化は課題でもある。ストロークを打つ際の回転やバランス、肩甲骨の使い方、ヘッドスピードの速さなど基本的なストローク技術の見直しにより、一層のストローク力の向上が実現できるだろう。

また、ネットプレーヤーについては、各国ともに育成の難しさに直面している。ライバル国に比べ、日本は以前から駆け引きに長けた前衛を育成してきているだけに、これまでよりも一層相手の心理を読んだ駆け引きを身につけていきたい。

ベースラインプレーヤー、ネットプレーヤーともに、技術力に増して冷静な判断、そしてゲームメイクができる力を養っていくことが重要である。

シングルスにおいては、国内大会においてダブルスがメインなだけに、シングルス専門の選手がいないことが発展の足かせにもなっている。

ただ、最近はそのような中でもシングルスに特化した選手選考をし、ナショナルチームとしても各選手の中でもシングルス専門としての自覚、研究へとつなげている。

## (2) 身体

### ■男子
**体幹強化により、素早い立て直しを可能に**

動きがハードなオールラウンダー育成のために、特に力を入れてきたのはブレない体幹づくりである。体幹の重要性はどの競技でも同じであり、ナショナルチームでも常に取り入れてきた。相手に動かされた際に素早く体勢を立て直す力が求められる中、その成果も表れ始め、とっさのボールに対する動きが格段に変わってきている。国際大会が高速化していることに対応できている。

### ■女子
**身体の機能の効果的な使い方を理解し、実践**

男子同様、安定した身体づくりを最大の課題に掲げている。バランスよくプレーできれば、相手のこともよく見え、自分のリズムで打っていくことができる。すなわち、ミスの少ないテニスにつなげることができる。

また、肩甲骨、股関節、重心の位置など、身体を効果的に使うことで、無駄がなく、負担の少ない打ち方ができれば、ミスのないプレーにもつながると考え、ナショナルチームの合宿時には、身体の機能の使い方を解説するようにしている。

## (3) 心

### ■男子
**相手をイメージして、集中力へとつなげる**

ナショナルチームに選ばれた選手には、自覚とプライドを持ってほしいと考えている。多くの選手の憧れや目標になるような姿勢でテニスに取り組み、ソフトテニス界を牽引する言動に徹してほしい。また、国際大会での戦いは国内大会とは別物であり、多大なプレッシャーを背負うことになるが、その中で、普段通りのプレーをすることが求められる。

国際大会の舞台は経験者にしかわからないものがある。実力を7割出せれば、十分ライバルに対抗できると踏んでいても、それが出せないことも多々ある。そのため、国際大会の映像により、相手を分析、イメージし、そして集中力を研ぎ澄ませることが大事である。このような作業を大会前から繰り返し行うことで、本番でのパフォーマンスへとつなげている。

このようにここ数年の国際大会では、身体づくりと同様、気持ちづくりにも力を注ぎ、落ち着かない気持ちや焦りや不安などを取り除き、普段通りを継続していこうという姿勢が取れてきている。

### ■女子
**心の余裕が割断力、観察力を高める**

心は技をも生かすことができる。心に余裕がある状態ならば視野も広くなり、相手を見る観察力、判断力も高まる。それだけに、いかに心の状態をベストに近づけるか、専門家とも連携し、さまざまな取り組みを行っている。特に、合宿中にはメンタルの専門家を通して、不安などを取り除くため、カウンセリングを行っている。

# §5 生涯スポーツとしての指導の現状

## (1) ジュニアを対象とした指導

**子どもの性格や特徴を把握し、子どもが主役の練習環境をつくる**

- 指導者は、いわゆる今どきの子どもたちの特徴を勉強する。
- 小学校低学年時はさまざまな身体の動きを行わせ、身体を動かすことの楽しさ、面白さを体験させることを主眼とする。
- 身体づくりの運動やTV番組なども参考にし、バラエティ溢れるメニューを提供する。
- 小さなラケット（または子ども用）を使用して、ワンバウンドやノーバウンドで柔らかいボールを打つ要領を覚えさせる（当たっても痛くない）。
- テニスコートでは、さまざまなバリエーションを取り入れ、ラケットとボールに慣れる動きを体験させる。
- ラケットは大人用ではなく、身長に応じた軽いものを使用させる。
- ジュニア期に体得したラケットに関する感覚は、その後も消すことができない。力を入れなくても、自分の手で持てるラケットを使用させる。
- ワンバウンドにこだわらず、ノーバウンドでラケットにボールを当てる感覚を磨く。
- 指導者がボールを手で放り投げて、打たせてみる。
- 保護者（親）や周りの人に強制されることなく、子どもが自らやってみたいというプログラムの提示、指導方法の工夫、環境の整備に務める。
- 子どもが主役の練習環境を整え、子どもが主役の練習、試合を行う。
- 競技としてのソフトテニスを強要するのではなく、ソフトテニスを行うことの楽しみを伝える。
- 子どもの性格を理解して、丁寧に指導する。
- 子どもの口から「ソフトテニスは面白い」「明日も練習したい」という言葉が出たら、まずは成功といえる

## (2) シニアを対象とした指導

**既往症も含め、体調に関する情報を得ておく**

- プレーヤーの年齢、体調、技術程度、過去の大会実績、ダブルスのパートナーなどを理解する。特に、過去の大会実績には敬意を払う。
- 体調については、既往症も含めて可能な限り情報を頭に入れておく。
- 現在に至るまでの練習方法を理解し、可能な限り同じパターンで練習を行う。
- ゲームを多く取り入れ、さらに楽しみが増すように配慮する。
- 決して追い込んだ形式での練習は行わない。
- 休憩、水分補給は十分に取るようにする。
- 気温の高い時の練習では、熱中症に十分気をつける。
- ルールにこだわらず、ソフトテニスへの関心や体調に十分配慮した計画を立てて、練習を行う。
- クラブの場合、構成員の状況にもよるが、ソフトテニスに対するプレーヤーのニーズはしっかり理解し、全員のニーズができるだけかなうような練習計画を作成する。
- 準備運動（ウォーミングアップ）を必ず行う。冬場の気温の低い時は念入りに行う。

### (3) レディースを対象とした指導

**参加者それぞれのニーズを尊重し、すべてのプレーヤーに公平な態度で接する**

- 参加者の年齢、体力、ニーズ、技術、過去の実績などを理解し、特に過去の実績においては尊重する。
- さまざまな年齢層のプレーヤーが参加しているクラブでは、状況によっては練習内容を年齢層や技量などを考慮してグループに分け、練習を行う方法も取り入れてみる。その際はその主旨をプレーヤーに説明し、全員が理解してから練習を行う。
- プレーヤーの状況はさまざまで、限られた練習時間で体力やニーズに応じたソフトテニスを楽しんでいることをしっかり理解する。
- 過去の練習方法に自信を持ち、試合経験（実戦）を誇りにして練習に臨むプレーヤーも多いことも理解する。
- 新しい練習方法を取り入れるような場合は「今なぜこの練習が必要なのか」、いわゆる指導者としての説明責任をチーム全体に向けてしっかりと果たすようにする。
- 個々のプレーヤーに対するアドバイスも同様であり、指導者の経験的な観点からだけでなく、科学的、客観的な観点も取り入れ、プレーヤーが納得する説明を行う必要がある。
- すべてのプレーヤーに公平な態度で接する。

※昨今、レディースのメンバーとして大会に参加する人や、クラブの一員として練習に取り組む人々は増えてきた。平日昼間の体育館などではレディースのメンバーがスポーツを楽しんでいる姿を目にする。また、学生（生徒）時代にソフトテニスを経験し、しばらくプレーしていなかったが、「もう一度ラケットを持ってプレーしたい」という競技復活者も多い。

### (4) 社会人を対象とした指導

**限られた時間の中でいかに効果を上げるべきか、検討すべき**

- 地域や企業など社会人が所属するクラブでは、技術の向上や試合での勝利を目標とすることや、クラブ員同士の絆を深めることを目的としている人などが混在していることと理解する。
- クラブの置かれている立場や構成員の力量、過去の実績などによって技術の向上や試合での勝利にかける意気込みと、部員の交流にかける意気込みの大きさは変わることを把握する。
- 指導者はクラブの目標と同時に個々のクラブ員の目標、目的をよく把握し、活動目標を定め指導を行うことが望ましい。状況によっては指導者とクラブ員とのミーティングを行い、意思疎通を図り目標を定め、クラブにおいての指導方針を明確にすることも必要である。
- 社会人は仕事や日常生活の関係で、学生などに比べて十分な時間をかけて練習を行うことが難しい。指導者は限られた時間の中で、いかにして効果を上げるかを常に念頭に置いて、指導方法を検討していく。
- 主運動で使用する筋肉が十分にほぐせるように、準備運動（ウォーミングアップ）を必ず行う。冬場の気温の低い時は念入りに行う。
- その日の練習内容、到達目標を説明してから練習を開始する。
- 練習の始めはいつでもラリー（乱打）ではなく、参加人数、時間、コート数、選手の状況（体調

や心の動き）などを考慮して、さまざまなパターンを考える。

- 正規のルールでのゲームだけでなく、時間制、ポイント制（数）のゲームや、コートを2等分（ストレートもしくはクロスコースまたは逆クロスコースなど）して、ラリーを中心としたゲーム練習を取り入れるなど、展開やゲーム練習についても工夫を行う。
- 技術や戦術の向上のため、ダブルスだけでなくシングルスの試合も取り入れる。
- 練習終了後は、使用した筋肉をストレッチ体操などで十分にほぐし、使用前の状態に戻すとともに、特に腰痛の発生を予防するための腰の緊張をほぐすストレッチを必ず取り入れる。
- 大会での上位入賞や全国大会の都道府県代表などを目指す場合は、クラブ全体のバランスを考慮して強化を図るようにする。
- 選手自らが練習できる環境づくりを行い、体力面での向上も行えるように指導する。実際にプレーするだけでなく、VTRなどを利用して戦術なども学べるようにする。
- 「クラブの指導者（技術面）＝クラブの運営者」の場合もあるが、必ずしもそうとは限らない。クラブの規模、部員の構成状況、活動内容を元にして、一部に負担のかからない運営方法を部員全員で協議を行って、その方法を確立するようにするのがよい。

## (5) 部活動地域移行に伴う 指導現場の多様性

**指導現場の画一性から多様性への変化、発育発達に合った選手自身が楽しいと思える指導に励む**

　近年、中学校の部活動地域移行の流れに伴い、画一的であった中学校部活動はクラブ化により多様性の方向に進んでいる。また、プロソフトテニス選手、プロレッスンコーチ（ソフトテニススクール）など、今までの、ジュニアや学校現場中心の指導現場から外部へ指導現場が移行する流れも増えてきている。

　外部の指導者において、あくまで選手への指導はソフトテニスの技術だけでなく、小・中・高生の発育発達に沿った形で教育的配慮をよく理解した中で、質の高い専門的なソフトテニス指導にあたることが望ましい。

　また、勝利至上主義による選手のバーンアウトを防ぐべく、工夫した形で選手、保護者、また周りの指導者と連携を図り、選手育成に努めることで、中学校部活動地域移行から考えられる競技人口減少を食い止め、愛好者・競技者人口を確保する一助となることが、今後より期待される。

# 第6章

## ソフトテニスの
## ルールと審判

# 1. ルールとは

　その競技が公正かつ安全に，楽しく，能率的に行われ，しかも競技にある一定の秩序をもたらすものと考えてよい。

　したがってルールの内容は競技がスムーズに運ばれるための条件を定めることと，プレーヤーがどのように行動すればよいかについて決められている規則である。

# 2. 競技規則

　ソフトテニス競技におけるルールについては（公財）日本ソフトテニス連盟（以下，日本連盟）が発行する「ソフトテニスハンドブック」に掲載されている「競技規則」に定められている。

　「競技規則」は大きく「ダブルスのマッチ」と「シングルスのマッチ」に分かれているが，「コート」及び「サービス及びレシーブ」，「マッチ」を除いては「ダブルスのマッチ」に詳細は記されている。

## (1) ソフトテニスのマッチ（ダブルス）

1　双方のプレーヤーがサービスラインの外側中央に立ち，ネットの方向に向かい合い，及び整列する。

2　正審の合図「集合」のコールによって双方がネットまで進む。

3　正審がプレーヤーの確認を行った後，プレーヤー同士が挨拶を行い，次にアンパイヤーと挨拶を交わす。

4　ペアの片方のプレーヤーが「ジャンケン」を行い，負けた側がラケットの公認マーク（こちらが表となる）を相手に示してラケットをコート上に立てて回す。ラケットが静止する前にジャンケンで勝った側が「表」又は「裏」と言う。言い当てた場合先取権を得，言い当てなかった場合はジャンケンで負けた側が先

取権を得る。

5　先取権を得たプレーヤーは，サービスとレシーブのいずれか，又はサイドを選択する権利を得る。相手のプレーヤーは先取権を得たプレーヤーが選ばなかったものについて選択する権利を持つ。

6　ボールが選択制の場合は，ジャンケンの勝者がボールを選ぶ。

7　プレーヤーはマッチ開始前の練習をし，アンパイヤーは位置につく。練習時間は通常1分以内とする。

8　所定の練習時間が終了した後，正審は「レディ」とコールしてプレーヤーをマッチ開始の位置につかせる。

9　プレーヤーが位置についた後，正審は「サービスサイド○○（所属）○○・○○ペア，レシーブサイド○○（所属）○○・○○ペア，○ゲームマッチ，プレーボール」等とコールし，マッチを開始する。

10　サービスはサイドライン及びセンターマークのそれぞれの仮想延長線の間で，ベースラインの外で行う。サーバーの1人が行いネットに向かってセンターマークの右側から始め，右・左交互に対角線上の相手サービスコート内にボールを打ち込む。2人のプレーヤーは同一ゲーム中に2ポイントずつ交替でサービスを行い，同一ゲーム内ではサービスの順序を替えることができない。サーバーは第1サービスがフォールトになった場合，第2サービスを行うことができる。

11　レシーブは有効にサービスされたボールをワンバウンド後ツーバウンドする前に打つものとする。レシーバーはそれぞれライトサービスコート又はレフトサービスコートのいずれかでレシーブするものとし，そのゲーム中替えることはできない。

12　サービスとレシーブは，ファイナルゲームを除き，1ゲームを終わるごとに相手方と交

替して行い，奇数ゲームを終わるごとにサイドのチェンジを行う。

13 レシーブ返球後，ポイントが決まるまでラリーを続ける。

14 ゲームは4ポイントの先取で勝ちとする。ただし，双方のペアが3ポイントずつ得た場合はデュースとし，その後2ポイント先取で勝ちとする。

15 マッチは，5ゲーム，7ゲームなどの奇数で行い，過半数のゲームを得たペアの勝ちとする。

16 7ゲームマッチにおいて，双方のペアが3ゲームずつ得た場合，次のゲームをファイナルゲームとし，7ポイントの先取をもって勝ちとする。

17 ファイナルゲームは2ポイントごとに相手方とサービスのチェンジを行い，最初の2ポイント終了後と以後4ポイント終了ごとにサイドのチェンジを行い，サービス及びレシーブは次のように行う。

①双方の4人のプレーヤーは2ポイントずつサービスを行う。

②最初の2ポイントのサービスをするプレーヤーはそれまでの順序に従い，本来サービスの権利を有するペアのいずれかのプレーヤーとする。

③3ポイント目及び4ポイント目のサービスは最初にレシーブを行ったペアのいずれかのプレーヤーが行う。また最初の2ポイントをサービスしたペアのいずれかのプレーヤーが，3ポイント目の相手方サービスをレシーブする。

④5ポイント目及び6ポイント目のサービスは最初の2ポイントのサービスを行ったペアのもう一人のプレーヤーが行う。

⑤7ポイント目及び8ポイント目のサービスは，3ポイント目及び4ポイント目のサービスを行ったペアのもう1人のプレーヤー

が行う。

⑥以後，②から⑤までの順序に従いサービス及びレシーブを行う。

⑦サービス及びレシーブの順序はゲーム中変えることはできない。

18 マッチが終了した後，正審は「ゲームセット」のコールをして直ちに審判台を降り，プレーヤーを待たせないようにプレーヤー及び他のアンパイヤーもネットの傍らに寄る。

19 正審が「○対○で○○の勝ち」等と勝敗の宣告をした後，プレーヤー同士，そしてプレーヤーとアンパイヤーが挨拶して解散する。

ソフトテニス競技における審判に関する必要な事項は，日本連盟が発行する「ソフトテニスハンドブック」に掲載されている「審判規則」に定められている。

「審判規則」は下記の内容で構成されている。

ソフトテニス競技では大会において，選手が審判を務めるケースが多く，大会に参加する選手は競技規則を熟知するだけでなく，審判規則も熟知して，大会に臨むことが義務づけられている。また，日本連盟は大会が円滑に運用され，その権威が保持されることを目的として，マスターレフェリー，マスターアンパイヤー，1級審判員，2級審判員，ジュニア審判員からなる，公認審判員制度を定めている。

## (2) シングルスのマッチ

**（目的）**

競技（シングルスマッチ）を実施するために必要な事項を定めることを目的とする。シングルスのマッチの競技規則に定めるものを除き，ダブルスマッチの各規則をシングルスマッチにも適用する。

**（コート）**

コートは両方のサービスサイドラインをベースラインまで延長したライン（サイドライン）とベー

スラインで囲まれた縦23.77 m，横8.23 mの長方形とする。

**（コートの名称並びに長さ）**

コートの区画及びラインの名称と長さは次のとおりとする。

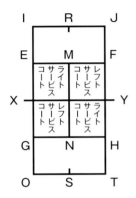

| （線名） | （区画） | （長さ） |
|---|---|---|
| サイドライン | IO, JT | 23.77m |
| ベースライン | IJ, OT | 10.97m |
| サービスサイドライン | EG, FH | 12.80m |
| サービスライン | EF, GH | 8.23m |
| サービスセンターライン | MN | 12.80m |
| センターマーク | R・S | ベースライン内側から中へ10㎝ |

**（サービス及びレシーブ）**

サービスはファイナルゲームを除き、相対するプレーヤーが，1ゲームずつライトサービスコートから右・左交互に行い，相手のプレーヤーがレシーブを行う。

ファイナルゲームのサービスは，本来サービスの権利を有するプレーヤーから始め，相互に2本ずつ行い，相手のプレーヤーがレシーブを行う。

**（マッチ）**

マッチは通常7ゲームで行う。

## 3．審判規則

審判規則については，審判団と審判について記されている。

**審判規則の構成**

**第一章　総則**

　第1条　　目的

**第二章　審判団**

　第2条　　審判団
　第3条　　レフェリー
　第4条　　コート主任
　第5条　　アンパイヤー
　第6条　　アンパイヤーの任務

**第三章　審判**

　第7条　　アンパイヤーの心得
　第8条　　アンパイヤーの判定区分
　第9条　　アンパイヤーの位置
　第10条　　コール
　第11条　　サイン
　第12条　　判定の確認
　第13条　　判定の連携
　第14条　　再判定
　第15条　　判定の誤り
　第16条　　プレーの停止
　第17条　　スコアの誤り
　第18条　　棄権
　第19条　　注意の喚起
　第20条　　警告
　第21条　　失格
　第22条　　交替の禁止

**第四章　マッチの進行**

　第23条　　マッチの進行
　第24条　　採点票の記入

## 4．ルールと指導者

指導者は，競技スポーツや生涯スポーツを問わず，ルールを正しく理解し，プレーヤーがスポーツの厳しさを示し，プレーする楽しさを示し，それを感じてもらうことが肝要である。

試合を行ううえで，プレーヤーや審判としてだけでなく，指導者としても競技規則や審判規則を理解し運用しなくてはならないし，お互いが公平，公正で平等な立場に置かれることは最低限必要である。

まれに強い勝利至上主義を持つ指導者が，ルー

ルを無視し，審判や相手をリスペクトせず，試合を混乱させる場面が見受けられる。それを周りで観ていた方はどんな印象を持つのだろうか。憧れの選手が，チームが，監督の行動は「しても良い行動」だと思われてしまわないだろうか。

「レッツプレー」を何度言われてもプレーが改善しなかったり，一度しか許されない質問を繰り返したりすることなどは，ルールを知っている方々からすれば，とても恥ずかしい行為と思われているはずである。

少なくともこの指導教本を手にする指導者の方々は，ルールを順守することの必然性，審判や対戦相手をリスペクトする尊重性，マナーある行動をする勇気を持ってほしいものである。

ソフトテニス界がグッドプレーヤーであふれる競技になるために，試合を観戦する方がまた観たくなるような試合になるために，グッドコーチとして，ルールを深く知ってほしい。

## 第6章 ソフトテニスのルールと審判
# 用語の解説

### 【ア行】

**アウトコート　out court**

　競技を支障なく行うためのコートの周辺のスペースをいう。ベースラインから後方に 6.4 m 以上・サイドラインから外側に 5 m 以上を原則とする。

**アドバンテージ　advantage**

　デュース後，サーバー側もしくはレシーバー側が 1 ポイントを得ること。アドバンテージサーバー（レシーバー）とコールする。

**アンパイヤー　umpire**

　正審，副審，線審の総称をいう。

**インターフェアー　interfere**

①有効なサービスが，ツーバウンドする前に，レシーブするプレーヤーのパートナーのラケット，身体，ウエアに触れた場合。
②レシーブが終わる前に，レシーブするプレーヤーのパートナーが，サービスコートに触れた場合。
③ラケット，身体，ウエアが，相手のコート，相手のラケット，身体，ウエアに触れた時。
④手から離れたラケットで返球した時。
⑤明らかな打球の妨害があった時。

**インプレー　in play**

　サービスが始まってからレットもしくはフォールになるか，またはポイントが決まるまでの間をいう。

**オンザライン　on the line**

　ライン上に落ちたボールの状態を指し，インプレーとして扱われる。

### 【カ行】

**関係者**

　プレーヤー，部長，監督，コーチ（外部コーチを含む）及び該当チーム（ペア）の応援団の総称をいう。

**棄権**

　競技規則第 41 条及び審判規則第 18 条に該当する場合で相手方の勝ちとすることをいう。この場合，負けとなったプレーヤー，ペアまたはチームがすでに得たポイント及びゲームは有効とする。

**キャリー　carry**

　ラケット上でボールが静止する反則。

**競技責任者**

　競技上の運営に関する一切の問題に決定権を持つ大会役員をいう。

**警告**

　競技規則第 17 条，第 40 条または第 42 条に明らかに違反したと認められる場合をいう。正審はプレーヤー（団体

戦の場合は監督を含む）に対しイエローカードを提示する。

**ゲーム　game**

　試合のこと。または，試合のセットを構成する単位。ポイントが集積されて規定に達することをいう。

**ゲーム中**

　ゲームの開始から終了までをいう。インプレーのほか，ポイントとポイントの間やタイム中も含まれる。

**コート　court**

　ベースラインとサイドラインで区画された平面の平坦なスペース縦 23.77 m，横 10.97 m の長方形とし，区画するラインの外側を境界とし，その中央をネットポストで支えられたネットで二分された部分をいう。

**コート主任**

　必要と認める場合に置かれ，担当するコートの進行を促し，必要により，アンパイヤーに指導及び助言を行う者をいう。

**コール　call**

　アンパイヤーの判定，ポイント及びゲームカウントなど，アンパイヤーが発声をもって表示することをいう。

**コレクション　correction**

　訂正。アンパイヤー（正審）がコールまたはカウントを誤った時に，訂正するためのコール。

**コンソレーションマッチ　consolation match**

　敗者復活戦のこと。

### 【サ行】

**サービスキープ　service keep**

　自分のサービスゲームを勝ち取ること。

**サーバー　server**

　サービスをするプレーヤー。

**サーフィス　surface**

　アウトドアではクレー，砂入り人工芝を含む人工芝または全天候ケミカルなど。インドアでは木版，砂入り人工芝を含む，硬質ラバーまたはケミカルなどとする。

**サイド　side**

　コートをネットで二分し，それぞれの片側をいう。

**サイドライン　side line**

　コート内外を分けるライン。

**試合**

　広義のトーナメント，リーグ戦，団体戦等マッチの集合をいう。

**シード　seed**

　組み合わせを作る時に，強いプレーヤー，ペアまたはチームを，規定により要所に配置することをいう。大会運営規則第14条を参照。

**失格**

　競技規則第 44 条及び審判規則第 21 条に該当する場合で，大会の最初にさかのぼって出場資格を失うことをいう。大会運営規則第 13 条を参照。

**ショートマッチ　short match**

15 ポイントマッチ，3 ゲームまたは 5 ゲームマッチをいう。

**ストリング　string**

　ラケットのフレーム内に張る糸。ガットともいう。現在は，ナイロンやポリエステルの化学繊維のものが多い。

**セット　set**

　ゲームが集積されて規定に達することをいう。ソフトテニスでは通常 1 セットマッチ。

**ソフトテニスコート　soft tennis court**

　競技規則のうえでは，コート，アウトコート，ネット，ネットポスト及び審判台をいう。

【タ行】

**大会委員長**

　大会を総括的に管理し大会運営に関する一切の責任を負う大会役員をいう。

**タッチ　touch**

　インプレーで，ラケット，身体，ウエアなどが審判台やアンパイヤーに触れること（失ポイント）。

**ダブルフォールト　double fault**

　ファーストサービス，セカンドサービスともフォールトになること。1 ポイント失うことになる。

**チェンジサイズ　change sides**

　奇数ゲームが終わるごとにサイドの交替を行い，サービスを相手と交替することを命ずるコールのこと。ファイナルゲームでは，2 ポイントごとに相手チームと，サービスのチェンジをする。最初の 2 ポイントと，以後の 4 ポイントごとにサイドチェンジをする。

**着衣**

　プレーヤーが身体につけている服装などをいう。帽子，タオル及び眼鏡などを含む。

**直接関係者**

　そのマッチのプレーヤー及びアンパイヤーをいう。

**提訴**

　アンパイヤーの判定に対し，競技規則及び審判規則の適用に疑義を持ち，レフェリーに判定を求めることをいう。レフェリーの判定は最終のもので，アンパイヤーもプレーヤーも従われなければならない。

**トス　toss**

　①サービス，レシーブ，サイド（コート）を決めること。
　　ゲーム前にラケットを回す方法を取る。
　②サービス時の手からボールを放す動作。

**ドリブル　dribble**

　ボールが 2 度以上ラケットに当たること（インプレーでは失ポイント。サービスはフォールト）。

**ドロー　draw**

　試合の組み合わせ。

【ナ行】

**ネットオーバー　net over**

インプレーでラケット，身体，ウエアなどの一部でもネットを越えること。ただし，打球後の惰性で越えてインターフェアーとならない場合は失ポイントとならない。

**ノーカウント　no count**

　アンパイヤーが判定を誤ったためにプレーに支障が生じた場合や，不慮の突発事故によりプレーが妨害された時，そのポイントを採点せずにやり直すこと。

【ハ行】

**パートナー（ペア）**

　ダブルスマッチで組むプレーヤーで，サービス（レシーブ）をするプレーヤーのほかのプレーヤーをいう。2 人はお互いにパートナーである。

**ヒートルール**

　会場での気温が 35℃以上で，ファイナルゲームとなった場合，ファイナルゲームに入る前に 3 分間のコート内の日傘による日陰（アンパイヤーの目の届く範囲）での休息を許可する。

**付帯する施設・設備**

　フェンス，観覧席，ベンチ及びその他のソフトテニスコートに付帯する施設・設備をいう。

**フットフォールト　foot fault**

　サーバーがサービスを完了する前にどちらかの足がベースラインを踏んだり，コート内に入ったりする反則。

**ブレーク　break**

　相手のサービスゲームを破り，そのゲームを獲得すること。

**不戦勝**

　組み合わせ上，相手が存在せず（なく），または相手が棄権し，もしくは失格となったためマッチを行うことなく勝ちと認められ，次回戦に進むことをいう。

**ポイント　point**

　スコアの最小単位をいう。

【マ行】

**マッチ　match**

　1 セットマッチの場合は，ゲームが集積されて規定に達することをいう。ロングマッチの場合はセットが集積されて規定に達することをいう。

**マッチ中**

　プレーボールからマッチの終了までの間をいう。ゲーム中のほかにゲームとゲームの間も含まれる。

**マッチポイント　match point**

　試合の勝敗を決定する最後の得点。

【ヤ行】

**有効返球**

　インプレーで，失ポイントにもノーカウントにもならない打球をいう。

**用具**

ネット，ボール及びラケットをいう。

【ラ行】

**ライトサービスコート　right service court**
レシーバー側からネットに向かって右側のサービスコートをいう。

**レシーバー　receiver**
レシーブサイドのプレーヤーまたはペアをいう。

**レシーブ　receive**
サービスを返球すること。または，そのショットのこと。

**レフェリー　referee**
審判委員長，審判副委員長で競技規則等の解釈と適用に対する権限を持つ者をいう。

**レフェリー長**
レフェリーの総括責任者をいう。

**レフトサービスコート　left service court**
レシーバー側からネットに向かって左側のサービスコートをいう。

**ロングマッチ　long match**
15ポイント，3ゲーム，5ゲーム，7ゲームまたは9ゲームを1セットとし，3セットまたは5セットマッチを行うことをいう。

# 第 **7** 章

## ソフトテニスの
## 理論と実践

# §1 ソフトテニスに必要な体力

## 1. ソフトテニスに必要な体力要素

スポーツ選手にとっての体力要素は，4段階（図7.1.1）に分けられると考えている。

生活とは，1日24時間の生活の中で自分の姿勢に対して無意識な時間が多い。この無意識な時間に自分の姿勢（身体姿勢と取り組み姿勢）がつくられていき，意識した時には取り返しがつかないくらいの影響を与えることが考えられる。生活時間の中からも身体姿勢（アライメント）や目標を持った取り組み姿勢が重要であり，これらが体力の基礎を築いている。

基礎体力とは，スポーツ選手だけでなく一般の方々でも年を取るに従って低下するもので，生きていくうえで必要な体力のことである。ソフトテニスにおいては，筋力，持久力，柔軟性，瞬発力，敏捷性，調整力，スピードなどが必要であり，こういった体力の向上が応用体力の活用に重要である。

応用体力とは，基礎体力のさまざまな能力をつなぎ合わせたソフトテニスに活用するための体力要素になる。例えば，筋力と持久力の筋持久力やスピードと筋力の瞬発力になるが，さらに身体のひねりや下半身から上半身に力を伝える運動連鎖がこれにあたる。

機能体力とは，人の身体に備わっている筋肉や腱などから身体の使い方によって機能する能力を活用することである。例えば，腱反射やストレッチショートニングサイクル（SSC）などの伸張反射機能や右手と左手の左右対称的な機能の活用，また反射の機能などさまざまな身体機能を活用することが重要である。

このように，一言で体力といってもさまざまな要素の組み合わせで完成されるものであり，この後のトレーニングの原理や原則に則ってトレーニングをすることが重要である。

## 2. 体力の概念

### (1) 身体的要素と精神的要素

体力には，身体的要素と精神的要素があるといわれており，その中でも精神的要素については，スポーツ活動を行ううえでの「意思」，それを成し遂げようとする「意欲」などが高くなければ身体活動を行うことが困難である。また，精神的ストレスに対する抵抗が弱いと，このような積極的活動を継続することは容易ではない。

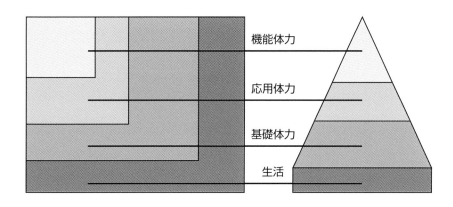

**図7.1.1 スポーツ選手にとっての体力要素**

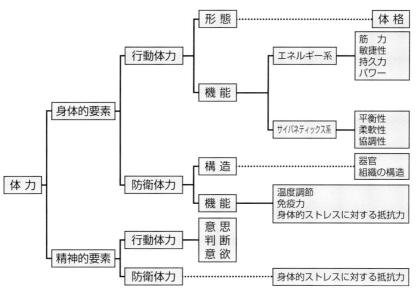

図 7.1.2　体力の概念

## (2) 行動体力と防衛体力

次に，体力には行動体力と防衛体力がある。スポーツ活動などの行動を起こす能力，持続させるための能力，そして，行動をコントロールするための能力を行動体力という。これに対し，健康や基本的な生命活動を維持するための身体諸器官の構造と機能，さまざまな精神的ストレスに対する抵抗力や免疫，体温調節などの恒常性維持機能などの能力を防衛体力という（図7.1.2）。

## (3) 基礎体力

### ①筋力

筋力とは，自分の身体や相手の身体，あるいはボールやラケットによって対象物を移動させる時に発揮する力のことである。

特にソフトテニスにおいては，各ストローク動作やコート内でのダッシュ，ジャンプ動作，フットワークなどに筋力が必要である。筋力を向上させる場合，以下のように，持ち上げる重量と反復する回数によって，必要とされる筋力が異なる。

1回の運動で筋肉が出せる最大の力のことを最大筋力といい，その種目で，自分が1回だけ持ち上げられる重量が最大筋力に相当する。この最大筋力に対してどのような筋力を鍛えたいのかの重量（割合）が算出できる。

最大筋力の80％以上で少ない回数（1～3回）行うトレーニングでは筋力，パワー，腱の強化に効果的であることが知られている。最大筋力の50％で回数を多く行う（20～30回）トレーニングでは，筋力やパワーの向上に効果は少ないものの，筋持久力のアップには効果的である。最大筋力の65～70％（8～12回上げられる重量）でトレーニングを行い，筋力，パワー，筋持久力と総合的に高めていくことが一般的である。

また，筋力にはさまざまな力の発揮形態があり，筋肉が長さを変えながら力を発揮する等張性筋活動（Isotonic muscle action）や等速性筋活動（Isokinetic muscle action），長さを変えずに力を発揮する等尺性筋活動（Isometoric muscle action）に大別される。等張性筋活動による運動をアイソトニック運動，等尺性筋活動による運動

171

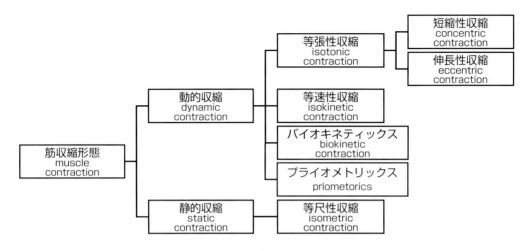

図7.1.3 筋力の発揮形態

をアイソメトリック運動あるいはアイソメトリクスと呼ぶ。特に等張性筋活動では，筋肉が短縮することにより力を発揮する短縮性筋活動と，筋肉が伸ばされながら力を発揮する伸張性筋活動があり，ソフトテニスにおいてコート上でのさまざまな動きには，このようにさまざまな筋活動様式のすべてを使って動かしていることになる（図7.1.3）。

②持久力

持久力には，腕立て伏せ運動や腹筋運動をどれだけ長く続けられるかといった，一部の筋肉運動時間を考える筋持久力と，持久走のような身体全身を使って長く動き続けられるのかといった全身持久力がある。また，全身持久力の中には，有酸素性持久力と無酸素性持久力がある。

筋持久力を高める運動では，運動の反復回数を多くすると，高い効果が得られる。バーベルやダンベルを用いる場合，筋持久力を効果的に高める運動強度は，連続して20～30回以上の反復が可能な比較的軽い負荷を用いて，軽快なテンポでリズミカルに運動を反復する。また，鉄棒での斜め懸垂，腕立て伏臥腕屈伸，上体起こしなども，筋持久力を高めるのに適した運動である。筋持久力のトレーニングを継続すると，筋肉の毛細血管が発達し，筋肉を流れる血液量（筋血流量）が増加する。このような変化が起こると，筋肉により多くの酸素が取り込まれるようになり，運動の継続に必要なエネルギーがより多く生み出される。

全身持久力の中での有酸素性持久力を高めるには，ジョギング，水泳，サイクリングのような全身を使う運動が適している。これらの運動を行うと，酸素の摂取と運搬に関わる呼吸・循環器系が活発に活動し，強化される。全身持久力を高めるためには，最大酸素摂取量の40％以上の強度での運動が必要である。最大酸素摂取量に基づいて運動強度を設定するには，酸素摂取量を測定する必要があるが，それができない場合は，心拍数から運動強度を推定し，トレーニングを行うことができる。全身持久力のトレーニングには，主に持続トレーニングとインターバルトレーニングが用いられる。持久的なトレーニングを行うと肺や心臓の働きが強化され，毛細血管が発達して筋血流量が多くなるので，酸素を取り込み運搬する能力が高まる。このように，呼吸・循環器系の働きがよくなると，酸素を供給する能力が向上し，長時間のエネルギー供給が可能となる。

また，無酸素性持久力を高めるには，ダッシュ

やジャンプといった一度に大きな力を発揮し，長く続けられない動作をいかに続けられるようにしたり，少ない休息をはさんで何度でも繰り返されるようになる能力を養成することが必要で，ソフトテニスにおいてはこの無酸素性持久力が最も必要となる競技である。

### ③柔軟性

柔軟性とは，関節の運動可動範囲（動かすことのできる広さ）のことであり，筋肉の緊張やアライメント（骨の配列），結合組織（関節など）の硬さに関係する。

ソフトテニスにおいては，身体を曲げたり，伸ばしたり，回転させたりする動作が多く，身体の各関節の可動性を高めておくことが動作をスムーズに行ううえでも，また，障害予防という点でも重要だと考えられる。

### ④敏捷性

敏捷性は，動作のスタート，ストップ，切り替えしなどの時に，素早く動く能力のことで，スピードとの関連性が高い。ソフトテニスにおいて，前後，左右などのフットワークを使い，いかに効率よく，素早くボールのところへ身体を運び，安定した状態でラケットを振ることができるのかという面で，ショットの安定性に大きく関わる重要な要素である。

### ⑤瞬発力（パワー）

瞬発力とは，筋力とスピード（速さ）によって瞬間的に力を発揮する能力のことで，パワーとも呼ばれている。ソフトテニスにおいて，力強いストロークやサービスを打ちたい場合に，筋力が高いだけでなく，身体を動かせるスピードがどれだけあるかによってこのパワーが違ってくる。また，このパワーを試合の最後まで持続させることも重要であり，筋持久力や無酸素性持久力を高めておくことが必要である。

### ⑥スピード（速さ）

ソフトテニスで求められるスピードは，短い距離（コート内）をいかに速く移動できるかという

ことであり，ボールに速く追いつくことや，ネットポジションに速く移動できる能力である。スピード能力が向上すれば，プレーに対して余裕を持つことができ，守備範囲や攻撃力も増大する。スピードを養成する場合，ただ単にダッシュや動きの素早さのトレーニングを行うのではなく，動いている状態での姿勢のブレなどが大きなポイントとなり，体幹の安定性とともに移動スピードを高める必要がある。

### ⑦調整力（コーディネーション）

調整力とは，いろいろと変化する運動動作に対して敏速かつ正確に運動を遂行する能力のことで，ソフトテニスの場合，相手が打ったボールや相手の動きに対して的確に判断し，打球できるようにしなければならない。そのためには，神経と筋肉の協応性を高めていくことが必要であり，ソフトテニスボールを使ってのジャグリング（上半身）やラダー（下半身）のトレーニングが有効である。

## 3. トレーニングの原理・原則

トレーニングによって体力を向上させるために必要な考え方として，4つの原理，5つの原則が存在する。トレーニングの原理は，過負荷，特異性，可逆性，適時性の4つであり，トレーニングの原則は全面性，意識性，漸進性，個別性，反復性の5つである。以下の原理・原則を理解したうえで，トレーニングに取り組むことが必要である。

### (1) トレーニングの原理

#### ①過負荷（オーバーロード）

トレーニング効果を得るには，すでに持っている能力を刺激する負荷が必要である。つまり，現時点で有するレベル以上の負荷がかかること（オーバーロード）によって，トレーニング効果が現れる。筋力強化であれば，いくら高パワーのトレーニングをしたとしても，その負荷がその時点で有するレベル以下であれば，トレーニング効果は得られない。

### ②特異性

トレーニングによる体力の向上は，トレーニングの種類に依存した体力の向上に限られ，特異性があるとされる。例えば，ウエイトトレーニングでは筋力を高めることはできるが，心肺機能の向上は望めない。また，関節を動かさない等尺性のトレーニングでは，スポーツ動作のような複合的な動きに必要な筋力は向上しない。よって，目的に応じてトレーニングの種類，強度，量，頻度を選択しなければならない。

### ③可逆性

ある一定期間トレーニングを実施して効果が得られても，トレーニングをやめてしまうとまた元に戻ってしまう。これを可逆性という。トレーニングによる体力の向上，維持を目的とするならば，年間を通したトレーニング計画が必要である。

### ④適時性

トレーニング効果は各年代を通して，いつも同じように得られるものではない。特に発育発達期においては年齢に応じて，体力要素ごとに異なる発達経緯を取ることがわかっているため，発達のスパート期に適切なトレーニングをすることが効果的である。

## (2) トレーニングの原則

### ①全面性

各種目によって必要な体力要素は異なるが，基礎的な体力を高めるためには，身体全体をバランスよくトレーニングし，各体力要素を全面的に向上させる必要がある。

### ②意識性

トレーニングを行ううえで，強制されて行うのではなく，自分の意志によって行う方がより効果的である。トレーニングの目的を理解し，自分のレベルアップに何が，どのように必要なのかということをよく自覚しながら，トレーニングを行う必要がある。指導者は一方的にトレーニングを指示するのではなく，その意味を理解し，選手に伝

えながらトレーニングを進めるべきである。

### ③漸進性

ある一定負荷のトレーニングを続けた場合には，ある一定の水準に達すると，それ以上のトレーニング効果が得られにくくなる。したがって，体力が向上するに伴い，トレーニングの負荷も漸進的に増やしていく必要がある。そのため，トレーニング計画の中で体力の評価を一定期間ごとに行い，その結果に基づいた負荷の設定が必要となる。

### ④個別性

体力には個人差があるので，すべての人に同じトレーニング負荷を与えるのではなく，目的，年齢，性別，体力水準，トレーニングの程度，時期など指導対象の背景を考慮して，個人差に応じた負荷を与える必要がある。特に，発達段階にあたる年代では，成長・成熟の早い選手と遅い選手が混在しており，体力にも大きな差があるため，個人に合ったトレーニング計画が必要である。

### ⑤反復性

トレーニング効果を上げるためには，繰り返し，反復して行う必要がある。特に体力は一夜漬けで目覚ましく向上することはありえない。繰り返し，コツコツと反復してはじめて向上することを認識して，トレーニングを行う必要がある。

## 4. 発育発達段階と体力

「子どもは小さな大人ではない」という教育学上の言葉があるが，発育学的にも同様である。成長期の子どもを指導する際は，「身体の発達を見極める」ことが重要である。図7.1.4はスキャモンの発育曲線といい，年齢を横軸に各器官がどの時期に発達するかを示している。これに示されるように，各器官や身体的な機能はそれぞれ異なる速度で発達するため，トレーニングの内容もそれぞれの年代に合ったものを行うべきである。

トレーニングに関係するのは，「神経系」と「一般系」である。「神経系」は，器用さやリズム感などの発育を示す。6歳で約90％，10歳で約95％，

174　　7章　ソフトテニスのトレーニング理論と実践

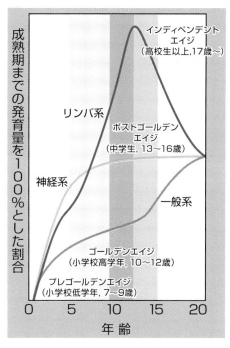

図 7.1.4 スキャモンの発育曲線と分類

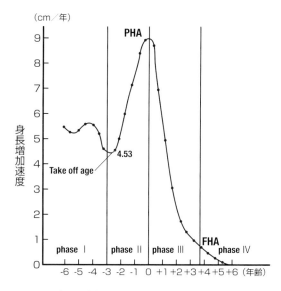

★1：身長が急激に伸び始める時期
　　（Take off age）
★2：身長が最大に発育する時期
　　（PHA：Peak Height Age）
★3：伸びが年間 1cm 以下になる時期
　　（FHA：Finish Height Age）

図 7.1.5 標準化成長速度曲線

12歳で100％と，本格的にソフトテニスを始めるまでにほぼ完成するため，幼児期からの遊びが神経系の能力に影響を及ぼすといえる。「一般系」は身長・体重など一般的な身体の発育を示す。このグラフを元に，ジュニア期の選手を年齢で4つのカテゴリーに分けて，トレーニングや指導内容を区別する考えが最近では広まっている。この考え方は，学校でのクラブ活動のように多人数の選手を管理するには適しているが，この年代の子どもは男女差や個人差が大きいため，個々の状態にも配慮が必要である。

　一方，身長を定期的に計測することで作成できる図7.1.5は標準化成長速度曲線といい，横軸は年齢，縦軸は年間で伸びた身長を表している（一番身長が伸びた年を「0」とする）。月に1回程度定期的に測定することで，成長のどの段階にあるのかを把握することができるため，指導対象が中学生の場合（男子では高校生まで），特にお勧めの方法である（身長を入力することで曲線を作

表 7.1.1 スキャモンの発育曲線と標準化成長速度曲線を重ね合わせたもの

| プレゴールデンエイジ | 7～9歳 | phase I |
|---|---|---|
| ゴールデンエイジ | 10～12歳 | phase II |
| ポストゴールデンエイジ | 13～16歳 | phase III |
| インディペンデントエイジ | 17歳以上 | phase IV |

※日本ソフトテニス連盟では，U-14，U-17，U-21，ナショナルチームとカテゴリー分けして，各年代に合わせた合宿を実施している

成できるサイトがある）。グラフは，3つのポイントを境界に4つのフェーズ（phase I〜IV）に分けることができる。

これら2つのグラフは，おおよそ次のように重ね合わせることができる。

カテゴリーごとの特徴は以下の通りである。

## (1) プレゴールデンエイジ

### ・特徴

少子化の影響で1人の子どもに対する期待が大きくなり，「早期の専門化」の傾向がある。特定の競技だけでは，「走る・投げる・跳ぶ」などのスポーツ基本の要素をバランスよく身につけられなくなってしまう。これは，遊び場の制限やゲームの流行で，「外遊びの減少」の影響でもある。また，幼児期から「叱られ」慣れしておらず，学校の先生も厳しく接することが難しくなってきている。ただ，自分の行動や感情をコントロールできるようになる時期でもあるので，運動を楽しんで，前向きにチャレンジできる子どもを育てるためには，「褒める」と「叱る」をうまく使い分けるなど，大人の言動が大切である。

### ・トレーニング

特別なトレーニングは必要ない。ボールを打つ練習だけでなく，他競技や遊びを取り入れて，さまざまな運動能力を身につけるようにすることが，「コーディネーショントレーニング」となる。

神経系の発達が著しい時期なので，さまざまな運動や動作を反復できるようにする。

※日本スポーツ協会のホームページに「アクティブチャイルドプログラム」としてたくさんの遊びが紹介されている。

## (2) ゴールデンエイジ

### ・特徴

大人になるとなかなか覚えられない身体の動きも，この年代では簡単に習得することができる。プレゴールデンエイジで楽しみながら鍛えてきた

神経系のネットワークに組み込まれた動作を，「より速く」「よりスムーズに」できるようにトレーニングするとよい。またこの時期は，試合における状況判断や予測能力も急速に発達する時期でもある。相手を伴った動きや，コーチの指示によって動きの方向を変えたり，よりよい選択をして動きを変えたりすると，スマートでロスのない動きの習得ができる。さらに，並行してゲーム形式の練習を行えば，どうしてそのスキルが必要なのかを理解してトレーニングを行うことができる。

### ・トレーニング

コーディネーショントレーニングを中心とする。最近のジュニアたちは，ボール際で1m程度地面を滑ってストロークやボレーをする選手が目立つ。滑る動作は，次の動作への支障となるし，ハードコートでは通用しない。視野の確保やよい身体の向きをつくる，相手のボールに対して素早い反応をするために必要なステップ動作や止まり方などは，この時期にぜひ習得してほしい。この際，まずはゆっくり正しくステップ動作を習得→足元を見なくても正しくステップできる→徐々にスピードアップといった段階を踏まえるとよい。

筋力トレーニングについては，まだ積極的に行ってもよい年代ではないが，自分の身体をしっかり安定させ，自在に動かすために，「体幹」のトレーニングを，少しずつ取り入れる（1，2回／週）。また，持久力トレーニングもオフシーズンを中心に取り入れていく（ポストゴールデンエイジの準備）。

※この年代では，けが予防のため，集中力を保つため，週に2日以上は心と身体を休めた方がよい。けがは，練習終了間際の集中力が低下した時に起きやすい傾向にあるため，「もう少しやりたい！」というところで終わるのをお勧めする。ゴールデンエイジでは，個人差もあるが，身長が伸び始める時期でもある（特に女子）。骨が伸びることによる成長痛や筋の収縮による付着部の牽引による骨端症を予防するには，練習量をコントロ

ールする，ウォーミングアップやクーリングダウンの時にストレッチを徹底する，ストレッチ方法をチェックするなどが必要となる。

### (3) ポストゴールデンエイジ

#### ・特徴

身長の伸びが落ち着き，筋力の発達が見込まれる時期だが，PHAの時期は個人差が大きいので，個々の状態を把握する必要がある。筋肉の発達と同時に無酸素性能力も大幅に向上するので，筋力トレーニング，ミドルパワー／ハイパワートレーニング，スピードトレーニングを，ゴールデンエイジ時に行っていたコーディネーショントレーニング，持久力トレーニングに加えて導入していく。

また，中学校チームを引退してから高校のチームでの練習が始まるまで，約半年のブランクができてしまうので，体重管理や運動の継続などは保護者も協力して注意する。

#### ・トレーニング

①筋力トレーニング

ゴールデンエイジで行っていた「体幹の筋力」の継続と本格的なトレーニングを導入する。はじめは，自重（重りを持たない）を負荷とした四肢のメニューから始めるとよい。導入時（新入生など）は，2日おき（週2回程度）から始め，1日おき（週3回）と徐々に増やしていく。種目についても3〜5種目から始めて徐々に増やし，10種目程度で継続していく。

②ミドルパワートレーニング

ミドルパワー（ハイパワー）とローパワーのトレーニングを短時間で交互に行うことで，高強度の運動で産生された乳酸が素早く代謝できるようになる。サーキットトレーニングが取り入れやすい。個人差のある時期なので，継続時間やセット間の休息などの配慮は必要となる。負荷が高いので，トレーニングの意義を選手に理解させることや，モチベーションを維持するために，チームメイトや指導者の声掛け（励まし）が重要である。

試合形式もミドルパワーのトレーニングになるため，交代したらランニングするなど，ボールを触っていない時間を有効に使うとよい。

③ハイパワートレーニング

ジャンプやスプリント，メディシンボールを使うものがある。動きの「キレ」を意識して行うことが重要で，効率を上げるため，けがを予防するためにも，ウォーミングアップ直後の体力的・メンタル的にフレッシュな状態で行うとよい。

④スピードトレーニング

方向転換やストップなども含めたスピードトレーニングも積極的に行うべき年代なので，内容は同じでも，「正確性」と「スピード」の両方を重視して行わせるとよい。

### (4) インディペンデントエイジ

#### ・特徴

晩熟型の選手もいるが，ほとんどが身長の伸びも終了し，筋肉と神経の調和が取り戻される時期である。ぎこちなさも取れてくるため，身につけた技術をより速く，強く，プレッシャーの中で発揮できるようトレーニングをする。

#### ・トレーニング

ポストゴールデンエイジで行ってきたトレーニングをより高度なものにしていく。特に筋力トレーニングは，自重ではなく，フリーウエイトなどウエイトを使うものを導入していく。また，年間の試合を考慮したトレーニング計画（ピリオダイゼーション）を作成して自分のすべきことを理解し，自主的にトレーニングできるよう方向づけていくピリオダイゼーションは，年間をプレシーズン，インシーズン，オフシーズンに分けて，それぞれの時期に適したトレーニングを行うことである（詳しくは本章§1ソフトテニスに必要な体力の6.トレーニング計画の立案の項を参照）。

ソフトテニスは，陸上やバスケットボールなどと比べたら，身体能力が競技力に与える影響は少

ない。そのため，特に筋力トレーニングを練習メニューに取り入れるかどうかは，指導者の方針によるところが大きい。また，女子選手は周径（太さ）を気にして筋力トレーニングを敬遠する傾向にある。しかし，ボールスピードや安定したフォームの維持には筋力アップが必要である。コートの使用時間が決まっていたり，年齢が上がるごとに必要なトレーニング種目が増えるなど，トレーニングの時間の確保が難しいチームもあると思われるが，以下の方法を試していただきたい（曜日ごとにメニューを変えると，飽きも来ず，まんべんなくトレーニングできる）。

①ウォーミングアップに取り入れる
　コーディネーショントレーニング
　スピードトレーニング
　ミドルパワートレーニング
②クーリングダウンに取り入れる
　筋力トレーニング
　サーキットトレーニング
　持久力トレーニング
③ボール練習の間に取り入れる
　自分の順番を待つ間，ボール拾いの間のコーディネーショントレーニング

# 5．ソフトテニスの体力測定

　ソフトテニスにおいて現在では日本代表チームをはじめ実業団，大学，高校，中学など各年代のチームによって体力測定が実施されるようになってきている。体力測定を実施することにより選手の体力レベルを知ることができ，トレーニングを実施する際に何をどれだけすればいいのかといった目安になる。体力は，個人により違いがあり，同じトレーニングを実施させているだけではその人に合った体力強化にならないばかりか，偏ったトレーニングの継続により，アンバランスな体力強化や，さらにはけがに結びつけてしまうこともあり，十分に考慮しなければならない。

## (1) 体力測定における目的と注意事項

### ①目的

　体力測定を実施する目的はさまざまであり，測定結果をどのようにとらえたいのかによって測定の目的も異なる。体力測定の目的には以下のように考えることができる。

１．競技力の向上
２．傷害の予防
３．トレーニングの効果判定
４．リハビリテーションを進めるうえでの評価
５．タレント発掘，メンバー選考
６．健康増進のための運動処方
７．トレーニングに対しての動機づけ

### ②測定対象者に対して考慮すべき注意事項

　体力測定を行うにあたり，測定対象者によって注意しなければいけない項目を挙げる。

１．競技レベル（一流競技者，スポーツ愛好家など）
２．年齢（発育期，幼児，高齢者など）
３．性別

## (2) 一般的な形態測定と体力・運動能力テスト

　ソフトテニスにおける体力測定には，一般的な形態測定と体力測定項目とソフトテニスに必要なフィールドテストに分けられる。

### ①一般的な形態測定や体力測定

・形態測定項目と測定方法
　①身長
　②体重
　③胸囲
　④胴囲
　⑤大腿囲　左・右……膝蓋骨直上から10cmを測定する。
　⑥皮下脂肪厚……上腕背部・肩甲骨下部の2点を測定（図7.1.6）。
・体力測定項目と測定方法

①背筋力（筋力）……背筋を伸ばした状態から状態を30度前傾し、真上に向かって背筋を伸ばすように力を入れる（図7.1.7）。
②握力（筋力）……利き手＆非利き手を身体につけないようにして一気に握る。
③長座体前屈（柔軟性）……靴を脱ぎ、足の裏同士を合わせて座る。膝を曲げずに足先の方に手を伸ばす（図7.1.8）。
④立ち幅跳び（瞬発力）……足を肩幅に開いて立ち両腕を振り込み、全身反動動作を用いてできるだけ遠くに跳び、両足で着地する。
⑤垂直跳び（瞬発力）……壁から15cm離れて立ち、利き手をできるだけ高い位置まで伸ばし、指先の位置をチェックする。助走やジャンプをせずに両腕を振り込んでジャンプし、最大跳躍点をチェックする。立った状態のチェック点から最大跳躍点のチェック点の距離を測定する（図7.1.9）。
⑥30秒間上体起こし（筋持久力）……両足を30cm開き、膝を90度に保ち、両手を肩にあて仰向けに寝る。しっかり足を押さえてもらい、30秒間上体を素早く起こす。
⑦30秒間腕立て伏せ（筋持久力）……両腕を肩幅に開き、つま先のみ地面につける姿勢で、30秒間腕の曲げ伸ばしを行う。腕を曲げた時、あごがパートナーの拳に触れるところまで下ろす。

②フィールドテスト

フィールドテストにおいては、低年齢から成人まで、コート上で手軽に測定ができる簡便なテストであるが、その測定値は妥当性を持っていなければならない。また、この測定項目を日々練習に組み込むことによって、体力トレーニングとしても活用できる。

①両足ジャンプ（敏捷性）……ライン上に置いたマーカーの横に両足をそろえて立ち、両足ジャンプでマーカーを跳び越える。20秒間に跳び越えた回数を測定する。
②リズムステップ（敏捷性）……ライン上に置いたマーカーの横に両足をそろえて立ち、マーカーを越える3ステップまたはシャッ

上腕背部

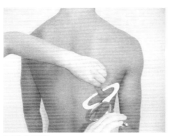

肩甲骨下部

図7.1.6　皮下脂肪厚

図7.1.7　背筋力

図7.1.9　垂直跳び

図7.1.8　長座体前屈

179

## 令和4年度　全日本フィジカルテスト各カテゴリー平均値（女子）

### 形態測定

| | 身長<br>(cm) | 体重<br>(kg) | 皮脂厚<br>(上腕背部)<br>(mm) | 皮脂厚<br>(肩甲骨)<br>(mm) | 体脂肪率<br>(キャリパー)<br>(%) | 胸囲<br>(cm) | 胴囲<br>(cm) | 大腿（右）<br>(cm) | 大腿（左）<br>(cm) |
|---|---|---|---|---|---|---|---|---|---|
| 代表 | 161.38 | 56.10 | 14.20 | 12.00 | 19.06 | 80.90 | 69.60 | 49.08 | 48.84 |
| 標準偏差 | 3.73 | 4.05 | 3.56 | 4.36 | 4.01 | 3.25 | 2.04 | 2.37 | 2.62 |
| ナショナル | 160.82 | 57.16 | 16.14 | 14.14 | 21.31 | 82.25 | 72.11 | 48.96 | 48.97 |
| 標準偏差 | 5.62 | 6.94 | 3.72 | 4.54 | 4.35 | 4.95 | 6.53 | 2.45 | 2.92 |
| U-20 | 162.88 | 59.61 | 12.50 | 12.17 | 18.19 | 85.36 | 74.32 | 51.38 | 51.46 |
| 標準偏差 | 5.41 | 5.52 | 1.57 | 1.27 | 1.26 | 3.86 | 2.62 | 2.00 | 1.96 |
| U-17 | 159.86 | 54.12 | 17.97 | 14.35 | 22.43 | 83.26 | 74.82 | 49.23 | 48.66 |
| 標準偏差 | 5.15 | 3.32 | 3.68 | 3.62 | 3.25 | 3.22 | 3.27 | 2.52 | 3.08 |
| U-14 | 158.00 | 49.70 | 18.45 | 10.80 | 20.73 | 78.55 | 64.78 | 47.08 | 47.05 |
| 標準偏差 | 5.86 | 4.79 | 4.63 | 1.77 | 2.95 | 3.77 | 4.36 | 3.48 | 3.14 |

### ハイパワー

| | スパイダーテスト<br>(秒) | 20M走<br>(秒) | 10M走<br>(秒) | メディシン<br>ボール投げ<br>(右)(M) | メディシン<br>ボール投げ<br>(左)(M) | メディシン<br>ボール投げ<br>(前)(M) | メディシン<br>ボール投げ<br>(後)(M) |
|---|---|---|---|---|---|---|---|
| 代表 | 16.56 | 3.57 | 2.03 | 8.80 | 8.43 | 6.66 | 8.81 |
| 標準偏差 | 0.56 | 0.11 | 0.16 | 1.30 | 1.37 | 1.06 | 2.07 |
| ナショナル | 16.64 | 3.57 | 2.08 | 8.48 | 8.13 | 6.69 | 8.64 |
| 標準偏差 | 0.49 | 0.11 | 0.12 | 0.99 | 1.19 | 0.95 | 1.35 |
| U-20 | 16.69 | 3.55 | 2.10 | 9.09 | 8.47 | 6.26 | 9.49 |
| 標準偏差 | 0.84 | 0.09 | 0.06 | 0.85 | 1.02 | 0.58 | 1.32 |
| U-17 | 17.80 | 1.89 | 3.44 | 10.42 | 9.97 | 8.25 | 9.89 |
| 標準偏差 | 0.74 | 0.05 | 0.10 | 1.23 | 0.75 | 1.06 | 1.68 |
| U-14 | 18.16 | 3.62 | 2.07 | 測定なし | 測定なし | 測定なし | 測定なし |
| 標準偏差 | 0.83 | 0.14 | 0.07 | | | | |

| | ミドルパワー | ローパワー | 柔軟性 | 敏捷性 | |
|---|---|---|---|---|---|
| | コート5周走(秒) | シャトルスタミナ<br>(M) | 座位体前屈<br>(cm) | 両足ステップ<br>(回) | リズムステップ<br>(回) |
| 代表 | 72.54 | 551.00 | 17.80 | 59.20 | 46.40 |
| 標準偏差 | 2.75 | 21.62 | 4.32 | 7.79 | 5.55 |
| ナショナル | 74.16 | 536.50 | 15.64 | 59.86 | 46.14 |
| 標準偏差 | 3.79 | 23.91 | 5.21 | 5.53 | 6.38 |
| U-20 | 73.98 | 537.33 | 11.31 | 62.80 | 47.90 |
| 標準偏差 | 2.88 | 17.62 | 2.95 | 5.27 | 4.48 |
| U-17 | 74.76 | 535.53 | 12.31 | 58.67 | 46.83 |
| 標準偏差 | 3.11 | 28.34 | 6.84 | 4.30 | 6.33 |
| U-14 | 77.23 | 518.06 | 10.81 | 54.41 | 43.24 |
| 標準偏差 | 4.70 | 22.72 | 6.49 | 5.91 | 6.53 |

| | 瞬発力 | | 筋力 | | | | |
|---|---|---|---|---|---|---|---|
| | 立ち幅跳び (cm) | 垂直跳び (cm) | 背筋力<br>(kg) | 握力（利き腕）<br>(kg) | 握力（非利き腕）<br>(kg) | 上体起こし<br>(30秒)(回) | 腕立て伏せ<br>(30秒)(回) |
| 代表 | 209.80 | | 94.00 | 30.84 | 23.98 | 31.00 | 23.50 |
| 標準偏差 | 8.79 | | 15.18 | 4.82 | 4.38 | 9.97 | 14.84 |
| ナショナル | 207.29 | | 93.07 | 30.60 | 22.94 | 32.07 | 24.00 |
| 標準偏差 | 10.22 | | 18.87 | 4.51 | 3.74 | 7.10 | 13.07 |
| U-20 | 198.00 | | 98.38 | 33.49 | 25.63 | 37.25 | 16.67 |
| 標準偏差 | 13.39 | | 14.93 | 2.52 | 3.42 | 6.25 | 6.53 |
| U-17 | 194.43 | | 76.29 | 29.83 | 22.96 | 27.17 | 18.06 |
| 標準偏差 | 14.73 | | 16.32 | 5.39 | 4.21 | 4.13 | 4.93 |
| U-14 | 191.83 | | 測定なし | 30.38 | 23.62 | 30.00 | 23.28 |
| 標準偏差 | 13.83 | | | 3.81 | 3.30 | 4.10 | 12.72 |

※測定なし　カテゴリー年齢を考慮し、測定を実施していない
※記録未入力　新型コロナウイルス感染予防の観点から合宿期間の短縮があり、スケジュールの都合上実施出来ていない
※令和7年にU-20からU-21に改編

## 令和 4 年度　全日本フィジカルテスト各カテゴリー平均値（男子）

### 形態測定

| | 身長<br>(cm) | 体重<br>(kg) | 皮脂厚<br>（上腕背部）<br>(mm) | 皮脂厚<br>（肩甲骨）<br>(mm) | 体脂肪率<br>（キャリパー）<br>(%) | 胸囲<br>(cm) | 胴囲<br>(cm) | 大腿（右）<br>(cm) | 大腿（左）<br>(cm) |
|---|---|---|---|---|---|---|---|---|---|
| 代表 | 174.68 | 68.70 | 9.60 | 8.60 | 14.71 | 91.13 | 75.25 | 51.38 | 51.90 |
| 標準偏差 | 4.46 | 3.72 | 1.95 | 1.52 | 0.88 | 4.40 | 4.11 | 2.59 | 2.59 |
| ナショナル | 176.79 | 70.33 | 9.86 | 9.57 | 15.38 | 91.29 | 77.58 | 51.05 | 51.26 |
| 標準偏差 | 4.24 | 5.12 | 2.88 | 2.31 | 2.30 | 3.68 | 4.42 | 3.12 | 3.35 |
| U-20 | 174.37 | 66.35 | 10.42 | 10.83 | 16.37 | 86.92 | 76.08 | 50.25 | 49.63 |
| 標準偏差 | 5.07 | 6.52 | 2.78 | 3.22 | 2.94 | 2.30 | 4.68 | 2.46 | 2.76 |
| U-17 | 169.32 | 60.39 | 9.68 | 9.37 | 15.19 | 81.89 | 72.74 | 52.05 | 51.89 |
| 標準偏差 | 5.28 | 5.65 | 3.32 | 3.13 | 3.36 | 3.81 | 4.16 | 2.84 | 3.02 |
| U-14 | 164.26 | 52.91 | 7.05 | 6.80 | 11.46 | 78.66 | 68.03 | 47.95 | 47.89 |
| 標準偏差 | 7.39 | 7.04 | 1.43 | 1.32 | 1.10 | 5.06 | 3.37 | 3.59 | 3.51 |

### ハイパワー

| | スパイダーテスト<br>(秒) | 20M走<br>(秒) | 10M走<br>(秒) | メディシン<br>ボール 投げ<br>(右) (M) | メディシン<br>ボール 投げ<br>(左) (M) | メディシン<br>ボール 投げ<br>(前) (M) | メディシン<br>ボール 投げ<br>(後) (M) |
|---|---|---|---|---|---|---|---|
| 代表 | 14.83 | 3.04 | 1.77 | 14.06 | 13.70 | 10.28 | 15.70 |
| 標準偏差 | 0.56 | 0.09 | 0.07 | 1.37 | 0.76 | 1.66 | 1.97 |
| ナショナル | 15.20 | 3.07 | 1.77 | 13.72 | 13.58 | 10.27 | 15.15 |
| 標準偏差 | 0.70 | 0.08 | 0.07 | 1.76 | 1.11 | 1.51 | 1.96 |
| U-20 | 14.98 | 3.08 | 1.80 | 12.73 | 12.73 | 10.85 | 14.58 |
| 標準偏差 | 0.66 | 0.11 | 0.06 | 1.52 | 1.88 | 1.78 | 1.81 |
| U-17 | 15.80 | 3.11 | 1.76 | 10.27 | 9.73 | 7.98 | 11.14 |
| 標準偏差 | 0.50 | 0.17 | 0.12 | 1.81 | 1.31 | 0.99 | 1.90 |
| U-14 | 16.32 | 3.31 | 1.93 | 測定なし | 測定なし | 測定なし | 測定なし |
| 標準偏差 | 0.65 | 0.13 | 0.13 | | | | |

### ミドルパワー / ローパワー / 柔軟性 / 敏捷性

| | ミドルパワー<br>コート5周走(秒) | ローパワー<br>シャトルスタミナ<br>(M) | 柔軟性<br>座位体前屈<br>(cm) | 敏捷性<br>両足ステップ<br>(回) | 敏捷性<br>リズムステップ<br>(回) |
|---|---|---|---|---|---|
| 代表 | 62.98 | | 9.60 | 62.60 | 50.80 |
| 標準偏差 | 2.60 | | 9.02 | 3.44 | 1.10 |
| ナショナル | 63.57 | 590.71 | 10.71 | 58.93 | 49.14 |
| 標準偏差 | 2.44 | 24.90 | 7.95 | 4.80 | 2.91 |
| U-20 | 60.50 | 566.27 | 10.25 | 63.42 | 49.50 |
| 標準偏差 | 3.22 | 26.91 | 6.73 | 4.89 | 3.00 |
| U-17 | 65.66 | 551.68 | 11.11 | 58.05 | 46.42 |
| 標準偏差 | 2.90 | 31.41 | 4.78 | 2.88 | 5.79 |
| U-14 | 68.33 | 553.84 | 11.46 | 54.55 | 42.95 |
| 標準偏差 | 3.48 | 20.95 | 5.70 | 4.89 | 4.12 |

### 瞬発力 / 筋力

| | 瞬発力<br>立ち幅跳び (cm) | 瞬発力<br>垂直跳び (cm) | 筋力<br>背筋力<br>(kg) | 筋力<br>握力（利き腕）<br>(kg) | 筋力<br>握力（非利き腕）<br>(kg) | 筋力<br>上体起こし<br>(30秒) (回) | 筋力<br>腕立て伏せ<br>(30秒) (回) |
|---|---|---|---|---|---|---|---|
| 代表 | 262.00 | | 155.60 | 49.96 | 38.16 | 42.00 | 56.50 |
| 標準偏差 | 21.97 | | 27.98 | 6.43 | 5.24 | 4.30 | 3.42 |
| ナショナル | 237.68 | | 159.34 | 48.35 | 38.08 | 39.29 | 48.77 |
| 標準偏差 | 69.86 | | 23.53 | 6.24 | 4.38 | 7.13 | 8.97 |
| U-20 | 253.17 | | 150.63 | 46.00 | 35.88 | 32.83 | 31.17 |
| 標準偏差 | 12.59 | | 19.56 | 5.88 | 5.40 | 3.19 | 4.47 |
| U-17 | 233.21 | | 98.19 | 41.02 | 31.36 | 30.68 | 35.44 |
| 標準偏差 | 12.82 | | 23.69 | 5.75 | 3.95 | 4.44 | 8.47 |
| U-14 | 221.78 | | 測定なし | 40.17 | 31.23 | 38.33 | 33.56 |
| 標準偏差 | 15.25 | | | 8.43 | 5.75 | 4.78 | 7.26 |

※測定なし　カテゴリー年齢を考慮し、測定を実施していない
※記録未入力　新型コロナウイルス感染予防の観点から合宿期間の短縮があり、スケジュールの都合上実施出来ていない
※令和7年に U-20 から U-21 に改編

ソフトテニス用体力測定シート

## ソフトテニス用体力測定シート

コートサーフィス：オムニコート

| チーム名 | | フリガナ | | 生年月日 | 　　年　　　　月　　　　日 |
|---|---|---|---|---|---|
| | | 氏　名 | | 年　齢 | 　　　　　　　　　　　　歳 |

| 測定日 | 身長 | 体重 | 皮脂厚(上腕背部) | 皮脂厚(肩甲骨) | 背筋力 | 握力(利き腕) | 握力(非利き腕) | メディシンボール投げ(右) | メディシンボール投げ(左) | メディシンボール投げ(前方) | メディシンボール投げ(後方) | リズムステップ |
|---|---|---|---|---|---|---|---|---|---|---|---|---|
| 月　日 | | | | | | | | | | | | |
| 月　日 | | | | | | | | | | | | |
| 月　日 | | | | | | | | | | | | |
| 月　日 | | | | | | | | | | | | |
| | | | | | | | | | | | | |
| | | | | | | | | | | | | |

| 測定日 | 垂直跳び | 立ち幅跳び | 立位体前屈 | 両足ジャンプ | スパイダーテスト(5方向走) | 前後シャトルラン | 左右シャトルラン | オールディレクションラインスプリント | 20m走 | 長座体前屈 | 上体起こし30秒 | 腕立て伏せ30秒 |
|---|---|---|---|---|---|---|---|---|---|---|---|---|
| 月　日 | | — | | | | — | — | — | | | | |
| 月　日 | | — | | | | — | — | — | | | | |
| 月　日 | | — | | | | — | — | — | | | | |
| 月　日 | | — | | | | — | — | — | | | | |
| | | | | | | | | | | | | |
| | | | | | | | | | | | | |

| 測定日 | コート2/3周 | コート5周走 | 胸囲 | 胴囲 | 大腿囲(右) | 大腿囲(左) | 50m走 | リバウンドジャンプ | 10m走 | シャトルスタミナ | | |
|---|---|---|---|---|---|---|---|---|---|---|---|---|
| 月　日 | — | | | | | | | | | | | |
| 月　日 | — | | | | | | | | | | | |
| 月　日 | — | | | | | | | | | | | |
| 月　日 | — | | | | | | | | | | | |
| | | | | | | | | | | | | |
| | | | | | | | | | | | | |

フルと呼ばれる動きを行い，20秒間に越えた回数を測定する。

③メディシンボール（2kg）投げ（パワー）4方向

・右投げ……ラインに対し左足を前にし，右足から左足にかけて重心移動をしっかりしながら遠くにボールを投げる。投げたライン上からボールの着地地点までを実測で測定する。

・左投げ……右投げ同様で，向きが逆になり左手を中心に投げる。

・オーバーヘッドスロー（頭上）……ラインにつま先をそろえ，肩幅程度で立つ。両手で頭上にボールを持ち，後頭部付近から前方の遠くにボールを投げる。

・バック……ラインにかかとを合わせ，肩幅よりやや広い程度で立ち，ボールを両手で股の間からの反動動作を使って，頭上越しに後方へボールを投げる。

④5方向走（敏捷性）……スタート位置をセ

ンターマークとし，右側もしくは左側のボールを最初に回収し，順に5つのボールをすべて回収し終わる時間を測定する。

⑤コート5周走（無酸素性持久力）……コートの四隅の1カ所をスタート地点とし，左回りでコート5周を全力で行う。コートの角を回る時，コート内に足を踏み入れないようにすること。

⑥10m/20m走（ハイパワー：スプリント能力）……光電管を設置する。セルフスタートで走り出し，光電管が設置された10mあるいは20mを走り抜けたタイムを計測する。記録は1/100秒で記入する。

⑦シャトルスタミナ（全身持久力）……ネットと平行して10mの距離を取り，1m間隔でボールなどの距離表示を行う。測定者はサイドラインに置かれたマーカーからスタートし，10m先のマーカーを回りながら3分間の距離を測定する。10m間隔のマーカーは必ず回ることとする。

⑧リバウンドジャンプ（瞬発力）……垂直跳びの要領から1歩の助走，もしくは事前ジャンプを行い，最大跳躍点を測定する。

### (3) 測定後の評価について

体力測定を実施後は，その結果を評価しなければならない。つまり，客観的に数量化された測定結果をある一定の価値基準に照らして判定し，できるだけ早く個人にフィードバックすることが重要である。測定を複数回実施し，前回からの比較や低下，向上の種目を確認し，トレーニングに反映させることが重要である。また，各種目がソフトテニスの技術にどの程度の関わりがあるのかを判定し，研究することが必要である。

## 6. トレーニング計画の立案

トレーニング計画の立案には，まずトレーニングの目標を設定する。その後，目的とするトレーニング効果を獲得するために，トレーニング計画を目的別に期分けし，各期に応じてトレーニング量，強度，種類を変化させる。

### (1) 目標設定

トレーニング計画を立案するために設定する目標は，トレーニング対象となる各種の体力的要素や，競技パフォーマンスの特定局面で示される体力特性についての目標値である。目標の設定に

**図7.1.10 トレーニング期分けの構造**

おいては，注意するべき要素の頭文字を取った「SMART」な目標設定が有効である。

S：Specific（具体的）

漠然とした目標ではなく，「50m走のタイムを○○秒短縮する」「メディシンボール投げの距離を○○m伸ばす」など，目標はできるだけ具体的で絞り込んだものにする必要がある。

M：Measure（測定可能）

設定した目標の達成度合を明確にするために，目標はできるだけ客観的に測定可能であることが望ましい。

A：Action-oriented（行動志向）

設定した目標の実現に向けて，具体的にトレーニングに取り組む行動がイメージできるような目標を設定する。トレーニングを実施するにあたり，場所と時間の確保や，精神的・身体的に実施可能かをチェックする必要がある。

R：Realistic（現実的）

実現する可能性がほとんどない目標では，トレーニングへの意欲は高まらない。努力すれば達成可能な目標を設定することが重要である。

T：Timed（時限的）

いつまでにその目標を達成するかを明確にしておく必要がある。それにより，選手の動機づけや緊張感も高まり，指導者もトレーニング計画をより厳密に検討することができる。

## (2) 期分け（ピリオダイゼーション）（図7.1.10）

トレーニング計画は立案された目標を達成するため，まずマクロサイクルという中期・長期計画がはじめに立案される。マクロサイクルは競技スケジュールによって，半年間や1年間で構成される。その下位にメゾサイクルという短期計画が位置づけられる。通常4週間から8週間で構成される。このメゾサイクルを中心にトレーニングを組み立てることが多い。さらにその下位にはミクロサイクルという週間計画が位置づけられる。基本的には1週間のトレーニング計画として扱われる。

こうしたトレーニングサイクルは試合のスケジュール，学業や仕事の関係などを考慮し，計画される必要がある。1回のマクロサイクルが終了すると次のマクロサイクルが始まり，計画的なトレーニングをすることが可能である。

トレーニングの期分けは，4〜8週間で構成されるメゾサイクルを元に，トレーニング内容を変化させる方法が多く取られている。ピリオダイゼーションにはさまざまなモデルが提起されており，選手やチームの目的に応じて，ピリオダイゼーションを計画することが大切である。

文献

1）財団法人日本体育協会編（2005).「垂直跳び」『公認スポーツ指導者養成テキスト　共通科目I』日本体育協会　p.50-52

2）財団法人日本テニス協会編（2005).『新版テニス指導教本』大修館書店　p.193

3）財団法人日本体育協会編（2005).『公認スポーツ指導者養成テキスト　共通科目I』日本体育協会　p.55-57

4）財団法人日本体育協会『ガイドブックジュニア期の体力トレーニング』

5）Thomas R.Baechie 他編『ストレングストレーニング＆コンディショニング』ブックハウス・HD

6）財団法人日本体育協会編（2005).『公認スポーツ指導者養成テキスト　専門科目5』日本体育協会　p.30-31, p.76-77,81

7）財団法人日本体育協会編（2007).『公認スポーツ指導者養成テキスト　専門科目6』日本体育協会　p.290-291, 295-296

8）財団法人日本テニス協会編（2005).『新版テニス指導教本』大修館書店　p.202-204

9）財団法人日本体育協会編（2005).『公認スポーツ指導者養成テキスト　共通科目I』日本体育協会　p.55-57

# §2 体力トレーニング

## 1. ウォーミングアップとクーリングダウン

### (1) ウォーミングアップの必要性

ウォーミングアップによって心身の準備が行われると，短時間でゲームが終わるソフトテニスにとって1ゲーム目から最高の動きができるために重要なものである。ウォーミングアップには，体のウォーミングアップと心のウォーミングアップがあり，どちらも自分の身体状況に合わせて行われなければいけない。

### (2) ウォーミングアップの目的

・筋肉を温めて体温を上げること
・筋温，体温が上がるとパフォーマンスが向上する
・けがを防止する

### (3) 具体的な内容

ⅰ　パフォーマンスの向上とトレーニングの効率化

ウォーミングアップを行い身体諸機能の適応性を高めておくと，運動開始時に身体の負担が軽減されており，スムーズに動きだせるようになる。

ⅱ　体温・筋温の上昇

動くことで筋肉の収縮弛緩を行わせ，熱エネルギーを生み出し，筋温を上昇させる。ただ，外気温の低い時に一気に筋温の上昇を狙いハードな運動を行うと乳酸の生成が高まり，筋収縮に支障を来す。また，呼吸循環機能にも影響を与える。

ⅲ　筋肉，靭帯，腱，関節組織などの動きがスムーズになり，捻挫や肉離れなどのけがを未然に防ぐことになる。

### (4) 具体的な効果

#### ①体のウォームアップ効果

ⅰ　筋活動に対する酸素供給の増加と効果的な活用

ウォーミングアップによって体温が上昇すると，ヘモグロビンやミオグロビンといった酸素運搬物質からの酸素の解離（離れる）が早くなり，筋肉の酸素活用が高まる。

ⅱ　代謝効率の向上

筋温が1度上昇すると筋肉の代謝効率（エネルギー利用）が約10%程度向上し，燃費がよくなる。また，素早く大きな力を発揮するハイパワーな運動では，パフォーマンス発揮に大きく関わっている。

ⅲ　筋肉や腱の粘り性が低下する

筋温や関節内温度が上昇することにより筋肉や腱，関節などの粘り性が低下し，スムーズに動かせるようになる。

ⅳ　神経伝達速度の亢進

筋温，体温の上昇は神経機構が亢進し，神経伝達速度の早まりが期待できる。

#### ②心のウォームアップ効果

ⅰ　簡単な身体運動を行う

適度な緊張は心拍数を上昇させ，興奮を高める作用にもつながる。軽い運動で心拍数の上昇を行うことも同様の効果が期待できる。

ⅱ　呼吸は心の状態と関係がある

リラックスしたい時には深呼吸を行うが，深呼吸は自律神経調節にも関係があり，緊張の少ない時，また興奮の強すぎる時などに適正な効果をもたらす。

ⅲ　声を出す

試合前に全員で大きな声を出し合うことは全員の士気が高まり，動きにも関係がある。

ⅳ　姿勢や表情

試合中の姿勢や表情は身体の動きに影響があり，猫背で下を向いた姿勢では筋肉の動きは悪くなり，

常に明るい表情や前向きな姿勢が求められる。

v　音楽の活用

　ゲームにはリズムがあり，ポイントを取得するのにもリズムが関係する。音楽によって自分のリズムを確認し，常にリズミカルな自分を保つことが必要である。

vi　ゲームプランやルーティンの徹底

　常にゲームプランをイメージしており，いい時も悪い時も同じルーティン（儀式）を徹底することによって自分自身に自信が持てるようにする。

vii　セルフトークの活用

　「有言実行」という言葉通り，人間には言ったことはやるように教育されている。自分自身に大事な場面で「こうする」といったセルフトークはいい結果につながる。

## (5) ウォーミングアップの強度や時間

　ウォーミングアップの強度は耐力差によって違いがあるため，持久力の指標である最大酸素摂取量から考えたい。

　・低強度（50％最大酸素摂取量）では強度が低く効果を期待しがたい

　・中程度（60％最大酸素摂取量）では，若干汗ばむ程度と考えられ有効である

　・高強度（70％以上最大酸素摂取量）では効果的だが，乳酸の発生率も高く，長く行うと疲労が蓄積する

　時間に関しては，中程度のウォーミングアップで15分以上，高強度のウォーミングアップで10分程度で効果が見られる。ただし，前述したようにいきなりの高強度のウォーミングアップは乳酸の蓄積量が多くなり，早期の疲労が考えられる。

## (6) ウォーミングアップの方法

　ウォーミングアップの方法には，基本的なウォーミングアップとソフトテニスの動きを考慮したウォーミングアップがあり，場所や時間を考え，両方を行うことが重要である。

### ①基本的なウォーミングアップ

i　ウォーキング

　背筋を中心とした脊柱の筋肉から筋温の上昇を狙い，徐々に外側の筋肉へ移行する。

ii　ジョギング

　心拍数の上昇とともに筋肉の活動量も高まり，筋温の向上が期待できる。

　かかとから着地できる程度のゆっくりとしたジョギングが重要である。

iii　関節を中心とした体操（動的）

　屈伸や伸脚といった関節にアプローチする体操を反動や弾みを加えて行う

iv　筋肉に対する動的ストレッチング

　ウォーミングアップでのストレッチングは，練習や試合時に想定される反動や弾みを利用してのものが必要であり，特に筋肉を意図的に収縮させ，その後すぐに伸張させるような反射を用いたものも有効である。

### ②ソフトテニスの動きを考えたウォーミングアップ

i　ラダーやボールドリブルを使ったコーディネーション

　筋温の上昇が期待できた段階からさらにパフォーマンスアップにつなげるためには，神経系の向上に適したラダー種目やサッカーボールなどのドリブルのフットワークが必要である。

ii　チューブやベルトを活用しての関節抵抗運動

　筋肉や関節の活性化をもたらすために，筋肉に負荷を与えての抵抗運動などを用いるといい。

iii　キャッチボール

　ソフトテニスの各技術動作（ストローク，サービス，スマッシュなど）は，ボールを投げる動作が基本であり，キャッチボール時の身体を含め肩の動き，重心移動など，ウォーミングアップの中に取り入れておきたい。

iv　アジリティ

　反応系の種目という意味でアジリティと呼んでいるが，1人の人が指示を出し，その指示に従って素早く動作し，神経系の向上，心肺機能の向上，

筋肉の対応力など，技術に必要な要素を盛り込んで行う。

### (7) クーリングダウンの必要性

ウォーミングアップを行ってもクーリングダウンを行わない人は多い。なぜなのか？ 練習時間を3つに分類すると，ウォーミングアップ，ボール練習，クーリングダウンとなった時に，技術練習がメインな我々にとって技術練習後のクーリングダウンに時間を割くことが大変難しいように思える。

### (8) クーリングダウンを行う理由

ⅰ 血液を心臓に戻す

筋肉のポンプを活用し，筋肉にたまった疲労物質の除去を促進し，疲労を残さないようにする効果がある。

ⅱ 筋肉の柔軟性が低下する

筋肉に乳酸を蓄積させたまま体温低下が起こると代謝状況も悪くなり，柔軟性の低下を招く要因になる。

### (9) クーリングダウンの方法

ⅰ ジョギング

試合や練習で高まっている心拍数をジョギングを用いて徐々に低下させていく必要がある。個人差にもよるが，100拍／分程度以下に落としていく。

ⅱ ウォーキング

ゆっくり歩くことによってさらに心拍数の低下を起こすが，この間に筋肉のポンプ作用は進んでおり，乳酸の解消が促進されている。

ⅲ ストレッチング（静的）

最後のストレッチングを行うが，クーリングダウンでのストレッチングは静的である。筋肉が酷使された状態でゆっくり時間をかけて伸ばすことによって，乳酸の解消から筋肉の短縮を防ぎ，疲労の除去を含め，柔軟な身体をつくることになる。

## 2. 具体的なトレーニング方法

### (1) 筋力のトレーニング

筋力トレーニングは体力要素の1つとしての「筋力」の向上を主眼としたトレーニングを意味する。また，トレーニングの目的として筋力の向上のみならず，筋肥大や筋パワーの向上など，形態や身体機能の向上も目的としている。ストレングストレーニングやレジスタンストレーニングと呼ばれることもある。機器としてはフリーウェイト（バーベルやダンベル）やトレーニングマシン，さらには自重，徒手抵抗，チューブなどを用いる。ソフトテニスにおいては，高重量のフリーウェイトを用いることは少ないが，基礎的な筋力向上や障害予防の観点から重要なトレーニングの1つである。

### (2) スピードのトレーニング

スピードとは，短時間で目的とする動作を遂行，もしくは移動する能力である。ソフトテニスにおいても，できる限り速く大きな力を発揮する能力が求められている。このスピードの向上には腱の弾性を用いた，ストレッチショートニングサイクル（SSC）をいかに利用するかが重要となる。SSCとは，バネのような腱を最大限伸張させ，その反動を利用するサイクルのことである。例え

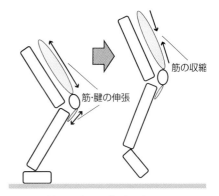

**図 7.2.1 着地－ジャンプ動作におけるストレッチショートニングサイクル（SSC）**

ば，着地からのジャンプ動作では，着地から身体が最も沈み込む間に，大腿前面の筋・腱が伸張され，その後，筋が短縮することで大きなパワーが生まれる（図7.2.1）。このSSCを利用したスピードトレーニングとしては，プライオメトリクストレーニングがある。

## (3) 敏捷性のトレーニング

敏捷性のトレーニングとして主に行われるのがアジリティトレーニングである。アジリティとは，直線的な素早さよりも急激なストップ・ターンなど反応も含むさまざまな方向への加速や減速を伴う，素早い動作ができる能力を示す。ソフトテニスにおいても，コートという限られた空間で，相手に反応した素早い動きだしからのストップ，ターンが必要となるため，パフォーマンスに直結するトレーニングである。

## (4) 全身持久力のトレーニング

全身持久力は，比較的強度の低い運動を長い時間にわたって持続するための体力要素である。ソフトテニスにおいては，ポイント間にプレー休止時間が入るため，各ポイントにおける比較的高強度の運動を繰り返し行う持久力が必要となる。持久時間としては1試合あたりの時間が20分から1時間におよぶため，その時間に必要な持久力と，さらには1日に数試合を行うことが多いため，1日を通しての持久力が必要となる。トレーニング方法としては，高強度の運動と低強度の運動を交互に繰り返すインターバルトレーニングが有効である。

## (5) 柔軟性のトレーニング

柔軟性は身体の柔らかさを示す体力要素の1つである。定義としては「関節において達成することができる最大運動域」とされており，関節可動域によって評価される。柔軟性が高いことは各関節の運動範囲が広いことを示しており，競技上も身体を効率的かつ大きく使うことができる。逆に

柔軟性が低い場合，筋や関節への負担が大きくなり，また代償的に非効率的な動作になることで外傷や障害を来す場合がある。そのため，適切な柔軟性を獲得することがパフォーマンス向上やけが予防の観点から必要である。ただし，柔軟性が高すぎることもスポーツ場面では問題になることがある。関節に緩みがある場合には，関節の不安定性が生じ，関節周囲の筋や組織にストレスが加わり，外傷・障害の発生につながる。そのため，各個人の柔軟性を把握したうえで適切な柔軟性を獲得することが重要である。

柔軟性の改善にはストレッチングが有効であり，セルフコンディショニングとしても用いられる。ストレッチングには反動をつけないスタティックストレッチングや，拮抗筋の収縮を用いたダイナミックストレッチング，反動や弾みをつけて行うバリスティックストレッチングがある。スタティックストレッチングは筋肉に伸張感が得られた状態で30秒程度その姿勢を保持する方法である。簡便に柔軟性を改善できる方法であり，ウォーミングアップやクーリングダウンでよく使用される方法である。その一方で，スタティックストレッチング後に筋出力が低下することもあるため，競技前における使用には注意が必要である。ダイナミックストレッチングでは伸ばそうとする筋肉の拮抗筋を繰り返し収縮させ，最後にスタティックにホールドする。この方法は柔軟性トレーニングとしては効果が大きいが，実施方法に正確な動作が必要であることに注意すべきである。バリスティックストレッチングは，ブラジル体操といった名称で呼ばれることもあるストレッチング法である。反動や弾みをつけ，同じ動作を8~12回繰り返す。パフォーマンスの向上に有効であることが多いが，急激な伸張により筋線維の微細損傷や痛みが起こる危険性がある。

## (6) 調整力のトレーニング

調整力とはコーディネーション能力のことであ

り，ある瞬間の状況を察知し判断して，目的に合った動きをスムーズにつくり出す能力のことである。一般的に，身のこなしがよい，運動神経が優れている，状況判断がよい，ボールさばきがうまいなどで表現されるケースでは，バランスを取る能力やリズムに合わせて身体を動かす能力が優れており，コーディネーション能力が高いといわれる。アジリティトレーニングやスタビリティトレーニングもこの一部として位置づけられることもある。一般的に子どもの時期に最も発達するといわれている。従来は子どもの時代に遊びの中で鍛えられていたと考えられるが，現代ではそのような場が失われつつあり，今後の重要なトレーニング要素として考えられる。

# 3. 女性の身体に配慮したトレーニング

## (1) 男女の形態・身体組成・体力差

文部科学省の調査によると，17歳の日本人の平均身長／平均体重はそれぞれ，男性170.7cm／62.8kg，女性158.0cm／52.9kgである。

体脂肪率は，アスリートは一般人と比較して低いが，同一種目の男女選手を比較すると，男性選手より女性選手の方が高い傾向にある（ソフトテニス選手は，男性12～16％，女性15～20％）。

筋線維組成は，筋線維タイプ（速筋・遅筋）の比率に男女差はないが，筋線維の横断面積はどちらのタイプの筋線維も女性は男性の約70％程度である。また，筋力の絶対値（静的筋力）でも，女性は，上肢では男性の56％，体幹は64％，下肢は72％である。しかし，除脂肪体重あたりで見ると，下肢は男性と同等か高いレベルにあるという報告もある。

持久力についても，絶対値で見ると女性は男性の約65％であるが，除脂肪体重あたりに換算すると，男女差は見られなくなる。このように，体格については，女性は男性より一回り小さいが，

除脂肪体重あたりの筋力や持久力にはほとんど差がない。

## (2) 女性アスリートのトレーナビリティ

以前は，女性の主な筋力トレーニングの効果は，単なる神経系の適応による筋力増加であって，筋肥大によるところは少ないとされてきた。しかし，男女の筋力変化について，神経系と筋肥大の相対的な効果は同等であるという考え方が近年では主流である。また，持久力についても，増加率に男女差はないといわれている。よって，女性のトレーニングプログラムは男性と異なるものである必要はない。しかし，指導者は次の点を理解してトレーニングを行う必要がある。

①女性は，筋力増加を助けるテストステロンなどのホルモン分泌が男性より少ないため，トレーニング効果は，開始から3～5カ月で頭打ちになり，男性のように増加していかない傾向にある。継続には，神経系トレーニングと筋肥大系トレーニングと期分けして行うとよい。

②トレーニング時間が限られる場合は，多関節を使うものを選定する。負荷は自重でもよい。

③筋力の男女差は，上肢に顕著に見られるため，ソフトテニスのように上肢の筋力アップが競技力向上につながる競技は，上肢のトレーニングを意識的に行う必要がある。

④筋肥大に必要なテストステロンなどのホルモン濃度は，男性に比べて個人差が大きい。

⑤女性は1日に男性の約2倍の鉄を失う。このため，持久力トレーニング期には，鉄を多く含む食事を取るよう注意しなければならない。また，ヘモグロビン値が低いなど貧血傾向にある選手は，トレーニング効果が現れにくいことも理解しておく。

## (3) 月経周期との関連

前述の通り，トレーナビリティには男女差はない。このため，他競技も含め，国内外において月

経周期を考慮したトレーニングプログラムは実施されていない。しかし，月経周期によるホルモンの変化は女性のコンディションに影響を及ぼすため，男女差／月経周期を考慮したトレーニング方法の確立を目指して研究が進んでいる。

文献
1）財団法人日本体育協会編（2005）.『公認スポーツ指導者養成テキスト　共通科目Ⅰ』日本体育協会　p.58
2）財団法人日本体育協会編（2006）.『公認スポーツ指導者養成テキスト　専門科目6』日本体育協会　p.272-279
3）財団法人日本テニス協会編（2005）.『新版テニス指導教本』大修館書店　p.189-201
4）財団法人日本体育協会（2007）.『公認アスレティックトレーナー専門科目テキスト　第6巻　予防とコンディショニング』文光堂　p.71-74, 95, 119, 139, 149-153, 178-184, 287
5）寺島芳輝ほか（2000）.『女性のスポーツ医学第2版 編』中外医学社
6）生涯学習政策局政策課調査統計企画室（2014）.『学校保健統計調査』文部科学省
7）鳥居俊（2005）.『フィーメールアスリートバイブル』三報社

# §3 メンタルトレーニング

## 1. スポーツ競技におけるメンタルトレーニング

スポーツメンタルトレーニングとは「スポーツ選手や指導者が競技力向上のために必要な心理的スキルを獲得し，実際に活用できるようになることを目的とする」と定義づけされている。我々が目指すメンタルトレーニングとは，選手の人間的成長や人格形成や心の健康など，全人格的な成長を願いながら科学的に効果が検証され確認されている心理的スキルを用いて，大会での実力発揮や競技力向上をサポート・支援することにほかならない。

## 2. ソフトテニス選手のためのメンタルトレーニング

### (1) メンタルトレーニングの必要性と計画の立て方

スポーツでは「心・技・体」が重要だといわれている。メンタルトレーニングは，この「心」の部分に相当すると考えられるが，それだけではない。私たちは，生きていくための基礎的な心的エネルギーが必要である（図7.3.1）。

ソフトテニスに限らず，スポーツ競技を続けていくためには，長い間練習を継続していかなければならない。この練習を継続していくためには，心身ともにエネルギーが必要になる。風邪気味で体調が悪い時などは，学校や仕事に行くのも億劫になることがあるだろう。これは基礎的な心的エネルギーが一時的に低下した状態である。また，自分自身で明確な目標を持って練習している人と，なんとなく練習している人とでは，見ていてどこか違いを感じるだろう。これも基礎的な心的エネルギーの違いだと考えられる。

つまり，この基礎的な心的エネルギーを高めることがまずは大切になる。

では，どうやって基礎的な心的エネルギーを高め，さらに「心・技・体」の「心」の部分を高めていけばいいのだろうか。キーワードは「気づき」と「自己コントロール」である。自分のあるがままの今に気づくことによって，はじめて自己コントロールが可能になる。歩く時に，下を向いて歩いているという自分に気づくと，自然と顔を上げ

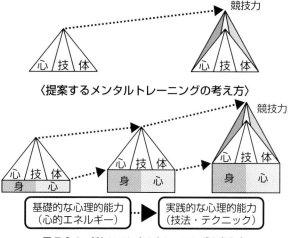

**図 7.3.1　新しいメンタルトレーニングの考え方**

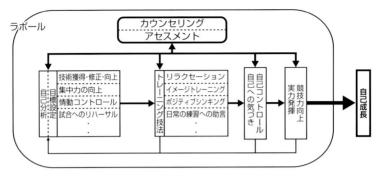

図 7.3.2 メンタルトレーニングの流れ

表 7.3.1 心理的競技能力検査で測る内容

**競技意欲**
1. 忍耐力　　　　　苦しい場面でも我慢強く試合をすること
2. 闘争心　　　　　大事な試合や強い相手に闘志を持って試合に臨むこと
3. 自己実現意欲　　自分なりの目標を持って自分の可能性に挑戦する気持ちで試合に臨むこと
4. 勝利意欲　　　　絶対に勝つぞという勝利に対する執着心を持って試合に臨むこと

**精神の安定・集中**
5. 自己コントロール　気持ちの切り替えなど,試合で自分をコントロールすること
6. リラックス　　　不安や緊張を感じることなく試合に臨むこと
7. 集中力　　　　　落ち着いて集中してプレーすること

**自信**
8. 自信　　　　　　自分の能力や目標の達成に自信を持つこと
9. 決断力　　　　　失敗を恐れずに,思い切りよくプレーすること

**作戦能力**
10. 予測力　　　　　先の状況を予測して,作戦を立てたり変更したりすること
11. 判断力　　　　　試合の流れを素早く的確に判断できること
12. 協調性　　　　　チームメイトと協力したり励まし合いながらプレーすること

て前を向いて歩くようになるものである。しかし,下を向いて歩いていることに気づかない限りは,顔を上げることはない。そこで,メンタルトレーニングは図7.3.2 に示すような流れになると考える。

まず最初に大切なことは,気づきを高めるために,自分を知ること(自己分析)である。

そして,自分の目標を明確にすることから始まる。登りたい山を決めることである。具体的なトレーニング技法は,自分の今の状態や目標に応じて決まってくる。さまざまなトレーニング技法があるが,これらは方法であって,山を登るのに異なるルート(登山道)からでも登れるのと同じで,答えは1つではない。こうしたトレーニングを通じて,さらに自己への気づきを高めることによって,自己コントロールが可能になってくる。これらの過程が,まさに基礎的な心的エネルギーを高めていくことにほかならない。したがって,競技力はおのずと向上していくと考えられる。しかし,メンタルトレーニングの本当の目標は競技力向上だけでない。こうしたトレーニングを積み重ねていくことによって新たな自分を発見し,自分自身を成長(自己成長)させていくことである。

## (2) 自己分析

自己への気づきを高める第1歩は,自己分析である。わかっているようで,わかっていないのが自分自身である。特に,自分の嫌なところ,苦手なところなどは無意識に抑圧して,気づかないことが多い。「良い・悪い」ではなく,あるがままの自分自身を受け入れる,あるいは認めることが大切なのである。

### ①心理的競技能力検査(DIPCA)

自分で心理的競技能力を知ることができる心理検査が開発されている。大きく分けて5つ,全部

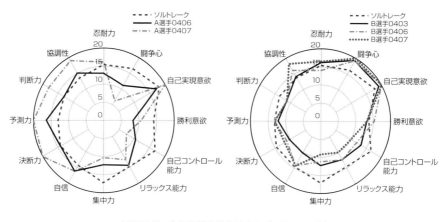

**図 7.3.3　心理的競技能力検査のプロフィール例**

**図 7.3.4　マルチ画面表示機能搭載カラー 4 分割器を使用した例**
上の画面（A）が試合全体，左下（B）と中央下（C）が観察対象選手，右下（D）がスコア。
実際の画面には A ～ D は表示されない。

で12個の観点から心理的競技能力を知るものである（表7.3.1）。

検査結果は図7.3.3のようにプロフィールとして描くことができる。ソフトテニスの2選手が複数回検査を行った時のプロフィールを，ソルトレーク五輪代表選手の平均プロフィールと比較して示している。左の選手は検査の時期によってプロフィールがかなり異なっているが，右の選手は3回の検査ともよく似たプロフィールを描いている。どちらの選手が「良い・悪い」ではなく，変化が大きい選手もいれば，変化が少ない選手もいるということである。

こうした心理検査は，あくまで自分で回答するものなので，自分で自分を評価していることになる。点数が低いのは，自分でそう思っているということを意味する。あるがままの自分を知るためには，できるだけ素直に回答することが大切である。

**②行動観察**

試合中の表情やしぐさを観察することによって，試合中の自分自身の振る舞いを知ることが可能で

193

ある。ナショナルチームの選手や全日本のアンダーの選手を対象に，試合中の表情やしぐさを撮影している（図7.3.4）。そして，自分がポイントした後とミスをした後，またペアがポイントした後とペアがミスをした後の表情やしぐさを，それぞれまとめて編集し，選手に合宿などで見てもらう。すると，選手は自分が何気なく試合中に行っているしぐさや表情などに気づくことができる。

各ポイント後の行動分析からはネガティブな側面，例えば「下を向く」などと，ポジティブな側面，例えば「ガッツポーズをする」などの行動が見られる。テニスなどのネット型の対人競技では，2つのタイプの選手が見受けられる。1つはいわゆるポーカーフェイスと呼ばれるように感情が表出しにくいタイプ，もう1つはポイント間で感情が表出しやすいタイプである。前者は，相手の行動やプレーにまったく動じず，結果として相手選手は精神的に圧迫され，相手のペースを乱すこと（サイキアウト）になると考えられる。他方，後者は自己の気持ちの切り替えや，自分のペースをつくりだすこと，すなわち自己のサイキングアップに効果があると考えられる。また，ペア間でもポジティブな側面を積極的に行動化し，アイコンタクトやボディコンタクトを行うことが大切であると気づく。

### (3) 目標設定

自己分析をした後は目標設定を行う。目標といっても，明日やろうとする目標から，1年後，あるいは数年後にやろうとする目標までさまざまある。ここでは数カ月単位の目標を短期目標，数年後まで見通した目標を長期目標と呼ぶことにする。

目標を設定するコツは，図7.3.5に示すように，まず長期目標から始めて，次に短期目標，そして最後に具体的な計画を立てるという順番で，未来から現在に向かって考えていくことである。今できることから始めるのも1つの方法であるが，そ

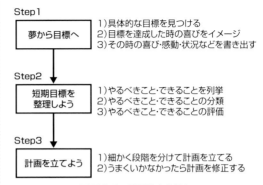

**図7.3.5 目標設定の流れ**

れではカバンに手当たり次第荷物を詰めて旅に出るようなものである。やはり，行く先を決めてからそのための準備をするべきであろう。

#### Step1 夢から目標へ

大きめの画用紙と付箋紙を用意して，書き出しながらやっていく（図7.3.6）。

ア．まず設定する目標は，長期目標である。これは2～3年後，あるいは数年後に達成したい目標である。できるだけ具体的な内容にすることがポイント。「勝ちたい」「強くなりたい」では不十分である。どんな試合で勝ちたいのか，強いとはどうなったことをいうのか。具体的に実現したい内容を決めよう。そして決めた内容を画用紙の真ん中に書き込み，丸で囲む。

イ．次に，自分が選んだ長期目標が達成できた時のことを心に思い浮かべてみる。それはどこか。季節はいつか。何時頃か。周りに誰がいるか。どんな人たちが応援に来ているか。どんな気持ちか。身体の感じはどうか。大変幸せで，うれしい感じをイメージすること。

ウ．そしてその時に心に思い浮かぶことを，思い浮かぶままに付箋紙1枚に1つずつ書き留めていく。書き込んだ付箋紙は，画用紙の上に適当に貼っておく。ほぼ書き出すことができたら，次はそれぞれ付箋紙に書き出した内容を見ながら，関係があると思われるものを近くに集めて貼り直す。また貼り直したら，関係することがらを線で結ん

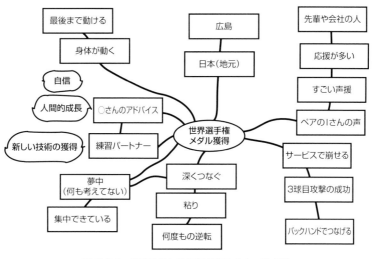

**図 7.3.6　長期目標とその達成時のイメージ（例）**

でいく。最後に，少し難しいかもしれないが，この長期目標を達成することによって自分自身が得られるものを考えてみよう。そして，それを画用紙のあいたところに書き込んでおく。

こうしてできたものが，自分の長期目標が達成された時の自分だけの全体図，青写真である。出来上がったものを，毎日見えるところに貼っておこう。きっと，目標達成に向けて，元気が出るだろう。

### Step 2　短期目標を整理しよう

ア．まずは，最初に作った長期目標の図を見ながら，自分が今やらなければならないと思うことを，思いつくままに1枚の付箋紙に1つずつ書き留めていく。自分の頭の中にあるさまざまな事柄を，1つ残らず書き出してみるつもりでやってみてほしい（図7.3.7）。

「わかっているけどなかなかできない」という場合，多くはこのように書き出す作業をすることによって，できるようになるものである。書き出した紙は，とりあえずノートにどんどん貼っていく。技術的なこと，体力的なこと，精神的なこと，食事や栄養などに関すること，人間関係に関することなど，とにかくやらねばならないと思うことを書き出す。前に作った長期目標の図を眺めながら，書き出してみよう。

イ．さて，ほとんど書き出してしまったら，今度は分類する番である。貼った紙を見ながら，関連のあることがら同士で分類して，近くに集まるように貼り直してみてほしい。技術面，体力面，精神面などといった具合に。もちろん，もっと細かく分類しても結構である。

ウ．最後のステップとして，これまでに書き出して分類してきた各項目の中からどれが重要か，あるいはどれが今すぐできるのかといった観点から優先順位をつける作業をする。

まず，書き込まれた内容がどの程度必要かということについて，必要なものほど点数が高くなるように100点満点で点数をつけ，それぞれ，紙の右端の上に点数を書き入れる。もちろん，すべてが必要だという人もいるだろう。迷った時には，同じところに分類したものを2つずつ見比べて，本当にどちらが必要なのかを考えて順番をつけるようにする。どうしても同じくらい必要だという場合にだけ，同じ点をつけてもいい。異なる分類をしているところでは，同じ点になってもかまわない。

図 7.3.7　短期目標の整理方法

　次は，今すぐ始めるとしてどのくらいできる可能性があるかどうかについて，先ほどと同じように点数をつけていく。こちらも100点満点でつけていく。この可能性の点数は，紙の右端の下に書き込む。

　必要性と可能性の点数がそれぞれの紙に書き込まれたであろうから，最後に両方の平均点を計算して，必要性と可能性の得点の間に書き込む。そして，分類ごとに平均点の高い順に並びかえ，貼り直す。

　これで，自分の頭の中にあったやるべきことがすべて書き出され，分類され，順番がつけられ，整理されたはずである。これらの中で，特に平均点の高かったものを3〜5個選ぶ。それらが，自分自身にとって今すぐ始めるべきことである。

　もちろん，これは今現在の自分自身の短期目標なので，時間が経てば変わっていく。1カ月に1回程度こうした作業をして見直していくと，より効果的である。

| 長 期 目 標： | 世界選手権メダル獲得 |
| --- | --- |
| 得られるもの： | 1.人間的成長 2.自信 3.新しい技術の習得 |
| 短 期 目 標： | ストロークの安定性,ストロークの正確性,サービスの確率 |

| 開始日 | 短期目標 | ステップ | 到達内容 | 終了予定日 | 終了日 | 備 考 |
| --- | --- | --- | --- | --- | --- | --- |
| 2/26 | ストロークの安定性 | 現在 | 最低5本続ける | | | |
| | （球持ちの向上） | 1 | 最低7本続ける | 3/3 | 3/2 | 比較的簡単にできる |
| | | 2 | 最低9本続ける | 3/7 | 3/11 | あと2本増やすだけでつながらないことが多かった |
| | | 3 | 前衛をつけて5本続ける | 3/12 | | |
| | | 4 | 前衛をつけて9本続ける | 3/19 | | |
| 2/26 | ストロークの正確性 | 現在 | 1本打ちでベースラインから2m四方に入れる | | | |
| | （ストロークの | 1 | 1本打ちで1m四方に入れる | 2/28 | 3/1 | 止まってだとかなりできた |
| | ボールの深さ） | 2 | 移動しての1本打ちで2m四方に入れる | 3/5 | 3/9 | 移動すると途端にボールが乱れる,移動したあと軸がぶれることがある |
| | | 3 | 移動しての1本打ちで1m四方に入れる | 3/10 | | |
| | | 4 | 前衛をつけても1m四方に入れる | 3/15 | | |
| | | 5 | ラリー中にねらった場所の1m四方に入れる | 3/19 | | |
| 2/26 | サービスの確率 | 現在 | 10本中5本入る | | | |
| | | 1 | 10本中7本入れる | 3/5 | 3/6 | 入れる本数を増やそうとするとどうしてもコースが甘くなる |
| | | 2 | 試合場面を思い出して10本中7本入れる | 3/10 | | |
| | | 3 | コースを変えても10本中7本入れる | 3/19 | | |

**図7.3.8　計画作成の例**

## Step 3　計画を立てよう

ここで大切なことは，達成すべき目標を何段階かに分けて細かく設定すること，なおかつそれができたかどうかを評価できるように，具体的に測ることができるような計画を立てていくことである（図7.3.8）。

まず，一番上に「長期目標」を書き込む。これは，前に図を作った時に立てた長期目標（図7.3.6）が入る。そして，その目標を達成することによって「得られるもの」を，その下に書き込む。これも前の長期目標の図にメモしてあるものを書き込む。短期目標の整理の結果（図7.3.7）を見ながら，短期目標として上位になったものを，とりあえず3つ選ぶ。そして，それらの目標を分類する言葉として適当な言葉を探して，それらを「短期目標」のところに書き込む。

次は，短期目標ごとの具体的な計画を立てる。「到達内容」の一番上には，自分の現在の状態を考えて，必ずできる目標（現在の状態で結構）を書き込む。そして，何行かあけて最終的にやり遂げたい短期目標の到達内容を書き込んでいく。

この時，できるだけ具体的に，そして，今できていることよりも少しだけ難しい目標にすること。かといって非現実的ではなく，頑張れば手が届く範囲のもの，さらにその達成具合を回数などで評価できるものが望ましい。

悪い例は，「サービスのコントロールをよくする」といった目標である。これでは，達成できたかどうかの判断がつかない。「サービスをセンターとクロスに交互に3本ずつ連続して入れる」といった具体的な目標にすれば，誰にでも達成できたかどうかを判断してもらえるだろう。

そして，最終的な到達内容までを何段階かに分けて書き込んでいく。細かく何段階かに分けた方がよいのだが，あまり簡単にできすぎるものだと面白くなくなり，長続きしない。また，「うまくやる」というような目標だと，それを自分自身で評価することができない。したがって，「何回やる」「何分やる」といった具体的な目標を立てるのが上手なやり方である。

それぞれの到達内容のところの「開始日」「終了予定日」の欄に日付を書き込み，具体的な行動

計画を立ててみよう。「終了日」の欄は実際にその目標が達成できた日を書き入れ，記録できるようにする。「備考欄」は計画の実行に従い，予定通りにできなかった理由などを書き留めておくのに利用する。

### (4) リラクセーショントレーニング

　緊張状態が高すぎる場合には，リラックス（弛緩）をして，最適な緊張水準にすることが必要である。心が緊張すると身体の方も緊張する。つまり，動きがぎこちなくなり，滑らかな動きができなくなってしまう。そこで，過度の緊張状態からリラックスするには，身体の緊張を解くことによって，心をリラックスさせよう，心だけをリラックスさせようと思うと，かえってあせったり，不安になったりして，より緊張が高まってしまう。

　ここでは，コートでもできる呼吸法を紹介する。きちんと練習しておかないと，試合場面で実際に緊張した状態では使えない。

#### ①呼吸リズム

　呼吸リズムを覚える（図7.3.9）。まず最初は，部屋で横になって呼吸のリズムを覚えよう。

　ア．軽く目を閉じて，両手をおなかの上に乗せて，鼻からゆっくり大きく吸う。おなかが膨れてくるのを感じながら，どんどん吸っていく。

　イ．吸いきったところで止めて5から10数える。

　ウ．それから今度は口からゆっくりと吐く。「ふ〜」と小さく声を出しながら，細く長く吐くのを意識する。おなかがへこむのを感じながら，長く吐いていく。

　エ．全部吐ききったら吸い始める。できるだけゆっくり，吸うのも吐くのも長く，そして吸いきったところで一度息を止めるようにする。

　オ．1分間に2回ぐらいのゆっくりした呼吸を身につける。これで，身体の方の緊張は解け，心も落ち着いてくるはずである。

#### ②呼吸リズムと手の動き

　この呼吸法を身につけたら，手の動きと呼吸の

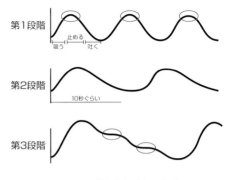

**図7.3.9　効果的な呼吸のリズム**

リズムを合わせてみよう。

　ア．まず椅子に座って，手のひらを上向きにして膝の上に乗せる。

　イ．吸う時には手のひらを握り，吐く時に手のひらを開く。呼吸と手のひらの開閉動作を合わせる。

　ウ．最初は呼吸に手のひらの開閉を合わせるのだが，慣れてきたら，手のひらの開閉に呼吸を合わせてみてほしい。ゆっくりと手のひらを握り，そこで握りしめて止まり，今度はゆっくりと開いていく。

　エ．この手のひらの開閉動作と呼吸のタイミングが合うようになってきたら，実際にコートで試してみてほしい。

　オ．練習の中で順番待ちをしている時，練習の試合形式に入る前に手のひらの開閉動作に合わせて呼吸を整え，心を落ち着け，コートに入るようにする。軽く目を閉じて，次のプレーをイメージしながらこの呼吸法をやってみるといいだろう。

　緊張した状態では，呼吸が速く，浅くなっている。しかし，呼吸そのものに気づくのは難しいので，深呼吸をしようとしても浅くなってしまう。普段から手のひらの開閉と呼吸が結びつくようにトレーニングしておいて，身体の動きを使って呼吸をコントロールし，結果として心をリラックスさせようというものである。

## (5) イメージトレーニング

イメージトレーニングはいろいろな意味で使われるが，大きく分けると技術獲得のためのものと実力発揮のためのものに分けられる。

技術獲得では，トッププレーヤーのフォームをイメージしたり，自分のフォームをイメージすることで，より高い技術を身につけることが目的となる。その時に大切なことは自分がやっているイメージを描くことであって，ビデオに映った他人や自分の映像のイメージではない。自分がやっているイメージを描くことで，実際に身体は動かなくとも，筋肉を動かそうとする脳からの指令がトレーニング効果を高める。また，実際に動くのと同じ速さのイメージを描くことも大切である。そこで，最初はコート上でプレーの合間にイメージを描くようにすると，鮮やかで，力量感のあるイメージを描くことができるだろう。

実力発揮のために試合前に作戦をイメージしたり，次のプレーをイメージすることをメンタルリハーサルと呼ぶ。その名の通り，心理的にリハーサル（予行演習）をするものである。大会会場の下見を行って，コートや建物の配置，トイレの位置なども頭に入れ，試合当日の行動をリハーサルすることも大切である。初めての場所などでは誰もが不安になるものである。強い選手は経験豊かなので，その不安感は小さいだろうが，経験の少ない選手もこのメンタルリハーサルで，経験の少なさを少しでもカバーしたい。といっても，まったく経験のないものをイメージすることはできない。そのため，下見など実際の経験が重要となる。

## (6) 集中力トレーニング

集中力が高いというのは，観客席に誰が来ているとか，この試合に勝ったら次の相手は誰かといった，今の試合に関係ない情報は無視し，試合に必要な情報だけに注意を向けている状態だと思われる。この注意の幅は，緊張状態が上昇するに

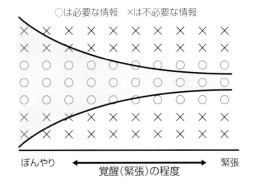

図 7.3.10　緊張状態による注意の幅
（グレーの部分）の変化

従い，狭くなってくると考えられている。つまり図7.3.10 のように，緊張状態が低いぼんやりとした状態では注意の幅は広く，不必要な情報までも集めてしまう。次第に緊張状態が高まっていくと不必要な情報には目が向かず，必要な情報にだけ目が向く最適な状態を迎える。しかし，さらに緊張状態が高まると，必要な情報さえすべてとらえることができなくなるほど，注意の幅が狭くなると考えられている。それが，成績が低下する原因だと思われる。また，注意の幅は適切でもその方向が適切でない場合もある。いつも観客やベンチばかりに注意を向けていたのでは，決してよいプレーはできないだろう。

したがって，この注意の幅と方向をうまくコントロールすることが大切である。つまり，注意の切り替えが大切だということである。スムーズに広い注意から狭い注意へ，また逆に狭くなったところから広い範囲への注意の切り替え，「キョロキョロ，ジー」，あるいは「ジー，キョロキョロ」といったことを意識的に行ってみる。試合会場，あるいは試合コートに入った時に，観客席全体を眺め，帽子をかぶった人の数だけ数え，そのあとボールを見つめるといった感じだろう。普段から，カメラのズームインとズームアウトのような，注意の切り替えの練習をしておこう。

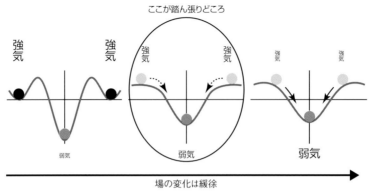

図7.3.11 強気と弱気の切り替わり

### (7) 心理的コンディショニング

図7.3.11は，強気から弱気への切り替わりを模式的に表したものである。常に自分の中には強気と弱気の部分がある。しかしながら，試合の最初の方は強気であったのが，試合が進んでいく中で，少しずつ弱気の虫が出てくることがある。そして，ある時突然，弱気が前面に出てきてしまう。強気と弱気は表裏一体で，どちらかしか表に出てこない。だから，突然強気から弱気に切り替わるように思えるのである。しかし，場の雰囲気は徐々に変わっており，その兆候がどこかにあるはずである。それを自分で知っておけば，一気に弱気になる前に手の打ちようがある。普通，強気の時には攻める気持ちの方が強かったり，やるべきことがはっきりしている場合が多い。他方，弱気の時には守る気持ちが強くなり，やるべきことがはっきりしない場合が多いようである。

調子が悪い時や，流れが相手に傾いたような時には不安になり，「もうダメだ，どうしよう」などと，いわゆる弱気になる。そうした時に，その状況をどのように考えるか，どのようにとらえ直すかということが大切になってくる。追い込まれた時に「もうダメだ！」と考えるのか，「よし！　まだまだ，これからだ」と考えるのかということである。後者の考え方をポジティブシンキング（肯定的思考）と呼ぶ。自分が弱気になった時にはどう感じるかはわかると思う。だから，弱気の兆候，弱気の虫が出てきたらどう考えるかを，普段から考えておきたい。それを，キーワードとして覚えておくといいだろう。

## 3. ソフトテニス選手の試合における心理的トラブルとその対処法

### (1) ソフトテニス競技における心理的トラブル診断

競技選手は技術レベルや大会の大きさのいかんに関わらず，試合中には何らかの心理的問題を抱えながらプレーしている。トップ選手でも，初級，中級の選手でも，個人戦でも団体戦でもである。

以前，中学，高校のソフトテニスプレーヤーがどんな心理的トラブルを引き起こし，さまざまなトラブルをどのように対処しているかについての調査を実施したことがある。その結果，68項目13因子の心理的トラブル因子が抽出された。またその対処法に関しては54項目5カテゴリー14因子に整理された（表7.3.2）。

この調査結果の実態を踏まえながら，現場で利用できるものにするために，より簡易な心理的トラブル尺度を作成し，自分自身に何が問題かを評価できるものを作成した。その尺度は6因子30

**表 7.3.2 ソフトテニス競技における心理的トラブル対応策**

| 状　況 | 対応策 | 具体的な対処法 |
|---|---|---|
| 日常生活 | ①セルフコントロール | 常に前向き思考,イメージトレーニング<br>感情コントロール,競技に関連させて行動 |
| 練習中 | ②意識の持ち方 | 何のための練習かを意識,練習で完全燃焼<br>練習をまさに試合と思う,連続ノーミス練習 |
| | ③状況想定練習 | 集中を妨げる条件での練習,状況判断の特別練習<br>ハンディキャップ練習,対戦相手を想定した練習 |
| 試合前 | ④精神的リラクセーション | 静かな場所で横になる,新聞・漫画本を読む<br>静かな・にぎやかな音楽を聴く |
| | ⑤精神集中 | 自己暗示で自信を持つ,顔や体をたたいて気合い<br>目を閉じて瞑想にふける |
| | ⑥陽気な振る舞い | 仲間とできるだけ話す,陽気そうに振る舞う |
| | ⑦対戦相手の情報収集 | 対戦相手の特徴を知る,嫌な相手の負けを念じる |
| 試合中 | ⑧開き直り,気持ちの切り替え | 最後まで負けない気持ち,ミスに対する気持ちの転換<br>開き直りのプレー,ベストを尽くして天命を待つ<br>常に冷静さを装う,結果はあとからついてくる<br>苦しい時ほどチャレンジ精神 |
| | ⑨自己暗示 | お守りを身につける,自分に言い聞かせる言葉<br>落ち着くための儀式,ラケットに言葉を書き込む |
| | ⑩気合いと威圧感 | 大きな声で自分を励ます,声や目で相手をのむ |
| | ⑪視線や呼吸のコントロール | じっと1点を見つめる,呼吸に注意を集中する |
| | ⑫気分転換 | 大きく深呼吸する,空を見上げる |
| | ⑬自信のある態度・振る舞い | 堂々と振る舞う,相手に自信があるように見せる |
| ペアワーク | ⑭ペアのコンビネーション | 寄り添って励ます,自分たちのプレーを言い聞かす<br>注意点を確認し合う,作戦を立てて臨む |

項目からなり，それぞれ5段階で自分自身を評価するものである。その心理的トラブル尺度調査票とその基準表ならびに診断プロフィールを示しておく（図7.3.12）。

前項の自己分析のところで一般的な心理的競技能力検査（DIPCA）を紹介しているが，一方，この調査票はソフトテニス選手を対象として標準化された心理的トラブル尺度により評価するものである。自己分析の一方法として，トラブルの程度を診断できるものであり，ぜひ実施されて何が問題かを把握してみてほしい。

心理的トラブルの内容については，以下の6つの因子で評価される。

**①プレッシャーに対する弱さ**

負けたらみんなに申し訳ないと思うと思い切ったプレーができないとか，周囲の期待が大きいほどプレッシャーを感じるとか，プレッシャーでその場を逃げたくなるとか，試合の前，失敗したら負けたらどうしようなどと考えてしまう傾向性を測る因子。

**②集中力のなさ**

大事なポイントやチャンスボールでのなんでもないミスやそのミスが連続したりする傾向性，特に大事な局面，例えばマッチポイントを取った時，なかなかそのポイントが取れないとか，逆にマッチポイントを取られた時，あっさりポイントされてしまうといった，ここ一番で集中していいプレーができるかどうかの傾向性を測る因子。

**③平常心の乱れ**

不安や緊張で連続的なミスが続いたり，ちょっとしたミスや出来事で，クヨクヨした表情や態度

201

## 試合中の心理的トラブル診断テスト（質問項目）

次の質問項目は，試合中に起こる心理的な問題について調べようとするものです。
このような問題が起こると，プレーに大きく影響を及ぼします。
誰しも程度の差はあれ経験されていることと思いますが，あなたの場合はいかがでしょうか。
以下の項目に対して「いつもあてはまる」から「まったくあてはまらない」までの5段階で，
回答用紙のあてはまる数字に○印をつけてください。

Q1　あがって何が何だかわからなくなる
Q2　対戦相手や競争相手が強いと，最初からやる気がなくなってしまう
Q3　リードしたり有利な展開になると，ホッと気を抜くことが多い
Q4　対戦相手や競争相手が弱い，あるいは勝てそうだと思うと油断する
Q5　大事な時に，なんでもない簡単なミスをする
Q6　連続してよくミスをする
Q7　勝利がみえてくると，勝ち急いで自滅することが多い
Q8　大事な時に，絶対決めてやろうと力んでしまう
Q9　調子がよくない時，神経質になって考えすぎる
Q10　周囲の期待が大きいほど，プレッシャーを感じて力が出せない
Q11　周囲の評価を気にしすぎる
Q12　絶好のチャンスが来た時，ミスしてしまうことが多い
Q13　負けたらみんなに済まないと思うと，思い切ったプレーができない
Q14　ミスが多くなると自分に腹が立ち，自分がイヤになってしまう
Q15　大事な時に，相手にあっさりやられることが多い
Q16　ここぞという時の大事なプレーがなかなかうまくいかない
Q17　苦しい状況になると，どうでもいい気持ちになる
Q18　思うようにできないと，イライラしてやけを起こす
Q19　相手のヤジやマナーに感情的になることが多い
Q20　大事な時に，以前のミスが頭に浮かぶ
Q21　試合直前は「失敗しはしないだろうか」とばかり考えてしまう
Q22　不安が表情や態度にすぐ表れてしまう
Q23　ほんのちょっとしたミスでも，くよくよしてしまう
Q24　大事な時ほど，迷いが生じて決断が遅れてしまう
Q25　ミスが続くとすぐに表情に表われ，相手にのまれてしまう
Q26　組み合わせや対戦相手のプレーを見て，動揺が大きくなることが多い
Q27　試合では，いつもプレッシャーでその場を逃げ出したくなることがある
Q28　不利な状況になると，すぐ頭はパニック状態になる
Q29　ちょっとしたことでペースが乱れることが多い
Q30　自分は生まれつき緊張しやすいタイプである

名前

| 質問番号 | 回答欄 あてはまる数字を○で囲んでください | | | | | 1 | 2 | 3 | 4 | 5 | 6 |
|---|---|---|---|---|---|---|---|---|---|---|---|
| | まったくあてはまらない | あまりあてはまらない | ときどきあてはまる | しばしばあてはまる | いつもあてはまる | プレッシャーに対する弱さ | 集中力のなさ | 平常心の乱れ | 感情抑制力のなさ | やる気の低下（あきらめ） | 不注意（油断・あせり） |
| Q1 | 1 | 2 | 3 | 4 | 5 | | ↓ | ↓ | ↓ | ↓ | ↓ |
| Q2 | 1 | 2 | 3 | 4 | 5 | ↓ | ↓ | ↓ | ↓ | | ↓ |
| Q3 | 1 | 2 | 3 | 4 | 5 | ↓ | ↓ | ↓ | ↓ | ↓ | |
| Q4 | 1 | 2 | 3 | 4 | 5 | ↓ | ↓ | ↓ | ↓ | ↓ | |
| Q5 | 1 | 2 | 3 | 4 | 5 | ↓ | | ↓ | ↓ | ↓ | ↓ |
| Q6 | 1 | 2 | 3 | 4 | 5 | ↓ | | ↓ | ↓ | ↓ | ↓ |
| Q7 | 1 | 2 | 3 | 4 | 5 | ↓ | ↓ | ↓ | ↓ | ↓ | |
| Q8 | 1 | 2 | 3 | 4 | 5 | ↓ | | ↓ | ↓ | ↓ | ↓ |
| Q9 | 1 | 2 | 3 | 4 | 5 | ↓ | ↓ | ↓ | | ↓ | ↓ |
| Q10 | 1 | 2 | 3 | 4 | 5 | | ↓ | ↓ | ↓ | ↓ | ↓ |
| Q11 | 1 | 2 | 3 | 4 | 5 | ↓ | ↓ | ↓ | | ↓ | ↓ |
| Q12 | 1 | 2 | 3 | 4 | 5 | ↓ | | ↓ | ↓ | ↓ | ↓ |
| Q13 | 1 | 2 | 3 | 4 | 5 | | ↓ | ↓ | ↓ | ↓ | ↓ |
| Q14 | 1 | 2 | 3 | 4 | 5 | ↓ | ↓ | ↓ | | ↓ | ↓ |
| Q15 | 1 | 2 | 3 | 4 | 5 | ↓ | | ↓ | ↓ | ↓ | ↓ |
| Q16 | 1 | 2 | 3 | 4 | 5 | ↓ | | ↓ | ↓ | ↓ | ↓ |
| Q17 | 1 | 2 | 3 | 4 | 5 | ↓ | ↓ | ↓ | ↓ | | ↓ |
| Q18 | 1 | 2 | 3 | 4 | 5 | ↓ | ↓ | ↓ | | ↓ | ↓ |
| Q19 | 1 | 2 | 3 | 4 | 5 | ↓ | ↓ | ↓ | | ↓ | ↓ |
| Q20 | 1 | 2 | 3 | 4 | 5 | | ↓ | ↓ | ↓ | ↓ | ↓ |
| Q21 | 1 | 2 | 3 | 4 | 5 | | ↓ | ↓ | ↓ | ↓ | ↓ |
| Q22 | 1 | 2 | 3 | 4 | 5 | ↓ | ↓ | | ↓ | ↓ | ↓ |
| Q23 | 1 | 2 | 3 | 4 | 5 | ↓ | ↓ | | ↓ | ↓ | ↓ |
| Q24 | 1 | 2 | 3 | 4 | 5 | | ↓ | ↓ | ↓ | ↓ | ↓ |
| Q25 | 1 | 2 | 3 | 4 | 5 | ↓ | ↓ | | ↓ | ↓ | ↓ |
| Q26 | 1 | 2 | 3 | 4 | 5 | ↓ | ↓ | ↓ | ↓ | | ↓ |
| Q27 | 1 | 2 | 3 | 4 | 5 | | ↓ | ↓ | ↓ | ↓ | ↓ |
| Q28 | 1 | 2 | 3 | 4 | 5 | ↓ | ↓ | | ↓ | ↓ | ↓ |
| Q29 | 1 | 2 | 3 | 4 | 5 | ↓ | ↓ | | ↓ | ↓ | ↓ |
| Q30 | 1 | 2 | 3 | 4 | 5 | | ↓ | ↓ | ↓ | ↓ | ↓ |
| 合計点 | | | | | | | | | | | |

### 心理的トラブル診断基準表

| | 1 | 2 | 3 | 4 | 5 |
|---|---|---|---|---|---|
| 1　プレッシャーに対する弱さ | 3～16 | 17～22 | 23～28 | 29～33 | 34～40 |
| 2　集中力のなさ | 6～9 | 10～13 | 14～17 | 18～20 | 21～30 |
| 3　平常心の乱れ | 5～9 | 10～13 | 14～17 | 18～21 | 22～25 |
| 4　感情抑制能力のなさ | 5～10 | 11～13 | 14～16 | 17～20 | 21～25 |
| 5　やる気の低下（あきらめ） | 3～5 | 6～7 | 8～10 | 11～12 | 13～15 |
| 6　不注意（油断・あせり） | 3～6 | 7～9 | 10～11 | 12～13 | 14～15 |

名前

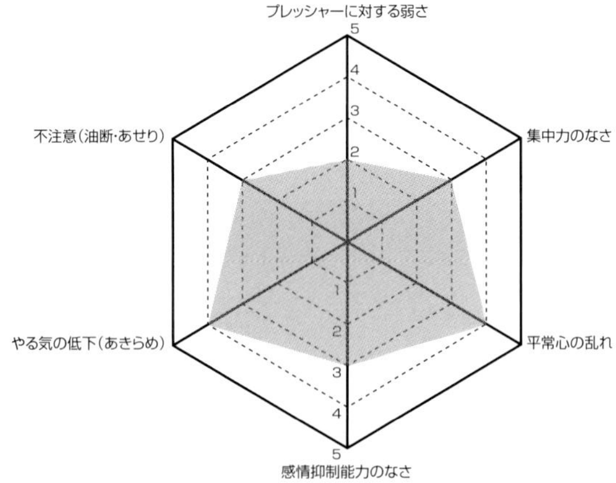


得点が高いほど心理的トラブルが多いことを示す。

図 7.3.12　心理的トラブル尺度調査票

が外に表れたり，自分たちのペースを乱したり，相手に弱みを見せてのまれてしまったりする傾向性を測る因子。

#### ④感情抑制能力のなさ

ミスが続くと自分に腹が立ち，自己嫌悪に陥ったり，思うようにプレーができないとイライラ感でやけを起こしたり，相手の野次や応援マナーに感情的になったりする傾向性を測る因子。

#### ⑤やる気の低下（あきらめ）

対戦表の組み合わせを見て動揺したり，対戦相手のプレーを間近に見ておじけづいたり，強い相手だと最初からどうせ勝てないとあきらめたり，苦しい状況になった時にどうでもいい気持ちになったりする傾向性を測る因子。

#### ⑥不注意（油断・あせり）

対戦相手が弱かったり，リードしていて勝てると思ってほっと息を抜いて油断したり，勝てると思って勝ち急いで自滅したりしていく傾向性を測る因子。

### (2) ゲームでの心理的トラブル対処法

試合というのは，日頃の練習とは異なる緊張下で行われるゆえ，その緊張や不安をどうコントロールするか，また心理的トラブルに対してどのように対応し，かつ試合の中で方向性を見出し，どのように解決するかが課題となる。

その対処法に関しては，以前の調査結果からは表7.3.2のような5つの状況ごとに14の因子が挙げられた。そこには日常生活，練習中，試合前，試合中，ペアワークのカテゴリーで分類されている。基本的に対症療法的な方法によって対処することも必要であるし，長期的な計画の元に行われるメンタルトレーニングの心理的技法の習得に期待することができる。特効薬的な処方として一時的，あるいはその場限りにしか適用できないものもあるが，メンタルトレーニングにおける心理的スキルを利用した方法がかなり含まれているのも事実である。

表7.3.2のような心理的トラブル対応策が参考になるが，ここでは6つの側面のそれぞれの心理的トラブルに対してどのように対処すべきかについて，心や気持ちを変えることによって解決しようとする方法と，行動を変えることによって解決しようとする方法を示した。

前者の場合は，心理的トラブル状況でどのような心理状態になり，どのように行動しているかに気づくように，自分自身に言い聞かせる言葉や暗示をかける言葉などが用意されている。

後者の場合は，積極的に行動することによって対処しようとするもので心理学的な手法が導入されている。

まずは，30項目の心理的トラブル尺度調査票に回答することによって，5段階基準表で診断し，プロフィールで示すことによって何が問題なのかを明らかにし，ここで示されている対処法を試みる，あるいは自分で工夫して対処法を考えて実行することによって問題解決に努めることが可能となる。

〈ゲーム中の心理的トラブル対処法一覧〉

ここでは，それぞれ6つの心理的トラブルに対する対処法をあくまで参考例として示す（表7.3.3）。心理的トラブル診断をしたうえで，その対処法を自分なりに考えて実行されることを期待する。

**表 7.3.3　6つの心理的トラブルに対する対処法（参考例）**

①プレッシャーに対する弱さ

| 状況 | ☆重要な大会 |
|---|---|
| | ☆周囲の期待が大きすぎる状況 |

**対処法**
〈心や気持ちの持ち方による解決策〉
　　　　　　　　☆「人間である以上誰しも不安やプレッシャーは感じるもの！」
　　　　　　　　☆「勝負をかけているのだからプレッシャーを感じるのが当たり前と開き直る！」
　　　　　　　　☆「結果はあとからついてくるもの，ベストを尽くして天命を待つ！」
　　　　　　　　☆「周囲の評価を気にするな！」

〈行動レベルでの解決策〉

| 練習での対策 | ☆プレッシャーを感じて実力を発揮できない状況をイメージしてその対策を日頃からトレーニングしておく |
|---|---|
| | ☆モデルトレーニング（優秀選手の練習態度や取り組みを参考）でプレッシャーを克服する |
| | ☆自己分析によってプレッシャーの正体が何かをはっきりさせ，日頃から不安を軽減する対策を講じる |
| 試合前の対策 | ☆時間，用具，ユニフォーム，コート等を確認し，万全の準備をする |
| | ☆前日の睡眠，当日朝の食事，十分なウォーミングアップを余裕をもって行う |
| | ☆試合場で音楽を聴いたり，本を読んだり，試合前にはリラックス技法やイメージ技法を利用する |
| 試合中の対策 | ☆雑念や余計な考えが浮かんだら，「ストップ！」と声かけし，自分の呼吸に注意を向ける |
| | ☆ポイントとポイントの間で，視線をガットやボールなど身近なものに置く |
| | ☆どんな状況でも自信のあふれた表情，雰囲気，態度で臨む |

②集中力のなさ

| 状況 | ☆ファイナルゲームで競り合っている時 |
|---|---|
| | ☆マッチポイントを取った時，取られた時 |
| | ☆山場を迎えた時 |

**対処法**
〈心や気持ちの持ち方による解決策〉
　　　　　　　　☆「今，この一瞬に集中！」
　　　　　　　　☆「邪念を捨てて，無心になれ！」
　　　　　　　　☆「チャンスは一度，ものにしよう！」

〈行動レベルでの解決策〉

| 練習での対策 | ☆大事な場面でなんでもないミスをしてしまう原因を明らかにし，集中できる対策を日頃から工夫する |
|---|---|
| | ☆マッチポイントの状況を想定し，ミスを犯したらペナルティーを課す練習を取り入れる |
| | ☆集中を妨げる要因（ヤジや声援など）を練習の中に取り入れて，集中を高めるトレーニング |
| | ☆連続10本，20本そして30本と，ノーミス練習を繰り返す |
| 試合前の対策 | ☆試合前の雰囲気にのまれないように注意のコントロールのしかたを身につける |
| | ☆大事な場面で集中してプレーし成功している姿をイメージに描く |
| | ☆自信を持ってプレーしているイメージを瞬時に描けるようにする |
| | ☆日頃から言い聞かせるキーワードで自己暗示をかける |
| 試合中の対策 | ☆ここという大事な場面で落ち着いて集中するために深呼吸や儀式的な行為をする |
| | ☆ポイントとポイントの間に視線の置き方を工夫し，次にどのようなプレーをするかを瞬時に決断する |
| | ☆集中が途切れたら，ガットやボールなど，何か1点を見つめる |

③平常心の乱れ

| 状況 | ☆不安が表情や態度に出やすい状況 |
|---|---|
| | ☆パニック状態になりやすい状況 |
| | ☆神経質に考えすぎる状況 |

**対処法**
**〈心や気持ちの持ち方による解決策〉**
　　　　　　　　　☆「不安やプレッシャーはプラスのもの！」
　　　　　　　　　☆「冷静に燃えよ！」
　　　　　　　　　☆「自分以上でもなければ自分以下でもない！」

**〈行動レベルでの解決策〉**

| 練習での対策 | ☆大事な場面でなんでもないミスをして動揺している状況をイメージし，日頃から平常心を維持して戦える準備を万端にする |
|---|---|
| | ☆モデルトレーニングで常に平常心を保つ訓練をする |
| | ☆ちょっとしたことで慌てない表情や態度を装う雰囲気づくりを心がける |
| 試合前の対策 | ☆自己暗示をかけて常に平常心を保ち，自信を持って臨む準備をする |
| | ☆不安や緊張を感じたら深呼吸で気持ちを落ち着かせ，平常心を貫く |
| | ☆あくまで普段通り，自然体で気持ちのコントロールをしながら平常心を保つ |
| 試合中の対策 | ☆相手に不安やプレッシャーを見せないように振る舞い，落ち着いた雰囲気を示す |
| | ☆ミスや失敗をした時，楽観的な表情やポジティブな態度を心がける |
| | ☆気持ちの変化をプレーに表さないよう，常に冷静な態度を心がける |

④感情抑制能力のなさ

| 状況 | ☆ミスやよくないプレーが続いてしまう状況 |
|---|---|
| | ☆思うようにプレーを展開させてもらえない状況 |
| | ☆相手の応援やマナーがよくない状況 |

**対処法**
**〈心や気持ちの持ち方による解決策〉**
　　　　　　　　　☆「自分1人でプレーしているのではない！」
　　　　　　　　　☆「あくまでパートナーを信頼する！」
　　　　　　　　　☆「自分のテニスを見失わず，得意なパターンでプレー！」

**〈行動レベルでの解決策〉**

| 練習での対策 | ☆ミスが続き，自己嫌悪に陥ったイライラした状況を想定し，感情をコントロールして冷静に対応する能力を日頃からトレーニングしておく |
|---|---|
| | ☆自分やパートナーがどうすることもできない時の戦い方と気持ちのコントロールを練習しておく |
| | ☆嫌なことが起こっても「我慢」することを習慣づけておく |
| 試合前の対策 | ☆練習で身につけた感情コントロールの方策を瞬時に実行する |
| | ☆目を閉じてメディテーションを行う |
| | ☆落ち着くために自分の好きな音楽を聴いたりする |
| 試合中の対策 | ☆気持ちの高ぶりを抑える |
| | ☆深呼吸あるいは呼吸に注意を集中する |
| | ☆肩の力を抜く |

205

⑤やる気の低下（あきらめ）

| 状況 | ☆名前のある選手，実力が数段上の選手と対戦する状況 |
|---|---|
| | ☆一方的に相手にリードされた状況 |
| | ☆思いもよらず調子がよくない状況 |

対処法
〈心や気持ちの持ち方による解決策〉

☆「勝負は最後の最後までわからないもの！」

☆「最後の１本を取られるまでは負けない！」

☆「負けてもともと，チャレンジ精神で体当たり！」

〈行動レベルでの解決策〉

| 練習での対策 | ☆苦痛や困難を克服する練習を行い，チャレンジ精神や自信をつける |
|---|---|
| | ☆強い選手に対してチャレンジ精神を持って戦う闘志を身につける |
| | ☆最後の１本まであきらめない粘り強さを練習で身につけておく |
| 試合前の対策 | ☆相手の実力を客観的に判断し，「名前負け」だけはしないように言い聞かせる |
| | ☆「苦手意識」をはねのけるだけの闘志をみなぎらせる |
| | ☆「あたってくだけろ！」と奇襲戦法で臨む |
| 試合中の対策 | ☆「１本でも多くポイントしよう」というチャレンジ精神で思いきったプレーを心がける |
| | ☆ポイント間の間を十分取って，決めた戦法を迷わずにやりきる |
| | ☆最後の１本を取られるまでは負けない気持ちで向かっていく |

⑥不注意（油断・あせり）

| 状況 | ☆明らかに実力の低い相手と戦う状況 |
|---|---|
| | ☆一方的にリードして勝てると思う状況 |
| | ☆リードしていて勝ちをあせりすぎる状況 |

対処法
〈心や気持ちの持ち方による解決策〉

☆「油断大敵！　あせりは禁物！」

☆「どんな相手でもあなどるな！」

☆「どんな相手でも100％の力で戦え！」

〈行動レベルでの解決策〉

| 練習での対策 | ☆練習でも自分より下の選手と戦う時，決して気を抜いたり遊んだりしない |
|---|---|
| | ☆大逆転の苦い経験を，心してその対策を考えた練習を工夫する |
| | ☆弱い相手に対してゲームカウント０－３という追いつめられた状況を想定した練習 |
| 試合前の対策 | ☆相手の捨て身の攻撃に備えた対策を講じる |
| | ☆ウォーミングアップもできるだけサイキアップするように準備する |
| 試合中の対策 | ☆あくまで自分たちのペースでゲームを進める |
| | ☆相手の戦術変更を見抜いて，徹底してたたきのめす |
| | ☆エネルギーがみなぎるようにプレーに集中する |

# 4. 競技力とともに
   ライフスキルの獲得

## (1) アスリートに求められる
    ライフスキル

### ①ライフスキルとは

　心理的競技能力が，心技体の「心」の部分に位置づくアスリートにとって重要な能力であると同様に，本項で紹介をする「ライフスキル（Life Skills）」という概念も，この「心」の部分に位置づけられる能力である．

　ライフスキルとは，「日常生活で生じるさまざまな問題や要求に対して，建設的かつ効果的に対処するために必要な能力」などと定義される心理社会的能力のことであり，スポーツ経験をはじめとした日々の生活における多様な経験を通じて獲得することができる。ライフスキルという用語の「スキル」の表記では，そのような学習可能な能力であることが強調されている。また，国内では，21世紀における教員の基本目標である「生きる力」に極めて類似した概念として位置づけられており，私たち一人ひとりが現在置かれている環境の中で，主体的かつ力強く生きていくことを促す能力として理解されている。実践面では，学校保健の領域や体育・スポーツ心理学領域などにおいて，このライフスキルの獲得を目指したライフスキルプログラムが開発され，学校教育やスポーツ指導の現場で実践されている。

### ②アスリートに求められるライフスキルとは

　ライフスキル自体は多様な側面から構成される広義な概念であり，ライフスキル教育を推進するWHOは，同スキルを「問題解決」や「批判的思考」「共感性」「情動への対処」などの10の側面からとらえている。また，島本ほかは，アスリートに求められるライフスキルとして表7.3.4に示す10の側面を提示している。これらは「日本一」などの一流の成果を上げたスポーツ指導者たち（10名）

に対してアスリートが優先的に獲得すべきライフスキルについて自由記述調査を行い，収集された170以上もの記述を精選，整理することによって導き出されたものであり，表7.3.4の内容は，学生アスリートを対象とした複数のアンケート調査を通じて最終的に尺度化されたものである。また，ライフスキルというと技能的な側面が強調されるかもしれないが，アスリートに求められるライフスキルでは，「最善の努力」や「責任ある行動」「感謝する心」や「謙虚な心」というように，「問題や課題に真摯に向き合う姿勢」や「人として成長するための姿勢」が強調されているのが特徴的である。

### ③なぜ，アスリートにライフスキルが求められるのか

　「アスリートを対象としたライフスキル教育」という考え方が提唱されたきっかけは，暴力事件や強盗事件などの一部のアスリートによる問題行動の発生を予防するためであり，この背景自体は，現在，アスリートへ向けたライフスキル教育が活発に展開されているアメリカの場合と同じである。また，2021年に東京オリンピックが開催され，社会におけるスポーツの影響が大きくなることが予測される中，アスリートの問題行動によって社会におけるスポーツの価値を低下させないためにも，今後，アスリートにおけるライフスキルの獲得を支援していくことは重要な検討課題になってくると考えられる。

　表7.3.4に示すライフスキルを獲得していくことは，問題行動の予防にとどまらず，アスリートの「人としての成長」を促すことにつながると考えられる。また，一流のスポーツ指導者たちが共通して抱いている，「アスリートとして成長するためには，人として成長しなければならない」という信念に基づけば，ライフスキルの獲得は優秀な競技成績の達成などという「アスリートとしての成長」にも結びついていくことが期待される。事実，複数の先行研究からは，「目標設定」や「考

える力」「最善の努力」「責任ある行動」というライフスキルを高いレベルで獲得しているアスリートは、その後の競技大会において上位の競技成績を達成する可能性があることが示されている。したがって、一見、競技とは関係性が薄いように思われるライフスキルの獲得は、アスリートたちが日々追い求めている「うまくなる」こととまったく無縁ではないと考えられるのである。

**④アスリートから社会におけるリーダーへ**

ライフスキルは個人の生涯と密接に関わる能力であり、アスリートの場合であれば現役の期間はもちろんのこと、引退後のセカンドキャリアの獲得、ならびにその後のキャリアの発達を促すことが期待される。事実、清水ほかは、ライフスキルがトップアスリートのセカンドキャリアの獲得を促す要因の1つとなる可能性を示している。スポーツを通じて私たちに勇気と元気を与えてくれるアスリートたちが、将来的に社会のリーダーとして、これからの社会に活力を与えてくれる姿を、ライフスキル教育は実現してくれるかもしれないだろう。

### 表7.3.4 アスリートに求められるライフスキル
島本好平ほか『アスリートに求められるライフスキルの評価』

| | 項　目 |
|---|---|
| ストレスマネジメント | 悩みごとは包み隠さず相談相手に打ち明けるようにしている |
| | 悩みごとは相談相手に素直に打ち明けている |
| | 悩みごとを1人で解決できない時には、誰かに相談するようにしている |
| | 悩みごとはきちんと話を聞いてくれる人に打ち明けている |
| 目標設定 | 強く意識し続けるために、目標をノートやスケジュール帳に書き込んでいる |
| | 目標は考えるだけではなく、紙に書き込むようにしている |
| | 1週間や1カ月、半年単位と、ある期間ごとに目標を立てている |
| | 目標を達成するための計画を具体的に立てている |
| 考える力 | あれこれと指示を受けなくても、次にどうすればよいか考えることができる |
| | 成功や失敗の原因を自分なりに分析してみることができる |
| | 問題や課題への解決方法を、自分自身で見出すことができる |
| | 周囲の人の考えをもとに、自分なりの答えを導き出すことができる |
| 感謝する心 | 「ありがとう」の気持ちを素直に表現することができる |
| | お礼の言葉は、はっきりと声を出して伝えている |
| | 自分のことを支えてくれている人への感謝の気持ちを、いつも胸にとどめている |
| | 家族や親しい友人であっても、感謝の気持ちはきちんと伝えている |
| コミュニケーション | チームのメンバーとは誰とでもコミュニケーションが取れている |
| | 同学年だけでなく、先輩や後輩、指導者ともうまくつき合っている |
| | チームのメンバーの前では本当の自分を表現することができている |
| | チームのメンバーとは、プライベートも含め幅広く交流するようにしている |
| 礼儀・マナー | 試合中に悪質なヤジを飛ばすようなことはしない |
| | 対戦相手や審判に失礼になるようなことはしない |
| | 反則されても仕返しするようなことはしない |
| | 感情的な挑発行動や言動は行わない |
| 最善の努力 | なかなか周囲に認められなくても、辛抱強く努力し続けることができる |
| | なかなか成果が出ない時でも、自分を信じて努力し続けることができる |
| | 単調な作業の繰り返しでも、地道に取り組むことができる |
| | 目標の達成に向けて、1歩1歩着実に努力していくことができる |
| 責任ある行動 | 同じような失敗を二度繰り返さないようにしている |
| | ここぞという場面では、持てる力を全部出しきるようにしている |
| | 失敗をした時には、すぐにその分を取り返そうと努力する |
| | 失敗から得た教訓を今後に活かしている |
| 謙虚な心 | たとえ褒められたとしても、いつまでもそのことで浮かれることはない |
| | 過去の栄光や成功にいつまでもとらわれないようにしている |
| | 調子に乗りそうな時でも、その気持ちをうまく抑えている |
| | いつも自分が絶対に正しいとは思わないようにしている |
| 体調管理 | 用もないのに夜更かしをしている(R) |
| | 同じような物ばかり食べていて、食生活が偏食気味である(R) |
| | 適度な睡眠を取り、次の日に疲れを残さないようにしている |
| | 食事は自分に必要な栄養素を考えながら摂取している |

注）　(R):逆転項目

文献

1）WHO（川畑徹朗ほか監訳）（1997）．『WHOライフスキル教育プログラム』大修館書店
2）島本好平ほか（2013）．「アスリートに求められるライフスキルの評価―大学生アスリートを対象とした尺度開発―」『スポーツ心理学研究』, 40, (1), 13-30.
3）島本好平（2012）．「ライフスキルの獲得と個人の成長と発達」石井源信ほか編『現場で活きるスポーツ心理学』杏林書院 p.74-78
4）清家輝文（2008）．「『アスリートのためのライフスキルプログラム研究会』の目指すもの．会員企画シンポジウム2：アスリートのためのライフスキルプログラム―どのように導入し，展開すればよいか―」『日本スポーツ心理学会第35回記念大会研究発表抄録集』, 27
5）清水聖志人ほか（2012）．「男子大学生レスリング競技者におけるライフスキルと競技成績との関連」『体育経営管理論集』4, 47-53.
6）島本好平ほか（2014）．「高校生ゴルフ競技者におけるライフスキルと競技成績との関連」『体育学研究』, 59, (2), 817-827.
7）清水聖志人ほか（2012）．「ライフスキルの獲得が大学生トップアスリートの就職に及ぼす影響」『日本体育学会第63回大会予稿集』, 183.

第 **8** 章

ソフトテニスの
科学理論

# §1 生理学

## 1. 運動発現システム

　図8.1.1は，運動の発現システムとそのエネルギー供給システムを示している。図に示したように，運動の原動力となるのは骨格筋の収縮である。つまり，筋肉は脳からの収縮指令によって収縮し，その時に力が発揮される。

　図中の関節の解剖図にあるように，例えば肘を曲げる時には屈筋である上腕二頭筋が収縮することによって前腕の骨格（ラケットを握っている手）が肩の方に引き寄せられ，逆に肘を伸ばす時には伸筋である上腕三頭筋が収縮し，結果として肘関節が動く。つまり，ソフトテニスなどのスポーツ活動での動作はすべて身体中に存在する各関節の動きの結果であり，その原動力となっているのが全身に分布している何百という骨格筋の収縮である。そして，これらの骨格筋の収縮は，図に示したように脳などの神経系からの収縮指令によるものであり，巧みな動作の中ではその協応性が求められる。また，この筋の収縮力が発揮された結果が筋力またパワーであり，筋力は筋の質（FT〈速筋〉線維・ST〈遅筋〉線維），筋の太さ，神経系の働きなどによって決定される。

　またソフトテニスのようなスポーツでは，単発的な筋の収縮だけで動作が終わることはなく，すべての動作で全身的な筋肉が協応し持久的に収縮力（持続的な力）を発揮する必要があり，そうした筋持久力は，筋の質だけでなくその有酸素系のエネルギー供給能によって決定され，その供給能は心臓や肺を含む全身的な呼吸循環系の酸素摂取・運搬能力に依存している。

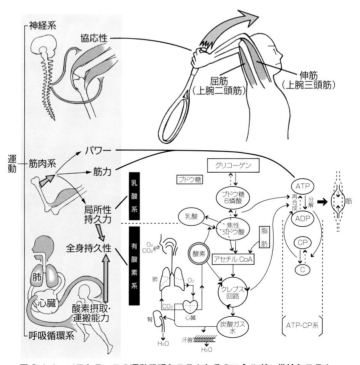

**図8.1.1　ソフトテニスの運動発現システムとそのエネルギー供給システム**

## 2．エネルギー供給システム

　図8.1.2は最大運動時の各種エネルギー供給システムを示したものである。前項で説明したように、運動の原動力は骨格筋の収縮であり、図8.1.1に示したようにその収縮の直接的なエネルギーはATPの分解によって得られる。しかし、その量はわずかで、実際の運動では分解したATPを再合成して用い、そのために各種のエネルギー供給システムが協働して運動が継続される。これらのエネルギー供給システムをかいつまんでいえば、大きく以下の3つの供給系に分けて考えることができる。

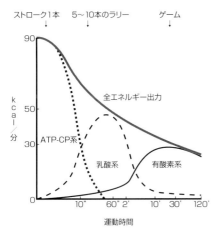

**図8.1.2　最大運動時の各種エネルギー供給システム**

### (1) ATP－CP系

・筋活動に直接的に利用される化学的エネルギーで、短時間に素早く供給される。
・30秒間で50〜70％補充され、3分間でほぼ100％補充される。
・選手のパワープレーの重要要素で、動作に酸素を必要としない。

### (2) 乳酸系

・筋肉内のグリコーゲン（炭水化物の一種）の分解によって、ATP生産に必要なエネルギーを供給する。
・15秒以上の長い活動にエネルギーを供給し、動作に酸素を必要としない。
・高い乳酸の蓄積の回復には、比較的長い時間（1時間以上）がかかる。

### (3) 有酸素系

・酸素の介在によって、ATP生産に必要なエネルギーを供給する。
・無酸素系を補充するのに用い、試合の全体時間で継続的にエネルギーを供給する。
・十分にトレーニングされた選手では、疲労の開始を遅らせ、乳酸系供給システムの使用を延ばすことができる。

### (4) ソフトテニスとエネルギー供給システム

　これらのエネルギー供給システムは、その動員に要する時間および継続時間に差がある。

　ソフトテニスは繰り返しの動作で成立するゲームである。つまり、ポイント間の20〜30秒のインターバル時間とチェンジサービス、またチェンジサイズの比較的長めの休息時間の間に、瞬時の爆発的な動作が散在する運動形態であり、前述したようにそのエネルギー需要は、原則的にはラリーの長さで決定される。

　例を挙げて説明すると、以下のようになる。
　①短いラリー（5〜10秒）では、ATP－CP系が用いられ、疲労はごくわずかである。
　②比較的長いラリー（10秒以上1，2分程度）では、乳酸系が用いられ、乳酸が発生する。
　③ポイント間のおおよそ20〜30秒のインターバルあるいはチェンジサービス、またチェンジサイズの60〜90秒程度の間に乳酸系ならびに有酸素系が用いられて、ATPの生産が行われる。
　④試合全体（約30分〜1時間）では、①〜③のシステムが継続的に用いられ、酸素摂取ならびに

その運搬能力が求められる。

⑤ソフトテニスでは，1日に数ゲームを行うことが多く，その間を通して継続的に有酸素系が用いられる。

つまり，ソフトテニスのエネルギー供給は上記の3つのエネルギー供給システムの動員の組み合わせによって得られている。

## 3. 呼吸調節と運動制御

スポーツ競技に限らず，人間の動作には意識状態や呼吸が大きく関与しているが，その一般的な関係は図8.1.3に示したようになる。つまり，人間の意識の持ち方や精神状態は，自律神経系や内

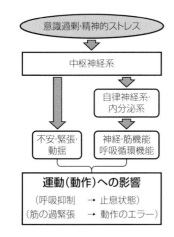

**図8.1.3 意識状態・精神的ストレスと運動制御**

分泌系を介して神経・筋機能（筋の緊張状態）や呼吸機能（呼吸相）に作用し，その動作をスムーズに行わせるか，また，エラーをもたらすかに大きく関わっており，ソフトテニスのプレーにおいても，その影響は顕著である。

我々の実験では，こうした呼吸パターンは動作の習熟やプレーに対する自信などによって動作に適したパターンを呈することが確かめられており，例えば熟練したサーバーを例に取ると，ボールのトスアップで吸気し，呼気相ないし呼気相の止息時（息を吐きながらか息を吐いて止めるような状態）でフォワードスイングからインパクトを迎える呼吸パターンが定着しており，その再現性も高い。これは，図8.1.3とは反対に，完全ではないが力発揮とともに積極的に息を吐くことが動作を容易にするとともに，次の動作への移行を容易にすることを示すものと考えられ，選手によってはその際に声を発するケースも多く見受けられる。これに対して，レシーバーの呼吸は，初心者の場合にはサーバーのトスを見た際に意識過剰が起こり，緊張して止息してしまう人が多い。しかし，これも熟練度が進むにしたがってその止息状態が短くなり，それにつれて動作も容易に行えるような呼吸の調節がなされるようになる。また，グラウンドストロークについても，はじめはラリーが長くなれば，通常呼吸が抑制されることになり，これが筋の緊張を高める結果を生み，エラーが生じてしまうことになる。よって，熟練者では，インパクト時に積極的に声を出したり，息を吐いたりすることによって自然な呼吸を促すとともに，次の動作への移行を容易にしている。

また，さらに精神的ストレスも中枢神経系を刺激し，不安・緊張さらに動揺を引き起こすと同時に自律神経系や内分泌系がそれに反応して，運動に直接的関わる諸器官に生理的な変化を引き起こし，その結果動作が乱れることになる。この時，呼吸を意識的にコントロールすると，それが自律神経系や内分泌系に働くとともに，中枢神経系の興奮性をマネジメントするきっかけとなる。そして心理的な変化や生理機能の変調をコントロールできる可能性を生み，その結果運動（動作）の乱れをある程度マネジメントすることが可能になる。こうした呼吸法を含めた一連の意識的な取り組みが，いわゆるメンタルトレーニングである。

## 4. 心拍反応

これまでに述べたように人が運動するためには，脳からの収縮指令が運動器である筋肉に伝わり，骨格が動くことが必要である。そして，その運動

を持続するためには，心臓や肺そのほかの直接運動に関わる器官が正常に機能するとともに活性化されなければならないし，さらにそれらの諸器官がうまく機能するための自律神経系や内分泌系といった，生体の調節機構も適切に働かなければならない。

つまり，ソフトテニスをはじめとした一般のスポーツ活動は人間にとって自らの生体機能全般を活性化する機会であり，逆説的には人が運動しようとした時，生体がうまく機能してくれるかどうかで，その人の身体的な予備能力（広い意味での健康度）がわかることになる。概していえば，運動が健康によいといわれるのは，運動不足気味の現代人にとってこうした生体全般の生理機能を活性化することが，心身の総合的な調節システムの正常化にプラスに作用するからである。

では，ソフトテニスではどの程度の運動をしているのであろうか？

図8.1.4は大学女子ソフトテニス選手（年齢20歳；関東大学1部に所属する選手）の1日（約22時間）の心拍数（1分間の心臓の拍動数）の変化を示している。横軸が時間，縦軸が心拍数を表している。図によれば，就寝約2時間前から心拍の計測が始められており，就寝までの時間帯の心拍は平均が約70〜80拍/分前後である。その後就寝中は約50〜60拍/分の間で6時間弱の睡眠時間となっており，その後翌朝の起床後に朝練習を約2時間行っている。練習中の心拍数は平均して約150〜160拍/分程度の運動を継続しており，練習中の休息時に最低約120拍/分まで下がり，逆に練習時の最高心拍数は187拍/分となっている。またその後（計測開始から約10時間後から22時間後の入浴前まで）は，大学内での勉学と宿舎を含む学園内での生活時のもので，100拍/分以上の強度の運動（小走り程度の運動）が数回あるものの，その平均心拍数は約70〜90拍/分であることがわかる。

ここで，心拍数について少し説明しておくと，一般に健康な成人女子の安静時心拍数は65〜75拍程度で，最高心拍数は「220−年齢」といわれており，通常はその間で日常生活を営んでいる。しかし，図8.1.4からもわかるように，対象の大学女子選手の安静心拍数は，一般の成人女子よりやや低い約60拍/分であり，就寝時には50拍/分を切ることもある。つまり，これは普段の継続的なソフトテニスの練習などによる運動刺激の結果，

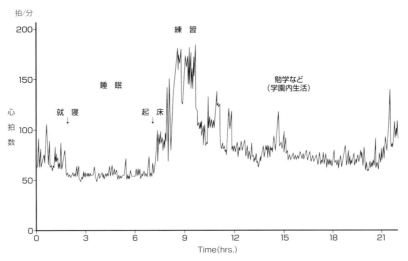

図8.1.4　大学女子ソフトテニス選手の1日における心拍数の変化

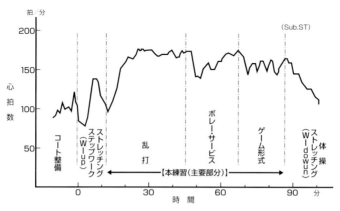

図8.1.5 ソフトテニス練習時の心拍数の変化

選手の心肺機能が発達し，特に心臓の1回拍出量（1回の心臓の収縮で心臓から送り出される血液量）が一般成人女子の量より多くなったため，就寝時や安静時の心拍数が少なくなった（これを一般にトレーニング効果という）ものと考えられる。

またここで，ソフトテニス練習時の心拍数の変化（図8.1.5）を見ながら，各フェーズ（局面）における練習内容の構成などの留意点を生理学的な視点から述べておく。

### (1) ウォーミングアップ

試合や練習（トレーニングを含む）を行う前には，必ずウォーミングアップが必要である。ウォーミングアップの主たる目的は，これから行う運動に速やかに適応しうる内部環境を整えることと，それと合わせてこれから行う主要部分への心理的準備を整えることにある。

ウォーミングアップは大きく一般的ウォーミングアップと専門的ウォーミングアップの2つで構成されている。一般的ウォーミングアップでは生理学的に身体全体の血流を促し，体温の上昇があり，身体全体の代謝が活性化すると同時に中枢神経の興奮レベルを上げ，作業能力が増すことがその目的となる。

図8.1.5の心拍数の変化にも見られるように，軽い体操や5～10分程度のスローペースのウォーキングから徐々に運動強度を上げるジョギング，さらにランニングとステップワークなどを含むプログラムによって体温（筋温）を上昇させる。そして，その間にストレッチングや四肢のリラクセーションを組み合わせて神経・筋系の疎通の促進を図るとよい。時間や強度については，環境温度や選手の状況に応じて調整される。服装は乾燥した衣服を着用し，環境温にもよるが徐々に体温が上がる程度の運動が適当で，身体が少し汗ばむくらいが目安となるため，多くの場合最低でも10～20分くらいは必要である。近年普及したストレッチングについては神経・筋の促通のほか，心身のリラックス感を高めたり，当日の筋肉の状態を確認するなど多くの効果と役割がある。ただ，静的なストレッチングだけでは血流の大幅な増加は期待できないので，ダイナミックな運動との併用で効果的に身体の活動レベルを上げることを工夫すべきである。

これに対して専門的なウォーミングアップはその後の練習やトレーニングで用いる主要な動きについての調整，準備が主な目的である。したがって，行われる運動は軽い強度のグラウンドストローク，サービス，ネットプレーなどであり，これも徐々に強度を上げていくのがよい。ソフトテニスでは練習の開始時に"乱打"と呼ばれるストロークの打ち合いを行うが，これも最初は緩いボー

ルの打ち合いから始め、徐々にスピード、テンポ等を上げていくのがよいといえる。

また、競技レベルが高くなるとおのずと求められる内容が高度化するが、そうした高度かつ複雑化された技能の習得には、それに適した身体的準備が重要である。そのためにも本練習に必要な身体的要素の準備としての効果的なウォーミングアップの工夫は必要不可欠な内容となる。また、場合によっては受動的なウォーミングアップとしてホットシャワーやマッサージ、PNF（固有受容性神経筋促通法；Proprioceptive Neuromuscular Facilitation. 1940年代にアメリカで誕生した、主にリハビリテーションなどで用いられる促通手技の1つ。現在では、リハビリテーションだけでなく、スポーツ選手での運動能力改善やウォーミングアップ、さらにクーリングダウンなどでも積極的に取り入れられている方法）ストレッチングなどの併用も考えられる。

### (2) 本練習（主要部分）

図8.1.5からもわかるように、前述したウォーミングアップの目的が達成されたところで主要部分に入る。ここでは、その日の体調や練習（トレーニング）課題に合わせて強度や内容が調整されるが、その流れとしては疲労度（特に中枢神経系に関する疲労）の少ない技術や戦略的要素の学習、完成のために計画された動作を学習し、ついでスピードと調整力の開発さらに筋力の開発と進め、最後に持久力の開発と進めるのが一般的である。

また、技術や戦術要素の完成を目指した学習の構成や準備については、まず復習練習で前回に獲得した要素や技術を固め、次いで重要な技術や技能を高め、さらに競技と同じコンディションで技能練習を行うのが最も効果的といえよう。特にスタートダッシュやフットワークなどの最大スピードを要求されるようなプログラムは、中枢神経系の高い興奮性が要求されるため、選手が比較的休養の取れている時が有効であり、調整力を要求される細かい動作を学習する場合も、主要な練習の最初に行うことが効果的である。

これに対して持久的なトレーニングは、本練習の後半に計画されるのが望ましく、この際には技術や技能の獲得を目的とするのではなく、特定のゲームコンディションの中でのトレーニングがその主目的となる。

### (3) ウォームダウン

ここではあえて、「クーリングダウン」といわず、「ウォームダウン」と表現した。これは、比較的軽視されがちな主要部分後のケアの重要性をよりよく理解していただくためである。

基本的にウォームダウンは練習やトレーニングの主要部分が終了した際に、生体負担度を最低限に抑える目的で行われる。原則的には、図8.1.6に示したようにウォーミングアップの逆と考えてよい。つまり、ここでは主要部分で高められた選手の生理的及び心理的活性度を徐々に下げることが求められる。一般に急激な活動の中止は選手の心身の平衡を失わせ、ネガティブな生理的・心理的状態を引き起こすだけでなく、徐々に活動レベルを下げることがその後の回復を早め、血中の蓄積した乳酸をはじめとした燃焼後の代謝物質の排泄を速やかにする。

**図8.1.6　ウォーミングアップとウォームダウン**

ウォームダウンの具体的な内容については、直前の運動強度や選手の疲労状態が一様でないため一概にはいえないが、心身のリラックスを促し、全身的な血流を良好に保ちながら徐々に運動強度を下げていくのがポイントである。特に消極的な休息の場合には、燃焼後の代謝物質の排除ならび

に酸素の供給が不完全になるため,熟練者の場合には積極的に低い強度のストロークや軽いランニングやウォーキング,さらに四肢のストレッチングや筋肉の弛緩体操を行うことで生理的回復を早めるのがよい。また,時には主要部分の終了時に生理的活性度だけでなく,感情的な興奮が高まっていることがあるので,こうした場合には適切な呼吸運動を併用して心身のリラクセーションと鎮静化を図るとよい。さらに,ウォームダウンはその日の練習やトレーニング,場合によってはゲームなどの後に行われるため,コーチがその総括などを行う部分が含まれることがある。その場合には選手の生理的・心理的状態に応じて時間や内容などを工夫する(環境温度にもよるが適切な上着などの着用や軽運動の実施など)必要がある。

## 5. コンディショニングの生理学

これまで,ソフトテニスの動きを中心に生理学的視点からいくつかの重要事項を述べてきたが,最後にコンディショニングの生理学について概説する。

スポーツにおける練習やトレーニングとは,そもそも運動刺激に対する人間の適応性を利用した各種の取り組みである。そして,その適応性の中で重要なものの1つに超回復の原理がある。図8.1.7に示したように,人の活動能力は活動の継続によって徐々に低下し(これを一般に疲労というが),その低下は休息とともに回復し,完全な休息はその後に活動開始前の水準を超える活動能力の超回復を生む。

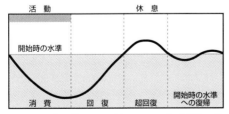

図8.1.7:超回復の原理(トレーニング(活動)時と休息時における活動能力の変化)(オゾーリンほか)

図8.1.8は,こうした回復過程でのいろいろな状態でのトレーニング実施が生み出すトレーニング効果の差異を示したものである。それぞれ以下の状態を表している。

Ⅰ 前回のトレーニングの痕跡が消えてしまった状態での反復活動で,結果として運動能力が高まらない

Ⅱ いつも不完全な回復状態で反復活動すると,結果として機能が低下する

Ⅲ 次回のトレーニングが,超回復の状態で行われ,負荷が漸進的に高められると,結果として,機能が向上し,運動能力が高まる

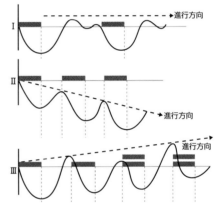

図8.1.8 回復過程のいろいろな状態でトレーニングを行った場合のトレーニング効果の差異(オゾーリンほか)

またこれらの原理(トレーニング負荷・疲労・休息の関係)の1日における変化を示したのが図8.1.9である。図からもわかるように,1シリーズのトレーニングと秒・分単位の休養の取り方によってもその疲労状態は異なり,時間単位の休養は大きな回復を生み出す。言い方を換えれば,効果的なエネルギー消費とその後の休養に伴う超回復の提起は,いわばトレーニングによる新しい芽であり,選手はこうしたいくつかの負荷と休息の組み合わせによって,トレーニングの成果を身につけていくことになる。

また,さらにいうならば,この休息時における

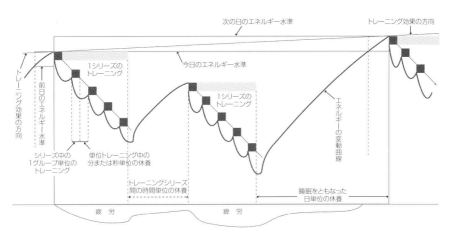

**図 8.1.9　1日におけるトレーニングトレーニング負荷・疲労・休息の関係図（松井）**

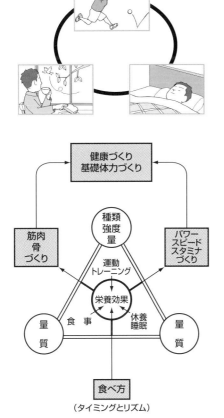

**図 8.1.10　健康・体力づくりにおける生活の三要素**
（鈴木原図，筆者加筆）

適切なタイミングでの効果的な栄養補給（食事ならびに水分補給）は選手のより効果的な回復を生み出すことを可能にし，それで得られた超回復はさらに高いトレーニング効果の源になる。図8.1.10はこのような運動・栄養・休養の原理を図示したものであるが，本来この生活の三要素の関係は単なる足し算ではない。この組み合わせ（リズムとタイミング）が選手の競技能力の向上だけでなく一般人の健康づくりにとっても重要なポイントである。指導者には対象の目的や状態に応じてこの三要素の関係性を十分理解した効果的なトレーニング計画を，さらにライフスタイルをデザインすることが求められる。特に，近年高まっている健康ブームにおけるスポーツ指導においては，単なる対象の年齢や体力に応じた適切な運動プログラムの実施だけでなく，それに見合った適切な栄養補給と睡眠を中心とした休息による超回復の状態での再負荷，つまり運動刺激が停滞している運動に関わる生理機能（脳神経系，筋系，心臓循環系，自律神経系，免疫・ホルモン系など）を賦活し，体力（広くは自然治癒力）を高め，その結果，より健康な心身での生活や健康寿命の延長が可能になるという視点を忘れてはならない。

文献

1）宮下充正（1980）.『トレーニングの科学』講談社

2）金子公宥（1982）.『スポーツバイオメカニクス入門』杏林書院

3）日本体育協会（1981）.『実践コーチ教本，コーチのためのトレーニングの科学』大修館書店

4）Tudor, OBompa. 魚住廣信訳（1988）『スポーツトレーニング』メディカル葵出版

5）水野哲也・水野紅美（1989）.「大学女子運動部員のエネルギー収支」『東京医科歯科大学教養部研究紀要』, 19, 17-26.

6）大橋恵子・水野紅美ほか（1990）.「軟式庭球競技大学一流女子選手の生活構造」『1. 生活行動時間と運動強度，2. 栄養摂取状況と身体活動量』平成元年度日本軟式庭球連盟スポーツ医科学研究報告 , 18-26.

7）水野哲也編著（1991）.『現代のエスプリ 282 スポーツと健康』至文堂

8）水野哲也・福林徹ほか（1996）.「ナショナルチーム選手のコンディション－CFSI（蓄積的疲労徴候インデックス）調査結果を中心に－」『第2回ソフトテニス医科学研究会抄録集』（財）日本ソフトテニス連盟 , 4-5.

9）Ohhira, Yoshito. (1996).「Effects of respiratory movement on the basic motion of tennis」『第2回ソフトテニス医科学研究会抄録集』（財）日本ソフトテニス連盟 , 14-15.

10）竹宮隆監修（1998）.『目で見る新しい運動生理学』医学映像教育センター

11）小浦武志監修　佐藤政廣訳（1999）.『ITF Advanced Coach Manual 〜より優れたコーチングを目指して〜』（財）日本テニス協会

12）水野哲也・浅川陽介ほか（2001）.「【インターミッテントテスト項目】ソフトテニス Ⅰ. フィールドテニスからみたソフトテニス選手の身体運動能力特性〜ナショナルチーム選手とジュニアナショナルチーム選手の比較〜，Ⅱ．Intermittent test とフィールドテスト結果の関連性」『平成 12 年度 競技間サポートシステム調査研究 フィットネスチェック項目検討プロジェクト報告書』日本オリンピック委員会 , 8-18.

13）水野哲也・山本裕二ほか（2008）.『考えて強くなる，ソフトテニス・トータルデザイン』大修館書店

14）N.G. オゾーリン，A.O. ロマノフ，岡本正巳訳（1966）.『スポーツマン教科書』ベースボール・マガジン社

15）川原貴（1991）.「オーバートレーニングとスポーツ」現代のエスプリ 282 『スポーツと健康』至文堂　p.122-128

16）松井秀治(1986).「スポーツにおける疲労」『臨床スポーツ医学』3, (5), 495-503

17）鈴木正成（1991）.「スポーツと食生活」現代のエスプリ 282 『スポーツと健康』至文堂 p.82-95

# §2 心理学

## 1. 注意

### (1) 選択的注意

私たちは，目や耳などの感覚器から入ってくる情報をすべて処理しているわけではない。すべての情報を脳が処理することはできないため，必要な情報だけを選んで処理している。これが注意の役割であり，選択的注意と呼ばれている。

では，どうやって必要な情報と不必要な情報とを選び分けているのか。それは，私たちが欲しいと思う情報を事前に選んで，見たり聞いたりしているのである。言い換えれば，同じ場面（映像）を見ても，同じ話（音声）を聞いても，人によって何を見て，何を聞いているかは異なるということだ。指導する際に，選手全員に同じように伝わるということは必ずしも期待できないのである。

### (2) スポットライトアナロジー

練習や試合では，「集中力」がよく問題になる。しかしながら「集中力」の厳密な定義はなく，「注意の集中」という言葉を使っている。「注意」は，幅と方向があると考えられ，スポットライトアナロジーで説明されることがある（図 8.2.1）。図 8.2.1A のように，注意が分散した状態では，薄暗く見たいものがはっきり見えない状態である。それが，狭い範囲にスポットライトを絞ると，はっきりと見たいものが見える（図 8.2.1B）。しかしながら，その時に方向を間違えると，見たいものが逆に見えなくなる（図 8.2.1C）。このようにスポットライトを調節するように，私たちは注意をコントロールすることができると考えられる。

つまり，「集中力がない」というのは，この注意の幅と方向が適切にコントロールされていない状況といえるだろう。相手に注意を向けるべきところが観客やベンチに注意が向いていたのでは，よいプレーはできない。「集中力がない」と言われる選手は，注意の幅と方向づけの機能を獲得する必要がある。

### (3) 運動の自動化と緊張の影響

注意を向ける量には限界があり，その量は運動の自動化，緊張の程度などによって変化すると考えられている。

運動が上達するに従って，意識的な制御が不要になり，いわゆる運動の自動化が進む。打ち方をあれこれ考えなくても，自然に身体が反応するといった状態のことである。この自動化につれ，その運動に必要な注意の量は減ってくる。逆にいえば，自動化が進んでいない段階では，運動の制御

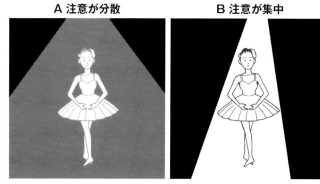

図 8.2.1　スポットライトアナロジー

に注意が向けられ，それ以外には注意を向けるだけの量が少ないといえる。したがって，特に学習が初期の段階では，指導者のアドバイスを聞き入れるだけの注意の量がないと考えられるので，運動中に指導者がたくさんのアドバイスを行っても，選手は聞くことができないと考えた方がいいだろう。

また，緊張が高まるにつれ，注意を向けることのできる量は減ってくる（図7.3.10参照）。このことが，練習ではできていたことが試合ではできなくなる1つの原因だと考えられる。したがって，試合では注意の方向づけがより大切になってくるのである。

## 2．運動を学習する

### (1) 規則（関数）を身につける

私たちは，歩く，打つ，投げるといった運動のプログラムを獲得してきたと考えることができる。しかしながら，投げるといっても，いろいろなボールをいろいろな距離に投げることができる。つまり，同じプログラムでも異なる運動ができるのである。これは，私たちがプログラムだけでなく，どのくらいの力を発揮すればどのくらいボールが飛ぶかといった規則（スキーマ）も身につけ

ているためである。この規則を使って，数少ないプログラムで無数に近い運動を行っている。

この規則を身につけるには，いつも一定の動きをするのではなく，さまざまな動きを練習する方がよいといわれている。図8.2.2左では，さまざまな力を発揮してさまざまな距離にボールを投げている経験から，力の大きさとボールの距離との規則が獲得されたことによって，新しい目標値に対しても適切な発揮すべき力が推定できる。しかしながら，図8.2.2右では，ある一定の力の発揮しか経験していないので，力の大きさとボールの距離との規則が適用できる範囲が狭く，新しい目標値に対して適切な力を推定することができない。

最近では，ショートストロークの練習は多く取り入れられているが，ソフトテニスなどでは，コートにボールを入れる競技なので，コートよりも大きく打つ（アウトになる）練習は行わないのが普通だろう。しかしながら，より大きな力を発揮し，アウトボールを打つ練習も必要かもしれないということである。

また，練習の順番も大切になってくる。小さな力や大きな力を発揮する練習をして，規則を獲得する際に，同じ力を繰り返し発揮する練習するよりは，毎回異なる力を発揮するようにした方が，学習には時間がかかるが，望ましいと考えられて

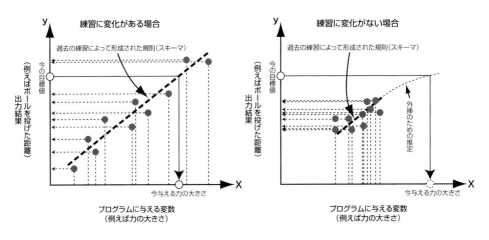

図8.2.2　練習に変化がある場合とない場合の規則の身につけ方の違い

いる。実際の試合では，長いボールと短いボール，あるいは緩いボールと速いボールを打ち分けなければならない。しかしながら，いつも速いボールばかりを打つ練習を繰り返していると，本番で急に緩いボールを打とうとした際にうまく切り替えられないと思われるからである。

## (2) 制約を利用した練習

### ①生体の制約を利用した練習

生体の制約を利用した練習として，古くから用いられているのは身体拘束法である。例えば，ボレーの時に脇が開く（肘が外に出る）選手に対して，脇にボールをはさんでボレーをすることによって，ボールが落ちると脇が開くため，いつボールが落ちるかによって，いつ脇が開くか気づくことができる。

### ②環境の制約を利用した練習

環境の制約として重力を利用するものには，ラケットに重りをつけたり，ビニール袋をラケットフェイスにつけての素振りなどがある。通常よりも重いラケットを振ることによって，腰の回転が肩の回転に先行する，いわゆる腰の入った動作の獲得が期待される。また，水の抵抗を制約として利用するものとして，水泳の練習で用いられるパドルがある。さまざまな形のパドルがすでに市販されているが，水中でパドルをつけて素振りをするのも同様の効果が期待できる。

さらには，物理的な環境を利用するものとして，オーバースイング（ラケットの引きすぎ）を矯正するために，壁の前で素振りをしたり，コーチがテイクバックのところに棒を差し出したりして，学習者がどこまでテイクバックをしているかを気づかせる練習もある。

### ③課題の制約を利用した練習

ここでは，課題の制約を利用した練習として，打動作の経験が少なく体幹を十分に使って打動作が行えない場合に有効な方法を考える。

テニスのストローク練習では，一般にフォアハンドとバックハンドを別々に練習する。しかしながら，フォアハンドだけを繰り返すと，打ち終わった時の体幹の回旋方向（右利きだと反時計回り）と，次のテイクバックの方向（右利きだと時計回り）が逆になり，どうしても体幹の回旋が少ない，いわゆる手打ちになってしまう。そこで，フォアハンドとバックハンドを交互に打つと打ち終わった時の体幹の回旋方向が次のテイクバックの回旋方向と一致するため，自然と体幹の回旋動作が大きくなる（Yamamoto,2004）（図8.2.3）。このように課題を少し変えることが制約となり，そこで生み出される運動は異なってくるのである。

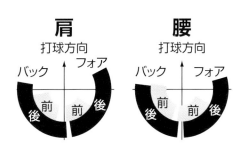
フォアハンドとバックハンドを
交互に練習した人

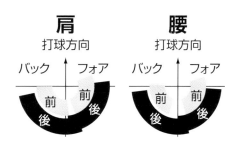
フォアハンドとバックハンドの
どちらか片方を連続して練習した人

**図 8.2.3** フォアハンドとバックハンドを交互に練習した場合と，同じ方だけ繰り返し練習した時の練習前後の肩と腰の回旋範囲を上から示したもの
練習前が薄紫色で，練習後が紫色で示してある。

## (3) フィードバック

### ①分類

運動を制御する際にも，内在・外在フィードバック（8章§4脳神経科学2-1運動プログラムとフィードバック参照）を用いるが，運動を学習する際にもこれらのフィードバックは重要となる。先に述べたように，規則を身につける，あるいはさまざまな制約を利用するのも，この内在・外在フィードバックを利用する，すなわち自分の動きに気づくためである。

この内在・外在フィードバックは，動くことによって学習者自身が得られる情報に基づいているが，そのほかにもコーチや指導者から与えられる情報がある。これを付加的フィードバックと呼ぶ。付加的フィードバックには，情報の質から結果の知識（KR：knowledge of result）と遂行の知識（KP：knowledge of performance）の2つに分類できる。KRはサービスが入ったかフォールトだったかという動作結果に関する情報で，KPはサービスの時に肘がどのくらい曲がっていたかなど，動き自体に関する情報である。

また，付加的フィードバックを与えるタイミングとして，運動直後に与えられる即時フィードバックと，運動後少し時間を置いて与えられる遅延フィードバックに分けられる。内在・外在フィードバックは学習者が運動を行いながら，あるいは運動直後に得るものであるから，学習者自身が内在・外在フィードバックを処理した後に，付加的フィードバックを与える遅延フィードバックの方が有効であるといわれている。つまり，自ら運動がどうであったかを気づいたのちに，付加的なフィードバックは与えるべきだということである。

### ②フィードバック依存症

付加的フィードバックには，運動の結果の伝え間違いを修正する役割，もう一度運動を行おうとする動機づけを高める役割，さらには正しい動きを繰り返し行わせる役割がある。しかしながら，付加的フィードバックが即時に与えられたり，あまり頻繁に与えられたりすると，学習者自身が自らの内在・外在フィードバックを使わなくなり，付加的フィードバックに依存する危険性がある。つまり，コーチや指導者から言われるがままに動くようになってしまい，自分で間違いを見つけたり，間違いを修正しようとしたりしなくなってしまうのである。

付加的フィードバックは，あくまで学習者自身が動きへの気づきを高めるために補助的に与えることが大切である。付加的フィードバックを与えるとその時には選手もできるようになり，指導者もアドバイスをしてよかったと思ってしまいがちになる。しかし，試合で「自分で考えてプレーできる選手」を育てるためにも，少し時間はかかるかもしれないが，選手自身が自ら課題を解決していけるようにしたい。

# 3. 練習の継続意欲

## (1) さまざまな情報処理系

私たちの脳には，さまざまな情報処理を行う部位がある（図8.2.4）。ほかの生き物も持っている部位もあれば，ヒトにおいて高度に進化した部位もある。

まず「識」。すなわち意識を司る部位があり，脳幹網様体などと呼ばれ，ここを損傷すると中枢神経系の機能低下を招く。すべての情報処理の根幹にあり，この機能低下により，まさに「意識を失う」のである。したがって，ヒト以外の生物にとっても生命維持のための根幹となる部位である。

次は「情」。すなわち感情を司る部位があり，大脳辺縁葉，大脳感覚野などである。喜怒哀楽といった感情に代表されるもので，この感情は表情や行動，さらには自律神経系の変化（心拍や血圧の変化）として表出される。したがって，他人の表情やしぐさから，その人のその時々の感情を推し測ることができる。ほかの生物も有していて，

イヌやネコが恐怖におびえたり，怒っているのを私たちは知ることができる。

また，視覚，聴覚，臭覚，味覚，触覚などの体性感覚，さらには関節の位置や動きといったいわゆる筋運動感覚に特有の感情がある。これらはすべてその人にしかわからないもので，クオリアと呼ばれるものである。したがって，動きの感覚，打球感などはなかなか他人に伝えることができない。

そして次が「知」。すなわち知ることを司る部位があり，頭頂・側頭・後頭葉などである。「知る」とは，外界の情報が自分なりにあるカタチとして経験されること，理解される，意味が生まれることといってもいいだろう。記憶から呼び起こされる経験もあれば，今知覚される経験もある。カタチにならない経験が感情であるが，知ることは何らかのイメージとしてカタチになることである。動きの感覚や，打球感がイメージとしてカタチになれば，ある程度は他人に伝えることができるようになってくる。ある程度というのは，あくまで伝えられた人の中にカタチとして生まれるものなので，伝えたものと同じである保証はない。

最後が「意」。意志，意図，意欲を司る前頭葉がある。意志は感情を制御できないが，イメージは制御できる。したがって，運動も制御することができる。しかも成長に伴い，運動の制御は細分化されていき，より部分的にも制御できるようになっていく。前に述べた，注意は意志そのものである。意志を持つことによって，注意を向けているという状態が生まれているのである。

### (2) 価値の情報が行動を変える

交通事故で脳に損傷を受け，意識不明になり，医師からも植物状態を宣告された高校生が，両親の愛情を注いだ看護によって普通通りの生活ができるようにまで回復したという話がある（松本,1996）。両親は集中治療室の中で，この子の存在を喜び，語りかけ，愛撫を続け，まったく動かない手や足を何時間もさすって話しかける毎日を過ごしたそうである。これは，意識を失った状態であれ，「情」に働きかけることによって，意識はもちろん，「知」や「意」まで回復したことを示している。

また，サルを使った実験でも，報酬（ジュースをたくさんもらえる）が期待されると，反応時間が速くなるという結果が出ている（Okada, Toyama, Inoue, Isa,& Kobayashi, 2009）。つまり，実際に行動を起こす前に，与えられた情報によって報酬が予測されると，その行動の価値を判断して，行動が変化していることを示している。この報酬に基づく学習は強化学習と呼ばれているが，まさに「目の色が変わる」と反応も速くなるということだ。したがって，その行動に価値があるという感情が，行動を変えるといえるだろう。

私たちは，感情を原動力として行動しているといっても過言ではない。嫌々練習していたのでは技術は上達しない。選手にとって価値がある，面白いと思える環境をつくることが指導者の役割といえるであろう。

### (3) 意欲とは

私たちの意志や意欲が，意識，感情，イメージなどによって生まれ，その意志や意欲がイメージを制御することができることを見てきた。そして，その根幹には，価値の情報がありそうだといえる。ただ，嫌な練習でも将来の報酬が予測できれば，

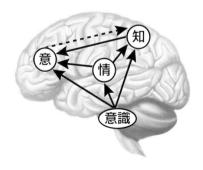

**図8.2.4　大まかな，意識・情・知・意の連関を示したもの**

つまり，将来的に価値があると思えば，意欲はわき，その意欲が行動を制御することができると考えられるのである。

選手の意欲を引き出し，選手が質の高い練習ができるように支援する際に必要なのは，選手に夢を与え，愛情を持って接することではないだろうか。そのためには，指導者自身も夢を持ち，自分自身が成長している喜びを感じながら，選手の指導に当たることが大切になる。

## 4．プレッシャー

皆さんの周りには，実力はあるのに試合になると緊張して十分に力を発揮できない選手はいないだろうか？　私たちは，プレッシャーがかかるとなぜ本来の力が発揮できなくなってしまうのだろうか？

### (1)　プレッシャーとパフォーマンス低下

プレッシャーがかかるような“ここ一番”という大事な場面でパフォーマンスが低下してしまう原因として，1．注意の変化，2．身体のストレス反応，3．疲労の促進，4．運動方略（プレースタイル）の変化の4点が挙げられる（Murayama & Sekiya, 2015）。

まず，第一の注意の変化については大きく2つのタイプがある（図8.2.5）。1つは動きやフォームへの過剰な注意，もう1つは動きやフォーム以外の観衆や不安への注意である。前者は，動作の分析麻痺（あるいは意識的処理）と呼ばれ，普段は無意識に行っている動き（例えばラケットの引き方や振り方）に過剰に注意や意識を向けすぎることによって，自動化した運動スキルが崩壊することを指す。

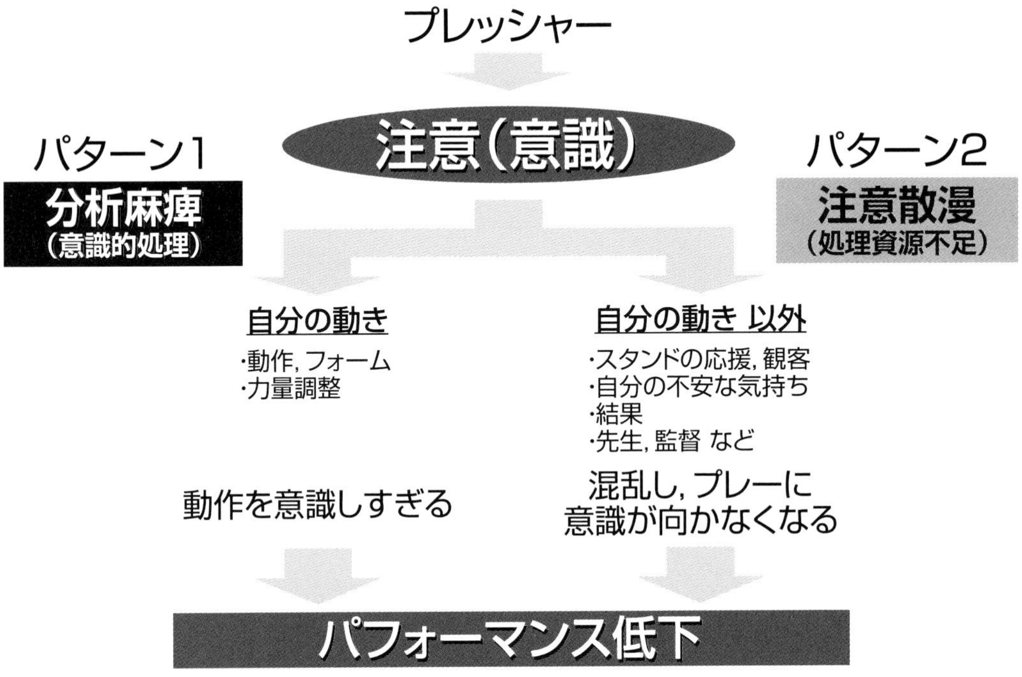

図 8.2.5　プレッシャー下における注意の変化

一方，後者は注意散漫（あるいは処理資源不足）と呼ばれ，観衆の目や結果，あるいは自己の不安な気持ちなどが気になるあまり頭が混乱し，本来やらなければならないプレーや動きにまったく注意が向かなくなってしまい，パフォーマンスが低下することを指す。つまり，プレッシャーがかかると動きを気にしすぎるか，あるいはまったく動きを気にすることができなくなってしまうかという，相反する注意の変化によって，パフォーマンスが低下することがわかる。どちらか一方のみの場合もあるかもしれないが，1つの試合で両方が生じることもある。

　第二に，身体のストレス反応である。プレッシャーがかかると，「不安だ」「失敗したらどうしよう」といったネガティブな感情や思考が生まれるが，実は，このような心理的変化が生じるよりも前に，身体にストレス反応が生じている。反応の詳細については次項で説明するが，プレッシャーによって身体がストレス状態になると，脳から筋肉への命令経路に異常が出る。例えば，普段とは異なる経路で命令が伝わるようになったり，脳から筋肉までの経路自体が普段よりも興奮してしまうのである（皮質脊髄路の興奮性の増大）。そのため，身体に過度のストレス反応が生じれば適切な運動の制御が困難になる。

　また，第三の疲労については，身体のストレス反応によって生じるといってもよいだろう。運動の制御が乱れると，自然で滑らかな動きが困難になり，エネルギー効率の悪い非効率的な動きになるため，普段よりも疲労しやすくなる。そのため，体力が持たず，パフォーマンスは低下する。

　そして最後に，運動方略の変化がある。これは，プレースタイルの変化といってもいいだろう。例えば，普段の練習では力強いショットを武器にしている選手が，試合になると弱いショットやロブを多用する場合がある。これは明らかなプレースタイルの変化であり，運動の方略がプレッシャーによって変化してしまうことを意味する。ここ一

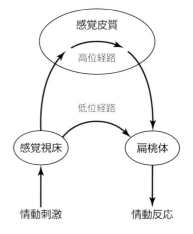

**図8.2.6　低位経路と高位経路**（ルドゥー，2003，『エモーショナル・ブレイン』より一部改変）

番の試合で普段とは異なる方略を用いれば，当然パフォーマンスは低下してしまう。

## (2) 身体の緊張が心に悪さをする

　前項で身体のストレス反応に触れたが，身体が過度に緊張すると，その影響は心にも及ぶ。多くの人は，心が緊張すると身体が緊張すると考えるかもしれない。しかし，実は身体の緊張が心に及ぼす影響の方が強いのである。

　例えば，山道を歩いていて目の前に「細長いもの」が落ちていると，身体がビクッ！とすくむことがある。それはただのロープかもしれないし，猛毒を持ったヘビかもしれない。しかし，ロープであろうと毒ヘビであろうと戦うか逃げるかしてなんとか命を守る必要があるため，身体がすくんで緊張状態になる。この時，ロープかヘビかを見極めてから行動しようとすると，それが何かは正確に判断できるが，毒ヘビであった場合に逃げ遅れる可能性がある。このように，私たちには本能的に自己を防衛するため，情報をおおまかにしか判断できないが素早く反応しようとする経路（低位経路）と，情報を正確に判断できるが前者よりも反応が遅い経路（高位経路）が備わっている（図8.2.6）。

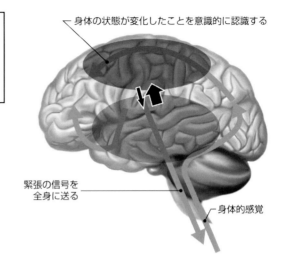

図 8.2.7 辺縁系や皮質の反応は生命維持のための本能的機能である（カーター，2003より一部改変）

　プレッシャーがかかった試合でも，本能的な防衛機能が作動するため，真っ先に身体が緊張状態になる。この状態は，いわば脳の中の非常ボタンが押された状態であり，脳の深部にある辺縁系が関与している。辺縁系は，目や手や足などの全身のセンサーから情報を集め，目前の状況が緊急事態なのかそうでないのかを判断する部位であり，緊急と判断した場合には身体を緊張させる信号を出す。

　一方，辺縁系の外側には，大脳皮質と呼ばれる部分があり，大脳皮質は心の機能に関与している。辺縁系と大脳皮質は互いに連絡し合っているが，厄介なことに，辺縁系から大脳皮質に向かう経路の方が，影響力が強いのである（図 8.2.7）。そのため，いったん身体が緊張すると辺縁系の力は強大であり，大脳皮質に向かって心を緊張させる信号がどんどん送られる。その結果，「負けたらどうしよう」「次もミスするのではないか」といった不安やマイナス思考が生まれる場合がある。ただし，こうした不安はむしろ準備や対処のための行動を促進させる"良い不安"であるため，無理に取り除こうとする必要はない。ストレス反応自体は，本来は人間がサバイバルの中で生命を維持しようとする本能的な機能である。そのため，緊張と上手に付き合うマインドセットが重要となる。

### (3) 過度の緊張への対処法・予防法

　現時点で，世の中のすべてのスポーツ選手が過度に緊張せずにすむような，プレッシャー&「あがり」の対処法が確立されているかといえば，残念ながらそうではない。しかし，近年ではスポーツ心理学や脳神経科学の視点からいくつかの対処・予防法が示されつつある。以下に2つの方法を提案する。

　第一に，「緊張＝戦闘態勢に入ったサイン」というマインドセットを持つことである。多くの場合，緊張はネガティブにとらえられ，リラックスすることが重要だと考えられる。しかし，ストレス反応自体は人間が戦うために必要な本能的な機能である。進化の過程でこの機能がいまだに残されているのは，戦いに必要な機能だからである。したがって，これから試合が始まるという時には，戦おうとする本能的な緊張の機能をプラスにとらえるマインドセットが必要となる。緊張するかど

うかよりも重要なのは目の前のプレーに対する注意集中である。緊張を嫌がるほど緊張を取り除くことに注意が向いてしまい，肝心なプレーへの注意集中が阻害される。そのため，いかに緊張をとるか考えると良いのは，試合の前日など，体力や精神力を温存しておく状況だけである。つまり，状況に応じた緊張に対するマインドセットを持つ必要がある。

第二に，注意のコントロールがある。代表的なものとして，Quiet Eye（クワイエット・アイ：以下，QEと略称）が挙げられる。この方法は，一言で言えば「視線を固定する」ことであり，プレッシャー下でパフォーマンスを発揮する際にとても効果的であることがわかってきた。前述したように，プレッシャーを伴う状況下では，注意がいつも以上に動作や，あるいは動作以外の観客や結果に向いてしまう。動作に過剰に注意が向く，すなわち分析麻痺の場合，スイングや力の調節を意識しすぎて自動的な動きが崩壊している可能性があるため，注意を動作や身体外のものに向ける必要がある。このとき，QEによって視線を身体外の何か1点に固定すると注意が身体外に向き，自動化の崩壊を防ぐことができる。また，プレッシャーがかかった時に分析麻痺になりやすい選手ほど，日頃の練習でもフォームに積極的に注意を向けて練習する傾向にあることがわかっている。そのため，プレッシャー対策という点からすれば，指導者は，選手が練習中からフォームばかりを過剰に意識しながら練習しないように配慮する必要もあるといえる。

また，動作以外の観衆や結果に注意が向きすぎて注意散漫状態になると，不必要な情報に注意が向くために頭が混乱し，適切な動作を行うための運動プログラム作りに支障が出る。実は，注意散漫状態では視野（視覚的注意領域）が狭くなり，その視野で相手やボールの動きを把握しようと視線がよく動くようになる（視覚探索率が増加する）（図8.2.8）。しかし，QEによって視線を何らかの目標物に固定すると（例えばバスケットボールのフリースローではリングに固定する，ゴルフパッティングではボールの後方部分に固定する），不必要な情報に惑わされることなく落ち着いて運動プログラムを作ることができると考えられている。このように，運動と注意，視線は密接に関連しているため，QEはプレッシャー対策の1つの方法として非常に有効であるといえる（e.g., Oudejans et al., 2002; Vine et al., 2011; Wilson et al., 2009）。

ソフトテニスの場合，例えばサービスを打つ際にはトスアップしたボールへのQE時間を長くするように意識すると成功率が向上することが期待できる。また，プレー中以外の場面ではフォーカル・ポイントの活用も有効である。例えば，試合中に頭が混乱し，注意散漫状態になった際には，フォーカル・ポイント（ラケットの文字やガットの交差位置）に視線を固定すると注意散漫を抑制しやすい。試合までの待機時間であれば，会場の照明や天井のネジのフォーカル・ポイントに視線を固定してもよいだろう。これらの方法は視線のコントロールによって注意機能の混乱を抑制する方法であり，試合前でも試合中でもラケットやボールを使って手軽にできる方法であるため，活用されることをお勧めする。

図8.2.8　プレッシャーと視覚，注意

文献

1) 松本元（1996）.「脳とはどんなコンピュータか」日本物理学会編『脳・心・コンピュータ』丸善　p.207-233

2) Okada, K., Toyama, K., Inoue, Y., Isa, T., & Kobayashi, Y.(2009). Different pedunculopontine tegmental neurons signal predicted and actual task rewards. Journal of Neuroscience, 29, 4858-4870.

3) Murayama, T. & Sekiya, H. (2015). Factors related to choking under pressure in sports and the relationships among them. International Journal of Sport and Health Science, 13, 1-16.

4) Yamamoto, Y.(2004). An alternative approach to the acquisition of a complex motor skill: Multiple movement training on tennis strokes. International Journal of Sport and Health Science, 2, 169-179.

5) 山鳥重（2011）.『心は何でできているのか』角川学芸出版

6) カーター著，藤井留美訳，養老孟司監修（2003）.『脳と意識の地形図－脳と心の地形図2』原書房

7) Oudejans, R.R.D., Van de Langeberg, R.W., & Hutter, R.I. (2002). Aiming at a far target under different viewing conditions: Visual control in basketball jump shooting. Human Movement Science, 21, 457-480.

8) Vine, S.J., Moore, L.J., & Wilson, M.R. (2011). Quiet eye training facilitates competitive putting performance in elite golfers. Frontiers in Psychology, 2,8.

9) Wilson, M.R., Vine, S.J., & Wood, G. (2009). The influence of anxiety on visual attentional control in basketball free throw shooting. Journal of Sport & Exercise Psychology, 31,152-168.

10) ジョセフ・ルドゥー著，松本元・川村光毅他訳（2003）.『エモーショナル・ブレイン情動の脳科学』東京大学出版会

# §3 バイオメカニクス

本節では，ソフトテニスの特性を考慮して記述する。道具の違いによる影響は大きく，単純にほかのラケット競技で採用される理論をソフトテニスにあてはめることは不適切であるので，ソフトテニスの特性を考慮したい。

## 1. ラケット保持

伸ばした人差し指1本の上にラケットを横たえて乗せてみる。バランスよく乗せることができる場所は，ラケットのスロート（ヨーク）あたりにあるはずだが，ここをラケットの重心と呼ぶ。ラケットの質量は変化しないが，ラケットを持つ位置によってラケットが重く感じたり，軽く感じたりする。最も軽く感じるのは重心位置で，ラケットヘッドやハンドルの端などでは重く感じるはずである。試しに，親指と人差し指2本でラケットを持ってみるとよくわかる。このように，ラケットの質量に変化がないのにラケットを持つ位置で感じる重さが変わるのは，「慣性モーメント」の影響を受けるからである。「慣性モーメント」とは，物体の回転のしやすさ・しづらさを表す物理量で，重心を中心として回転する時に最小となり，重心位置からの距離が離れるにしたがって増える。このことを，ラケットを持つ場合について考える。

もしラケットの重心位置を持ってラケットを振ることができれば，ラケットは最も軽く感じながら振ることができるはずである。逆にラケットの端を持てばそれだけラケットは振りづらくなる。かといって，ラケットの重心位置を持って振ることなどできないし，なるべく端に近い方を持ってラケットを振った方がラケットを速く振ることが期待できる。これは，数人で手をつなぎ合って，端の1人を中心にして1列になって回転しながら乱れることなく歩行することをイメージすればわかるが，列の外側の人間ほど速く歩かなければ追

いついていけない。同じように，ラケットを振るのであれば，なるべくラケットの端を回転中心にした方がラケットヘッド速度は速くなる。ここで問題となるのは，なるべく端を持ってラケットを振りたいが，その場合ラケットは振りづらくなってしまうことである。そこで必要なことは，なるべく端を持ちつつ，ラケットの回転中心をラケットの重心位置に近づけるということだ。

このような考え方が端的に反映されているテクニックに，バドミントンのバックハンドなどで採用される「サム・アップ」（図8.3.1）がある。こうすることで，ラケットの端でラケットを保持しつつ，ラケットの回転中心をラケットの重心位置に近づけることができる。フォアハンドの場合は，人差し指の使い方に特に注意する必要があるだろう。後述するウエスタン系グリップでは特に注意が必要である。

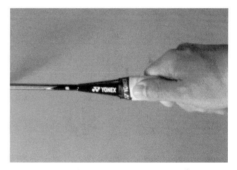

**図8.3.1　バドミントン・サム・アップの1例**

## 2. インパクト現象の理解

図8.3.2は，ボールとラケットのコンタクトを高速度カメラ（2,250コマ／秒）で撮影した映像を1コマずつ画像化したものである。ここで図8.3.2bを見ると，インパクト開始からラケット面が下向きになるようにラケットが長軸（ラケットシャフト）周りに回転していることがわかるが，この時，ボールがラケットの長軸から外れた位置でインパクトしていることもわかる。このよ

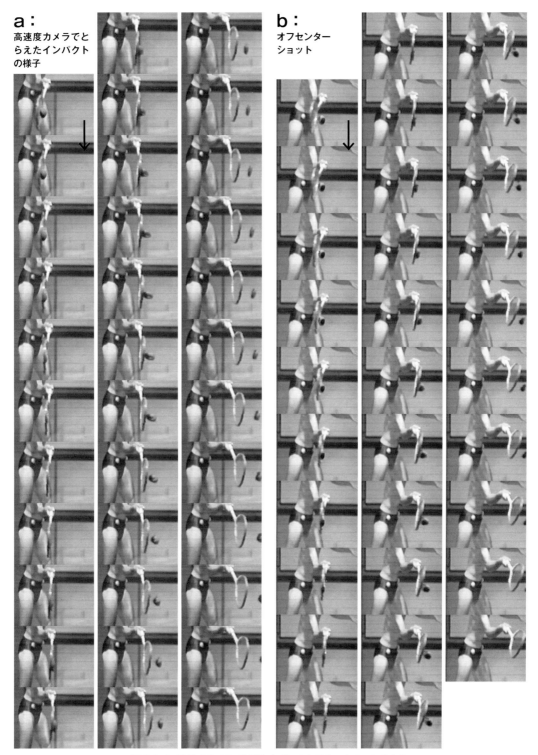

図 8.3.2 高速度カメラで撮影したボールとラケットのコンタクト

うな位置でインパクトすると，ラケット長軸周りに回転するような力がラケットに働き，その結果ラケット面が下向き，あるいは上向きに回転する。このようなインパクトを伴うショットを，オフセンターショットと呼ぶ。オフセンターショットでは，コントロールミスが発生しやすい，ボールが思ったように打球できないことなどが経験的に知られている。それは，インパクト位置がラケットフレーム近くになれば，インパクト時に伸張したストリングスによってボールに与えられる力の向きが意図した打球方向とずれるからである（Cross, 2002, 第13章）。

ラケットには，ラケットをつかむ時に感じる重さ，スイング重（ラケットをスイングする際に，ラケットを回転させることによって得られる負荷加重），ツイスト重（ラケットの長軸周りに回転させるような力によって得られる負荷加重），スピン重（ラケットのエッジ方向に回転するために必要な負荷加重），そして，ヒッティング重の5つの「重さ」がある（Cross & Lindsey, 2005）。

これらの「重さ」は，ラケットそのものの質量に変化はないがラケットには大きさがあるため，どのようにラケットを握るのか，どこを持ってラケットを振るのか，ラケットのどの位置でインパクトするのかなどによって変化する。つまり，慣性モーメントの影響を受けて生じる重さである。そしてヒッティング重は，インパクト時のラケットをつかむ時に感じる重さ，スイング重，ツイスト重，スピン重によって決定され，ヒッティング重が大きいほどボール速度は増加する。

ところで，打球時に人が感じるヒッティング重 Me には式（1）のような関係式がある（Cross, 2002, 12章）（図 8.3.3）。

ここで，P はインパクトポイント，y はラケット長軸，x はラケットの質量中心周りの回転軸，R は P の y 軸からの距離，b は P の x 軸からの距離，M はラケット質量，I は x 軸周りのラケットの慣性モーメント，Iy は y 軸周りのラケットの慣性モーメントである。数式（1）で R や b が大きいほど Me は小さいことがわかる。ラケットのフレーム近くでインパクトすると，ボール速度が低下する。

つまり，フレーム近くでインパクトした場合には，ボール速度が低下し，ミスにつながる可能性が高くなる。

## 3. ボールの回転とボール弾道軌跡，ボール速度

図 8.3.2a からわかるように，ソフトテニスボールはインパクト後，激しく変形しながら回転を伴って飛んでいく。ボールが飛行している時にボール周辺の大気によって，ボールにはドラグ（抗力：空気による抵抗力）とマグヌス力（ボールの回転によって得られる，飛行軌跡に対して鉛直方向の力）が働く。ボールが順回転していれば，マグヌス力により下向きの力が働き，ボールは落下する（ドライブ打法）。このドラグとマグヌス力は，ボールの回転速度に依存していて，

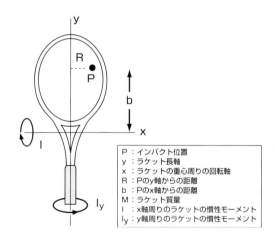

**図 8.3.3　ヒッティング重とインパクト位置との関係**
（Cross, 2002, 12章をソフトテニス用に改編）

$$\frac{1}{M_e} = \frac{1}{M} + \frac{b^2}{I} + \frac{R^2}{I_y} \quad (1)$$

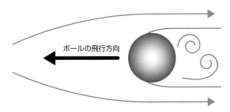

図 8.3.4　高速回転しながら飛来するボール周辺の空気の流れ

ボールの回転速度が高いほど両力とも大きくなる（Cross, 2005）。したがって、ボールのスピン量が多ければボールは確実にテニスコート内に収まるように思われるが、実際には難しい。

流体（ここでは大気）の状態を表す数値にレイノルズ数がある。レイノルズ数は、流体中の物体にかかるドラッグと密接な関係があり、流体速度（ここではボール周辺の大気の流れと考える）の上昇とともにレイノルズ数は増加する。一方、レイノルズ数の増加とともに、ドラッグを決定する抗力係数 CD は低下していくが、レイノルズ数がある値になると抗力係数が急激に低下する（久保田, 2007）。このような現象をドラッグクライシスと呼ぶ。ドラッグクライシスが起こると、ボールに与えられるドラッグが急激に低下すると考えられ、ボールの落下を妨げることになる。

図 8.3.4 のように高速回転しながら飛行しているボールの後方では、ボール周辺の大気は激しく乱れていると考えられる（神部, 1995）。このような流体の乱れは、ボールの飛行軌跡に不安定さをもたらす。ドラッグクライシスが起こる時、乱流が発生していて、ボール周辺の大気がボールからはがれるような現象が起こっていると考えられる。よく知られているように、強いスピンをかけた場合にソフトテニスボールが浮き上がってしまう現象はソフトテニスプレーヤーの多くが経験しているであろうが、回転数が多いソフトテニスボールでは乱流も激しく起こっていると予想できる。ソフトテニスボールは、飛来中に回転速度が 40 回/秒以上になるとその飛行軌跡に乱れが生じる（前田, 2005；Miyagawa ら, 2019）。過度なスピン（ドライブ打法）を避け、よりフラットな状態でスピン・レスな打球から、ボール回転量を調整していくことが望まれる。

また、実際の試合を分析した結果、ショットの飛距離とラケットのスイング速度との間に相関関係は見られていない（Kusubori ら, 2004）。ラケットを速く振ったからといってショットの飛距離が伸びるわけではない。インパクト現象を正しく理解し、インパクトに集中して打球することが望まれる。

次に、ボールの回転とボールの飛行速度との関係について考える。ここでの基本的な考え方は、「運動エネルギーの保存則」である。ボールが飛行する時、実際には、すでに述べてきたようにボールは激しく変形しているが、ここではそのボールの変形がないものと仮定して考える。ボールはラケットとの衝突によって、一定量の運動エネルギーが与えられる。ここでのボールの運動エネルギーとは、ボールの飛行速度によって決定される並進エネルギーと、ボールの回転速度によって決定される回転エネルギーの和である。ラケットから離れたボールに外力が加えられなければこの運動エネルギーは一定である。したがって、もしボールの回転速度が大きい場合、すなわち、ボールの回転エネルギーが大きい場合には、その分ボールの並進エネルギーが小さくなることを示している。つまり、ボールの回転速度を上げればそれだけボールの飛行速度は低下すると考えられる。ボールの過度なスピンは、ボール弾道の不安定さをもたらすばかりでなく、ボール速度の低下をももたらすことになる。

## 4. グラウンドストローク

フォアハンド・グラウンドストロークにおいてラケットを加速するために大きく関わっている運動（major contributor）は、テニスでもソフトテニスでも肩関節内旋運動（図 8.3.5）である

●上肢がまっすぐな状態　　　　　●肘関節が曲がった状態

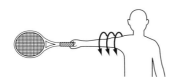
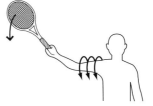

肩関節内旋-外旋運動は，上腕長軸を回転軸とする肩関節の運動である。肩からラケットまでまっすぐにした場合，肩関節を内旋，あるいは，外旋方向に動かしてもラケットヘッドに速度は生じないが，この状態から肘関節を曲げるだけでラケットヘッドに速度が生じる。

**図8.3.5　肩関節内旋—外旋とラケットヘッド速度の関係**

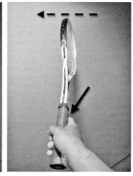

点線は打球方向を，実線は人差し指を示している。ウエスタン系のグリップでは打球方向に対して人差し指の位置を回転中心としてラケットを振ることが難しくなる。厚めのウエスタングリップではそれがよくわかる。

**図8.3.6　ウエスタン系グリップ（左）とセミウエスタングリップ（右）**

ことがわかっている（Elliottら，1997；楠堀ら，1999）。本節では，肩関節内旋運動を効果的に反映させてラケットを振ることを考える。ラケットを振るように腕を振り，手首の速度を速めることを考えてみる。この時，肩関節内旋運動を効果的に反映させて手首の速度を高めるためには，図8.3.5 からもわかるように，肘関節角度を90度近くに維持して腕を振ることが必要になる。肘関節と手関節（手首）とを結んだ軸の延長線上にラケットヘッドがあれば，肘関節角度を90度近くに維持することで，肩関節内旋運動によって効果的にラケットを加速することができると考えられる。ところが，実際にラケットを持つ場合を考え

ると，手首を曲げていることが想定される。その際に，ラケットヘッド速度が最大になるのは肘関節角度が90度であるとは限らない。ラケット保持方法によって，望まれる肘関節角度が変化することの理解が必要になる。さらに，インパクト時のラケット面はラケットの握り方の影響を受けることを考慮しなければならない。すでに述べてきたように，ショットの安定性を図るためにはフラットな状態でインパクトを迎えることが望まれるが，肘関節角度を90度近くに維持した状態でラケット面をフラットに保つことはウエスタングリップでは難しくなり，フラットに保とうとすれば，本節「1. ラケット保持」で述べたような，回

転中心をラケット重心に近づけて打つことが困難になり（図8.3.6），ラケットヘッド速度の低下につながる。極端なウエスタングリップではさらに困難になる。

Elliottら（1997）の研究では，イースタングリップとウエスタングリップの場合の違いは，ラケットを鉛直上方に振り抜く速度に対する肩関節内旋運動の貢献度に見られたが，打球方向への貢献度では見られていない。つまり，ウエスタングリップはラケットを鉛直上方へ振り抜くことに適したラケット保持方法であることを示していて（図8.3.6左の人差し指の位置に注意。ラケットハンドル下部に人差し指があり，ラケットを上方に振ることは容易になっている），ラケットヘッド速度の鉛直上方成分を高め，ボールにスピンをかけるためにはウエスタングリップが適していることを示している。しかしながらこれまで述べてきたように，過度なスピンはソフトテニスではショットの不安定性や打球速度の低下をもたらすことにつながる。フラットで打球すること，そのためのラケット保持方法や上腕の使い方，ラケットの振り方を身につける必要がある。

## 5. オーバーハンドストローク

オーバーハンドストロークには，サービス，スマッシュなどがある。

### (1) サービスの着地脚

サービスの着地脚は利き手側か，非利き手側か？着地脚の違いはサービスのパフォーマンスに影響を与えるだろうか？サービスの着地脚は，1980年代頃から硬式テニスでは右利きのプレーヤーならば左脚で着地するような変化が顕著になってきた。それ以前では着地脚についてはばらつきが見られていた（Groppel, 1984）。現在の硬式テニスのトッププレーヤーで同側側（後ろ側）の脚での着地を認めることは困難である。反対側の脚で着地することとサービスパフォーマンスとの関連についての実証的な研究は見当たらないが，本項では反対側の脚で着地することの理論的背景を解説する。

考え方の基本となるのは，「角運動量の保存則」である。ここでは回転運動を例に説明する。物体が回転運動を行うとき，物体にはその移動速度と質量，運動中心からの距離で規定される角運動量

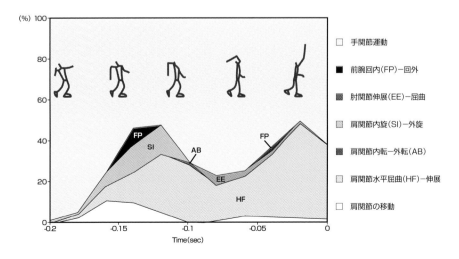

図8.3.7　スマッシュ時のラケットヘッド速度に対する上肢関節回転運動の貢献度

が備わっている。外部から物体に対して力が与えられなければ角運動量は保存され，一定の値を保つことになる。簡単な例では，回転する椅子の上に立ち上がり，立位で両腕を前方に伸ばし，両腕を左右どちらかに一緒に回転させてみるとよい。椅子自体は，腕が回転する方向と逆方向に回転するはずである。これは，椅子と人からなる系の中で，外力が与えられていないため，椅子は腕と逆方向に回転することで角運動量を一定（この場合は０）にしようとするからである。

　サービス動作においても，角運動量保存則は成り立つと考えられる。特に，サービスの打球方向への角運動量について考える。サービス動作が始まれば，身体―ラケット系には大きな外力は加えられない（空気抵抗などを無視する）。したがって，サービスの打球方向への角運動量は一定である。この時，腕―ラケットを打球方向へ振り出すのと同じタイミングで同側側の脚を打球方向へ振り出せば，同一方向へ運動量を生み出すことになる。つまり，腕―ラケット系が加速することを振り出す脚が邪魔することになり，腕―ラケット系は十分に加速されなくなる。

　テニス・オーバーハンドサービスでは，フォワードスイング開始期に利き手側の体側及びラケットは体幹のひねり戻し動作によって身体後方に残され，ラケットの大きな可動域を可能にし，これがサーブ速度向上につながる（Elliott ら，1986；Bahamonde, 2000）。後方脚の打球方向への移動は，オーバーハンドサービスには適していないようだ。

### (2)　スマッシュ

　図8.3.7 は，スマッシュ時のラケットヘッド速度に対する上肢関節回転運動の貢献度について示している（エキスパートプレーヤー）。この一例では，フォワードスイング時，全般に手関節，肩関節水平屈曲の貢献度が高い，インパクト時では手関節運動，肩関節水平屈曲の貢献度が高い，などの特徴が見られる。

　ここでほかの球技を含めたオーバーハンドストロークに関する研究結果を見る。バドミントンでは，インパクト直前肩関節内旋運動と前腕回内運動（Gowitzke & Waddle, 1979；湯と阿江，1994），肘関節伸展運動（湯と阿江，1994）が顕著になることが報告されている。テニス・サービスでも，肩関節内旋運動が顕著な働きをしていることが報告されている（Elliott ら，1995；Fleisig ら，2003；Tanabe & Ito, 2007）。

　これらの結果は，図8.3.7 で肩関節内旋運動の貢献度が低いことと一致しない。この理由として考えられることは，図8.3.7 は練習状況での結果であるということだ。実際，第3回東アジア競技大会でのソフトテニスのスマッシュを分析した結果では，練習状況よりも肩関節内旋トルク，肘関節伸展トルクなどが高かったことが報告されている（Ida ら，2005）。これは，練習と違って，実際のゲームでは肩関節内旋運動と肘関節伸展運動によってボールとラケットとのコンタクトを成功させていることを示唆している。実際のゲームで使われる技術と練習で使われる技術が異なっていることを示しているわけだが，練習での技術そのものの改善の余地があることを示している。

文献

1 ) Brody, H., Cross, R. & Lindsey, C. (2002). The Physics and Technology of Tennis. USRSA, Vista, CA, USA.

2 ) Cross, R. & Lindsey, C. (2005). Technical Tennis: Racquets, Strings, Balls, Courts, Spin, And Bounce. USRSA, Vista, CA, USA.

3 ) Elliott, B., Marshall, R. N. & Noffal, G. J. (1995). Contributions of upper limb segment rotations during the power serve in tennis. Journal of Applied Biomechanics, 11, 433-442.

4 ) Elliott, B., Takahashi, K. & Noffal, G. (1997). The influence of grip position on upper

limb contributions to racket-head velocity in a tennis forehand. Journal of Applied Biomechanics, 13, 182-196.

5 ) Fleisig, G., Nicholls, R., Elliott, B. & Escamilla, R. (2003). Kinematics used by world class tennis players to produce high-velocity serves. Sports Biomechanics 2 (1) , 51-64.

6 ) Gowitzke, B. A. & Waddle, D. B. (1979). Technique of badminton stroke production. In J. Terauds. ( Ed. ), Science in Racquet Sports, (pp.17-41). Academic Publishers.

7 ) Groppel, J. L. (1984). Tennis for advanced players and those who would like to be. Human Kinetics Publishers Inc., Champaign, IL.

8 ) Ida, H., Kusubori, S. & Ishii, M. (2005). Kinematics and kinetics of the racket-arm during the soft-tennis smash under match condition. Journal of Applied Biomechanics, 21, (4) , 334-347.

9 ) 神部勉編著 (1995).『流体力学』裳華房

10) 久保田浪之介 (2007).『トコトンやさしい流体力学の本』日刊工業新聞社 .

11) 楠堀誠司・水野哲也・石井源信 (1999)「選択反応条件下におけるソフトテニス・フォアハンド・ストロークのキネマティクス的分析」『バイオメカニクス研究』3 , (4), 254-269.

12) Kusubori, S., Ishii, M., Ida, H. (2004). Measuring open space quantitatively in one-up-one-back formation during soft-tennis doubles game. Proceedings of 22nd International Symposium on Biomechanics in Sports, Mario Lamontagne et al. (Eds.) , 362-365, Ottawa, Canada.

13) 湯海鵬・阿江通良 (1994).「バドミントンのスマッシュ動作における腕運動のメカニズム」『バイオメカニズム』, 12, 73-83.

14) Tanabe, S. & Ito, A. (2007). A three-dimensional analysis of the contributions of upper limb joint movements to horizontal racket head velocity at ball impact during tennis serving. Sports Biomechanics 6 (3), 418-433.

15) Bahamonde, R. (2000). Changes in angular momentum during the tennis serve. Journal of Sports Sciences, 15, 579-592.

16) Elliott, B., Marsh, T. & Blanksby, B. (1986). A three dimensional cinematographic analysis of the tennis serve. International Journal of Sport Biomechanics, 2, 260-271.

17) 前田正登 (2005). ソフトテニスにおけるボールの特異な飛行挙動に関する研究. スポーツ産業学研究, 15 (2), 33-41.

18) Miyagawa, N., Ito, S. & Hiratsuka, M. (2019). Aerodynamic characteristics and flow field of peculiar flight behavior of soft tennis ball. The Proceedings of the Fluids engineering conference, OS1-28.

# §4 脳神経科学

## 1. 脳と運動神経

　人間の脳は，約1.4kgの塊である。そこには約1,000億個の神経細胞があり，それらが互いに結合し合うことにより，さまざまな能力が生まれる。我々が複雑な動作を驚くべき速さで正確に実行したり，予測に基づいてボールや相手の動きを巧みにコントロールしたりできるのは，脳にそのような運動を実現させる機能が備わっているからである。ヒトの運動は脳の多様な働きによって支えられているが，そのような脳の仕組みをソフトテニスにどのように活かすことができるだろうか。脳や神経の仕組みには未解明な点も多いが，本節では脳神経科学をソフトテニスに活用する方法についてまとめる。

### (1) 運動に関連する脳部位

　家を建てる時，まずは施主が土地や周辺の状況を調べ，情報を収集し，設計士がその情報を踏まえて建物の設計図を作り，その設計図をもとに職人が建物を建てる。このような，情報収集→設計図作成→実行という一連の流れが，我々が運動を実行する際にも脳内で行われている。例えば，飛んできたボールを相手コートに打ち返す際，脳の中ではボールが飛んでくる方向や軌道，自分の姿勢の状態，相手のポジションなどのあらゆる情報が瞬時に集められ（感覚領域），その情報をもとに適切な運動の設計図，すなわち運動プログラムが作られ（前頭連合野），設計図に従って筋肉が収縮するのである（一次運動野）。

　しかし，プログラムの作成段階では，これから行うとする運動が期待した通りの運動となるかどうかはわからない。つまり，正しい運動かどうかを判断するためには，まずは運動を開始し，その結果からフィードバック情報を受けて適宜運動を修正する必要がある。この時の脳は慌ただしく多くの処理を行わなければならないため，負担がかかった状態である。初心者が正しいスイングを身につけようとする時に動きがゆっくりになってしまうのはこのためである。このとき，運動の実行とフィードバックによる修正を担っている脳部位は，脳の運動関連領域（一次運動野，帯状回皮質，運動前野，補足運動野，小脳，大脳基底核）と呼ばれる部位であることがわかっている（図8.4.1）。これらの領域は，これまで運動プログラムの作成と運動の実行にのみ関わると考えられていたが，近年，手や足が動く感覚などのフィードバック情報についても処理していることが明らかにされている。そして，運動の実行とその修正を繰り返すことで，脳内には徐々に，理想的な運動を実現するためのモデルが構築されていく。こうして学習が進んでいくと，素早く正確な運動が可能になる。

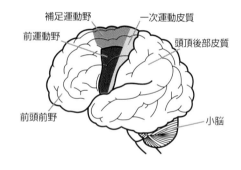

**図8.4.1　脳の運動関連領域**（スターリング，2005，「大脳皮質と心」より一部改変）

### (2) 運動神経への指令伝達

　スポーツにおける技術，技能は反復練習（同じような動作の繰り返し）によって，再現性の高い動作となるとともに，効率的かつ合目的的な動作へと習熟していく。図8.4.2はこうした学習過程において練習によって作り上げられる運動の調節回路を示したものである。例えば，学習の初期は，ボールを打とうとすると，A；大脳皮質の運動野

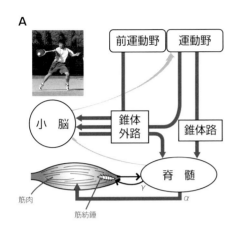
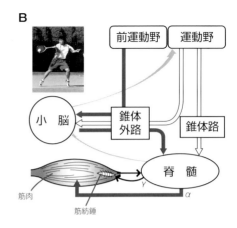

**図 8.4.2　学習過程における運動の調節回路**

から錐体路を経てα運動神経へインパルスが送られ筋肉に収縮指令が伝わり，錐体外路を経てγ運動神経へインパルスが送られ筋紡錘が賦活される。収縮した筋肉の情報は筋紡錘で察知され小脳へ伝えられ大脳皮質からの情報と照合して，結果を大脳皮質へ戻す。次回以降には，情報を処理した補正信号が送られ，徐々にボールを打つのに適正な運動単位（神経・筋単位）が動員されるようになる。トレーニングが進み，新しい技術が獲得された選手では，B；筋肉への指令は主として小脳や錐体外路を通して出されるようになる。つまり，小脳に運動モデルが形成されて，無意識のうちに円滑で正確な動作が行われるようになるとされている。

## (3) 運動の修正

ボールを打とうとする時にとっさにスイング軌道を修正したことはないだろうか。ソフトテニス選手にとって，瞬時に運動を修正する能力はプレーを左右する重要な要素の1つである。

瞬時に動きを修正する際にもやはり脳の運動関連領域が関わっている。しかも，ある特定の部位だけが関与しているのではなく，いくつかの部位が協調的に働くことで瞬時の運動修正を可能にしている（西平・大築，2005）。例えば，スイング軌道が当初目標とした軌道からズレた場合の修正には，小脳が深く関与している。スイング時には，スイングの設計図に基づいた指令が運動野から脊髄を通して筋肉に伝えられている。実はその時，指令のコピーが小脳にも送られており，小脳はコピーをもとに，"この指令であればこのようなスイングになるだろう"ということを予測している。さらに，"予想されるスイングを実現するには次にこのような指令が必要だ"ということを逆算することもできるのである。つまり，指令があると小脳はスイングの軌道を予想し（"スイング軌道がズレそうだ"），次の指令プランについても予想してくれるため（"次はこのように指令すればズレを修正できるだろう"），短時間で素早くスイング軌道を修正することができるのである。もし，このような予想なしに，"軌道がズレている"ことを視覚情報を手がかりにして再度プログラムを作り直して動作を修正しようとすると，脳はその処理に時間を要するため，修正が遅れてしまうことになる。

また，相手やボールの動きなど，環境の変化に対して瞬時に運動を修正することもある。例えば，相手選手が予想とは反対の方向に動いた時，ボールを打つ方向や狙う位置を瞬時に修正するため，スイング自体をわずかに修正する。環境の変化に対応して運動を修正する時には，頭頂皮質の

中でもとりわけ後部の部位が関与している。この部位は，自己の運動と目標位置の変化を瞬時に推定する機能を持つため，素早い運動修正に貢献する。したがって，後衛の選手がインパクト直前に前衛の動きを見て瞬時に反対方向に打つ，すなわち"抜く"ことができるのは，小脳の予測による運動修正機能だけでなく，頭頂皮質の自己運動と目標位置の変化の推定機能によっても実現されているのである。

## 2. 情報処理装置としての人間

私たちの運動を，コンピュータ（情報処理装置）になぞらえて理解しようとする試みが行われてきた。図8.4.3は，最も単純な情報処理モデルである。それぞれの箱がコンピュータなら装置，人間ならば部位に相当する。そしてその箱が線で結ばれていて，この線は情報の流れを示している。例えば，コンピュータの場合ならば，マウスやキーボードといった入力装置によって，コンピュータ本体に情報を与え，与えられた本体では演算が行われ，その演算結果がディスプレイやプリンタに表示される。人間の運動についても同様に考えることができ，外界の情報が視覚や聴覚といった感覚器官を通して脳に送られ，脳内においてその情報が処理され，筋に運動指令が送られ筋収縮によって運動が生じるというわけである。

### (1) 運動プログラムとフィードバック

図8.4.4は，図8.4.3の処理の部分をさらに細かく3段階に分けたものである。ここでは，私たちは，投げる，打つといったさまざまな運動プログラムを持っており，その運動プログラムをフィードバックによって修正しながら運動を行っていると考えている。

情報処理過程は3段階あると考えられ，まず刺激同定段階では，感覚器官に入力された情報は，まずその情報が何であるかを同定する。投げられたボールはどんなボールかを同定する段階で，この段階は後に述べる注意に関連する。

次に反応選択段階では，同定した情報に基づき，反応を選択する段階である。投げられたボールが直球のストライクなら打ちにいこうと意思決定し，打つという運動プログラムを選択する。

最後に反応プログラミング段階では，反応を実行するために，選択された運動プログラムに変数を与える。そして，入力情報に応じた反応を生成する，実行可能なプログラムに変換する段階，ボールを打つという運動プログラムに，スイングの高

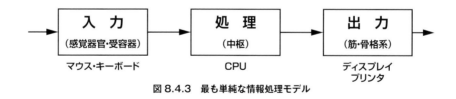

図8.4.3　最も単純な情報処理モデル

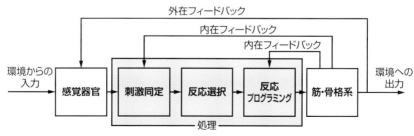

図8.4.4　人間の運動遂行に3段階の情報処理を想定したモデル

さや強さなどを決めて実行可能なプログラムにして，筋・骨格系に送り，運動が実行される。

筋・骨格系で実行された結果が，刺激同定段階あるいは反応プログラミング段階に戻されるのが内在フィードバックである。また同様に遂行結果は感覚器官によって感知され，それが外在フィードバックとなる。内在フィードバックは，関節や筋，腱の動きが情報源で，外在フィードバックは視覚や聴覚などによる環境からの情報に基づく。

## (2) 開回路制御と閉回路制御

図8.4.5は，素早く目標に指を動かす動作を行った際の指先の軌跡と速度（実線）・加速度（点線）の変化を示したものである。加速期と減速期からなる，目標付近への大まかな初期制御局面と，内在・外在フィードバックによる下位動作としての同時制御の2つの局面があることを示している。この初期制御局面が運動プログラムによる開回路制御に，同時制御局面がフィードバックによる閉回路制御によるものと考えられている。そのため，開回路制御をフィードフォワード制御，閉回路制御をフィードバック制御とも呼び，ほとんどの動作はこの2つの制御方式で実現されている。

## (3) 視覚性運動制御と連続制御

環境との関係によっても運動は制御されていると考えられている。例えば，図8.4.6に示すように，直立姿勢で立っている時に，前方と左右の壁が観察者の後方へ移動すると観察者は後ろに倒れ（図8.4.6 a），壁が遠ざかるように前方に動くと観察者は前方に倒れるように動いてしまう（図8.4.6 b）。駅に停車している電車の中で立っている時，向かい側のプラットフォームに止まっている電車が動きだすと，自分の乗っている電車は動いていないにも関わらず，向かい側の電車の動く方向に身体が揺れるのと同じである。通常自分の乗っている電車が急に動きだすと，足元をすくわれるように進行方向の逆方向に直立姿勢が乱され，

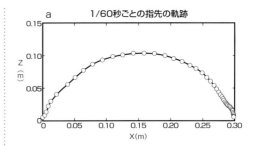

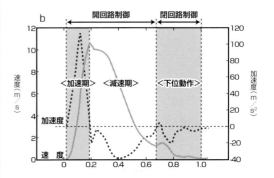

図8.4.5　素早い動作における指先の軌跡aと、指先の速度（実線）・加速度（点線）の変化b

すぐに元の姿勢に戻るという筋感覚情報によってのみ運動は制御されているように思われるが，筋感覚情報がなく環境との関係から視覚情報のみでも運動が制御されている。これを視覚性運動制御と呼ぶ。

また，図8.4.7に示すように，卓球選手のフォアハンドドライブの動作では，動作開始時のばらつきがボールとの衝突時には一定になっている。これは，環境からの視覚情報は運動の開始前に利用されているだけではなく，ボールをうまく打つ

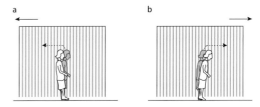

図8.4.6　aのように前後左右の壁を観察者に近づくよう前から後ろに移動させると，観察者は後方へ倒れる。逆にbのように観察者から遠ざかるように移動させると，観察者は前方へ倒れるというもの

ために，環境からの情報は連続的にボールと衝突するまで利用されているということである。このような制御様式は，動作開始時の動作のばらつきは大きいが，最終的な動作のばらつきは小さいことから漏斗形制御，あるいは連続制御と呼ばれている。

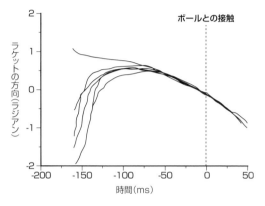

図 8.4.7　卓球のフォアハンドドライブのラケットの方向の変化

## 3．姿勢と反射

あらゆるスポーツで重要視されるのが姿勢である。姿勢は一般に動的なものと静的なものに分けられるが，ソフトテニスなどのスポーツ活動では特に動的なものに注意が集まりやすい。人の姿勢はそれが動的であれ静的であれ，すべてが随意的にコントロールされているわけではない。つまり，人の動作は常に生来持ち合わせてきた多くの反射との関連で，より合理的かつ合目的的にコントロールされて保持されている。

一般に正しい姿勢といわれるものは，生理，解剖学的合理性として，①循環・呼吸・消化・排泄などの器官の機能に制限を与えず，②筋肉・靭帯・腱ができるだけ弛緩しており，③最小の筋緊張の結果として身体全体が良好なバランスを保っている状態と定義できよう。また，姿勢はその人の考え方や心理的要素との関連も指摘されており，マイネルは「"よい姿勢"というものは，その概念が

そんなに正確になっているわけではないが，"鋳型化"された運動形態を通して教え込むことはできず，しばしば長期にわたる苦労を伴った多角的な身体の陶冶の結果であり，常に意識して教育していく所産である」と述べている。

ソフトテニスプレーヤーは待球姿勢において，全身の筋の緊張を微妙にかつ最高に調節していなければならず，熟練したプレーヤーでは外見上は静止しているように見えても，筋肉を適度な緊張状態に維持し，この維持のために小刻みなステップや膝の上下運動などを繰り返している。

また，プレー中の姿勢を考える時，人間の持つ反射機構を無視することはできない。というのも我々の通常の運動や動作には反射的な要素のものが多く，図 8.4.8 に示した頸反射は文字通り頸（くび）の動きの方向によって姿勢が自動的に変わる反射であり，健常者ではあまりはっきりしないが，どのような人でも潜在的にこの反射は存在しており，特にスポーツ場面では強く表れると考えられている。

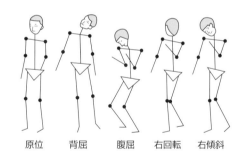

図 8.4.8　緊張性頸反射における姿勢の変化（時実）

また，図 8.4.9 は人の伸張反射及び筋緊張調節の神経回路である。我々の運動はすべて骨格筋の収縮によって引き起こされる。そして，それらは前述した姿勢反射を含めた各種の反射機構より高次な中枢神経からの収縮指令の総和であり，ソフトテニスなどの素早いダイナミックな動作では，

この伸張反射が至る所で用いられている。これは，人の神経機能の1つであるが，基本的には無意識化で作用している。これは筋が伸張される時，その刺激が脊髄を介して同じ筋にフィードバックされ筋の収縮力を高める反射であり，言葉を替えれば，筋肉はたゆみのないロープのようにより大きな張力を持つ状態であれば，より大きな距離に効果的に短縮できるということである。

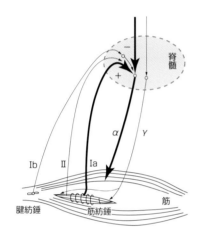

**図8.4.9 伸張反射及び筋緊張調節の神経回路**

具体的にソフトテニスのプレーでの応用としては，レシーバーの下肢やストロークでのバックスイングなど多くの場面で用いられており，主動作（レシーブでは下肢を使った位置の移動，ストロークではラケットのフォワードスイング）の直前にその主働筋が伸展（ストレッチ）されることによってそのパフォーマンスが高まるというもので，一般には，筋は静止状態より約3分の1程度伸張されると強い筋収縮を招くのに理想的な準備になるといわれている。よって，プレー中の動作のような素早く，また的確な動作を要求されるような場合，適度な緊張と集中力は必要であるが，度を越えた緊張はかえって身体全体の動作をぎこちないものにし，目的とする動作に必要な反射機能や随意的な動作の協応を妨げ，パフォーマンスの低下やエラーの原因となる。

# 4. 運動イメージにおける脳機能

ソフトテニスには多様で複雑な戦術が存在するが，事前に戦術の内容を具体的にイメージしておくとコート上でプレーしやすい。スポーツの世界ではイメージを用いたトレーニング法が古くから存在するが，イメージをしている時，脳の中では何が起きているのだろうか。

## (1) 運動イメージを用いたメンタルプラクティス

動きや戦術を頭の中でイメージし，それを繰り返すことで，実際に身体を動かして練習した時と同様の効果を得ようとする練習方法をメンタルプラクティスと呼ぶ。

実は，運動をイメージする時と実際に身体を動かす時には，共通の脳内システムが関与している。その脳内システムは，前述した脳の運動関連領域である（図8.4.1）。これまで，脳の運動関連領域は運動の実行に関わる領域であり，イメージには関わらないと考えられてきた。なぜなら，イメージする時には必ずしも身体を動かす必要はないからである。しかし，身体を動かさずに運動のイメージをする際にも運動関連領域の活動が高まることがわかっている（図8.4.10）。さらに，運動関連領域には手や足や顔面など，さまざまな身体部位を司るエリアが地図のようにマッピングされているのだが，例えば，手の動きをイメージすると手の運動を制御するエリアが，足の動きをイメージすると足の運動を制御するエリアがよく活動することがわかっている。つまり，我々が頭の中で鮮明なイメージを描く時，脳は実際に運動する時と同様のエリアの活動を高めることによってリアルな運動をイメージしているのである。

これらのことから，けがをしたり，あるいは雨天で屋外コートで練習ができなくても，戦術やフォーム，感覚などを頭の中でイメージしてメン

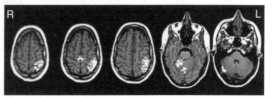

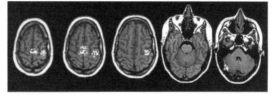

*イメージのみの場合でも脳活動が生じていることや，その部位が実運動中に活動する部位とおおよそ対応しているのがわかる（右手の開閉）。

**図 8.4.10　実際に運動した時と，イメージのみの場合の脳活動の比較**
（Lotze et al., 1999 より引用改変）

タルプラクティスをすれば，脳の運動関連領域の活動性を高めることができることがわかる。そのため，戦術や動きを頭の中でイメージするのが苦手な選手は，イメージの想起能力を高めた方がよい。また，指導する側からすれば，戦術や動きについて指導する際には，選手がイメージしやすいように教示したり，提示したりする工夫が必要であるといえるだろう。

### (2) 2種類のイメージ

では，我々はイメージする時どのような心像を描けばよいのだろうか？　イメージには2つの種類がある。1つは"見ている（視覚的）イメージ"，もう1つは"している（運動感覚的）イメージ"である。前者は，コート内でプレーしている自分を観客席から見ている情景がイメージされるため，三人称的イメージともいわれる。一方，後者は，自分がコートの中でプレーしているイメージであり，実際にプレーしている時の運動感覚や情景をイメージできることから，一人称的イメージともいわれる。

### (3) イメージを利用する際のポイント

#### ①"している（運動感覚的）イメージ"を描く

実は，メンタルプラクティスの効果が高いのは"しているイメージ"，すなわち運動感覚を伴う一人称的イメージである。"しているイメージ"をすると，脳内の運動関連領域の活動が高まりやすいだけでなく，脳から筋肉までの命令伝達に関わる回路の興奮性も高まることもわかっている。例えば，脳が足に対して「動け！」と命令すると，命令が脳の運動皮質から脊髄を通って骨格筋に伝わり，足が動く。この命令伝達の経路を皮質脊髄路と呼ぶが，興味深いことに，皮質脊髄路の興奮性は"見ているイメージ"では高まらないが，"しているイメージ"をすると高まる。これらのことから，メンタルプラクティスを行う際には，自分がコートに立っていて，目の前には対戦相手がおり，ボールがコートを行き来する情景や，その時の身体感覚，音，雰囲気など，"実際にプレーしている時"のリアルなイメージを描く必要があるといえる。

ただし，"見ている（視覚的）イメージ"が不

要であるということではない。例えば，初心者はスキルを十分習得していないため，運動感覚をクリアにイメージすることが困難である。また，熟練した選手であっても，挑戦したことのない戦術や経験したことのない動きを行った時の感覚を最初からクリアにイメージすることは容易ではない。そのような場合には，最初は"見ているイメージ"を用い，徐々に"しているイメージ"に移行するとよいだろう。一般に，"しているイメージ"よりも，"見ているイメージ"の方が描きやすいことがわかっている。

##### ②実際の運動場面に近い状況でイメージする

イメージは座っていても立っていても可能だが，イメージの効果を高めるためには，実際に運動する時とできる限り同じような状況でイメージするとよいといわれている。例えば，実際の運動場面と同じように道具を持つ，似たような姿勢をとるなど，実際の場面に近い状況でイメージした時ほど皮質脊髄路の興奮性が高まることがわかっている。そのため，ラケットを手に持ってイメージした方がメンタルプラクティスの効果は高まるといえるだろう。

##### ③ある程度実行可能なイメージをさせる

自分がまったくできない，あるいは経験したことのない動きをイメージすることは簡単ではない。イメージを使ったメンタルプラクティスでは，自分がある程度実行可能なイメージを描いた時の方が，まったくできない動きをイメージした時よりも皮質脊髄路の興奮性が高まることが示されている。そのため，イメージを使った学習は，ある程度できる動きや戦術の調整に効果的であるといえるだろう。

## 5. 観察学習における脳機能

### (1) メンタルプラクティスとの違い

指導者の示範，つまり手本や映像の観察によって選手が運動スキルを学習する方法を観察学習やモデリングと呼ぶ。選手が手本を観察すると，観察した動きは視覚情報として脳内に取り込まれ，その情報をもとに自分が行うべき運動がシミュレートされる。身体を動かさずに脳の中で運動をシミュレートするという点で，観察学習とメンタルプラクティスは非常に類似しているといえるだろう。しかし，運動をシミュレートする際，メンタルプラクティスが脳内に記憶されている運動感覚などの情報を手がかりにするのに対し，観察学習では手本を見た時の視覚的な情報を手がかりにするため，この点で両者は異なる。とはいえ，どちらも身体を動かさずとも脳の運動関連領域の活動を高められるため，非常に類似した練習方法であるといえる。

### (2) ミラーシステム

観察学習の本質は，見て真似る，つまり模倣する点にある。ヒトが他者の行動を観察する時，身体は必ずしも動かないが，運動の実行を司る脳の運動中枢には，他者の行動を観察している時にも，自分が実際に身体を動かす時と同様に活動する神経細胞群が存在することが明らかになっている。その神経細胞群は，前頭葉の運動前野腹側部や下前頭回後部，下頭頂小葉と呼ばれる部位にあ

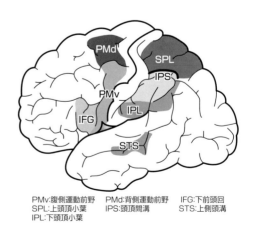

PMv:腹側運動前野　PMd:背側運動前野　IFG:下前頭回
SPL:上頭頂小葉　IPS:頭頂間溝　STS:上側頭溝
IPL:下頭頂小葉

**図8.4.11　ミラーシステム**
(冷水誠, 2012,「イメージの科学」より改変)

り，これらの部位同士は１つのシステムとして機能している可能性が高いことから，ミラーシステムと呼ばれている（図 8.4.11）。ミラーシステムは，他者の動作を観察するだけで活動することから，模倣行動の神経基盤であるとされている。特に興味深い点は，観察だけでなく，運動中に発せられる音を聞くだけでも活動するという点である。つまり，選手が指導者の手本を観察したり，大会会場で他選手の試合を観戦している時だけでなく，ボールを打つ音を聞くだけでもミラーシステムの活動は高まっているといえる。古くから指導現場では "見て学ぶ，見て盗む" ことが重要だといわれてきたが，ミラーシステムの発見は，この教えの背景にある科学的根拠を脳科学の視点から裏づけてくれたわけである。

## (3) 観察学習のポイント

### ①まずは観察させる動きにしっかりと注意を向けさせる

指導者が「こういう動きをするとよい」と言いながら手本を見せても，選手の注意が手本の方に向いていなければ観察学習の効果は期待できない。したがって指導者は，選手の注意が示範する動きの方にしっかりと向くように工夫しなければならない。まずは，どこに注意して観察してほしいのか事前に伝えるとよい。実際，示範する際に，見るべきポイント，すなわち運動遂行上重要なポイントを事前に伝えておくと，観察学習の効果が高まることがわかっている。ただし，説明が長すぎたり，内容が不明瞭であるがために，選手の注意が観察ポイント以外に向いてしまわないよう配慮する必要がある。

### ②選手がある程度できる動きを観察させる

メンタルプラクティスのポイントで述べたように，イメージする内容は，自分がある程度実行可能な内容の方が皮質脊髄路の興奮性を高める。観察学習に関する研究でも，自分が経験したことのある，あるいは日常経験することの多い動きを観察した時の方が，まったく経験したことのない動きを観察する時よりもミラーシステムの活動性や皮質脊髄路の興奮性が高まることが示されている。

ただし，自分がまったくできない運動スキルの手本を観察させることも無意味ではない。例えば，初級者や中級者に一流選手のプレーを見せることは，彼らの意欲やモチベーションを高め，ワクワクした気持ちにさせる。ある研究では，観察をしながら，あたかも自分が同じようにプレーをしているかのようなイメージをさせると，皮質脊髄路の興奮性が高まることが示されている。したがって，指導者は，イメージさせる内容を上手に操作することで，運動のスキルを学習させたり，意欲やモチベーションを高めたりするとよいだろう。

### ③手本は選手と同じ方向を向いて見せる

指導者が選手の前に立って向き合って動きを提示すると左右が反対になる。近年では，示範する際に，学習者と同じ方向を向いて示して行う方がミラーシステムを含めた脳の運動関連領域の活動が高まることも示されている。したがって，指導者は観察させる向きについても注意する必要があるかもしれない。

### 文献

1）Bootsma, R. J. & van Wieringen, P. C. W. (1990). Timing an attacking forehand drive in table tennis. Journal of Experimental Psychology: Human Perception and Performance, 16 (1), 21–29.

2）Marteniuk, R. G. (1975). Information processing channel capacity, learning stages and the acquisition of motor skill. In H. T. A. Whiting (Ed.), Readings in human performance, 5–33. London: Lepus Book.

3）中込四郎・伊藤豊彦・山本裕二（2007）.『スポーツ心理学：からだ・運動と心の接点』培風館

4）Lotze, M., Montoya, P., Erb, M., Hulsmann, E., Flor, H., Klose, U., Birbaumer, N., &

Grodd, W. (1999). Activation of cortical and cerebellar motor areas during executed and imagined hand movements: An fMRI study. Journal of Cognitive Neuroscience, 11(5), 491-501.

5）西平賀昭・大築立志（2005).『運動と高次神経機能－運動の脳内機能を探検する－』杏林書院

6）冷水誠（2012).「行動の神経学的過程としての運動イメージ」森岡周・松尾篤編『イメージの科学 リハビリテーションへの応用に向けて』三輪書店

7）ジョン・スターリング，苧阪直行・苧阪満里子訳（2005).『大脳皮質と心―認知神経心理学入門』新曜社

# §5 機能解剖学

## 1. 基本的表現

ソフトテニスに限らずスポーツの動きを正しく理解し指導するためには，人間の体の解剖と機能に関する知識が不可欠である。本章では特にソフトテニスの指導者が知っておくべき動きに着目して，骨格，筋肉，靭帯，関節の解剖と機能について解説していく。

身体の動きについて話す時には，体における位置関係や運動方向・運動の仕方についての共通のルールがある。

### (1) 方向，基本面，基本軸

身体の位置関係を表すための言葉である。体の中心を通る線を正中線と呼ぶ。この正中線を基準にした位置関係ですべていい表されている。

まず，方向を示す言葉が以下の通りである。
内側：正中線により近い方
外側：正中線により遠い方
上方：より上の方
下方：より下の方
前方：前の方
後方：後ろの方
近位：四肢において体幹に近い方
遠位：四肢において体幹から遠い方

前内側や遠位外側などこれらを組み合わせて使うこともある。また，体のおなか側を腹側，背中側を背側，手のひら側を掌側，甲側を背側，手の親指側を橈側，小指側を尺側など，部位によって特殊な呼び方を使うこともある。身体の動きを表すにはこれらの用語と基本軸，基本面についても理解しておく必要がある（図 8.5.1）。

前額面：体を前後に2分する面
矢状面：体を左右に2分する面
水平面：体を上下に2分する面
矢状軸：矢状面・水平面に並行で前額面と直交する軸
前額軸：前額面・水平面に並行で矢状面と直交する軸
垂直軸：矢状面・前額面に並行で水平面と直交する軸

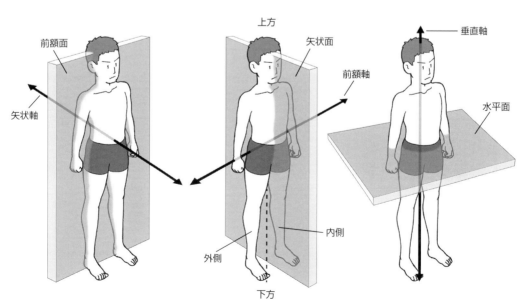

**図 8.5.1　動きを表す基本軸と基本面**

## (2) 基本的な関節の動き

前記の位置関係を示す言葉により関節の動きを定義することができる（図 8.5.2）。

内転：主に前額面上で体幹の中心に向かって近づく動き

外転：主に前額面上で体幹の中心に向かって遠ざかる動き

屈曲：関節のなす角度が小さくなる動き（一般的には基本の肢位からより曲がりやすい方向へ向かう動きが屈曲）

伸展：関節のなす角度が大きくなる動き（屈曲の反対の動き）

内旋：その関節の遠位にある骨の長軸を中心に前面から見て内側に向けて回る動き

外旋：その関節の遠位にある骨の長軸を中心に前面から見て外側に向けて回る動き

その他，背屈，掌屈，回外，回内など部位によって特殊な動きもあるが，各論で解説していきたい。

## (3) 全身の骨格

人間の体の根本的な部分はほぼ骨の動きで表すことができる。全身に 206 ある骨は，隣の骨と関節を形成する。1 つの関節を形成する骨同士は靭帯と筋肉により連結されており，靭帯は関節の運動方向の限界を決めて安定させ，筋肉は関節の動きを担当する。また筋肉は，靭帯の機能を補助して関節の安定性に寄与するという重要な働きも持つ。全身の骨格の前面，背面を図 8.5.3 に示す。

## (4) 全身の筋肉

筋は，人間をはじめ多くの動物が持つ軟組織であり，力や運動を生成することが主要な機能となっている。体表面付近にある筋肉は表層筋と呼ばれ（図 8.5.4），またその内部には深層筋と呼ばれる筋肉も存在する。ソフトテニスのようなスポーツ活動においては，随意的に動かすことのできる骨格筋の働きが特に重要視される。骨格筋は腱を介して骨に付着しており，その付着部は以下のように呼ばれている。

起始：近位側の付着部
停止：遠位側の付着部

## (5) 関節の動き

人体の各関節はいくつかのタイプに分類されていて，動く方向などに特徴がある（図 8.5.5）。身体の動作を考える時，関節の特徴を理解していないと無理な動きをさせてしまうことになる。

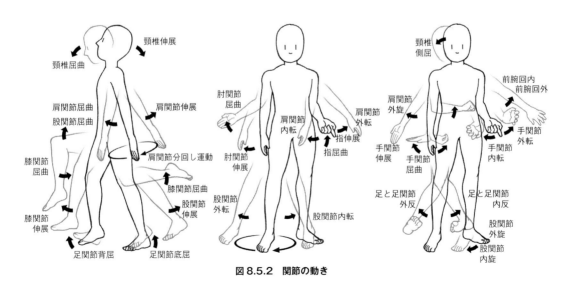

**図 8.5.2　関節の動き**

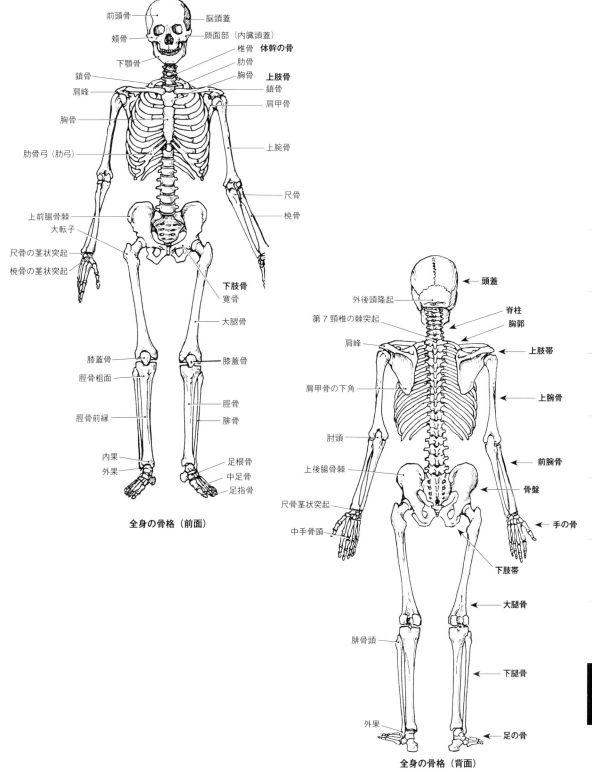

図8.5.3 全身の骨格

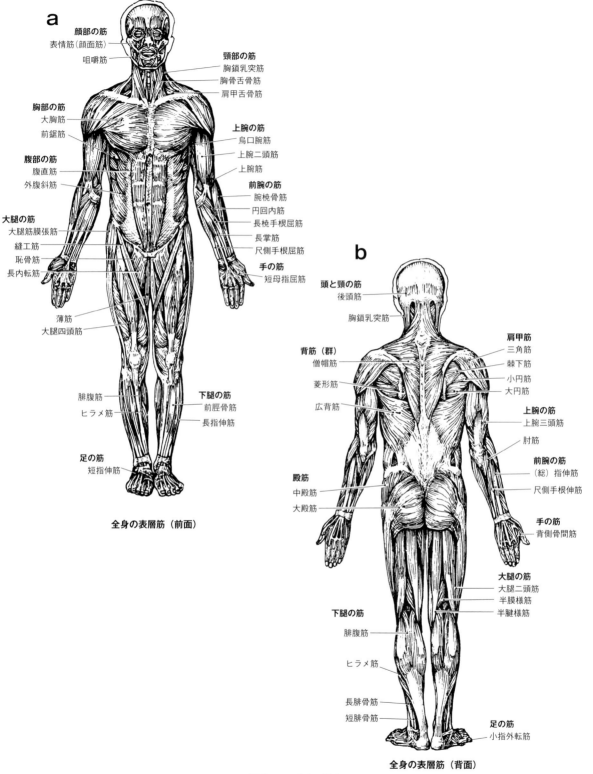

図 8.5.4　全身の筋肉

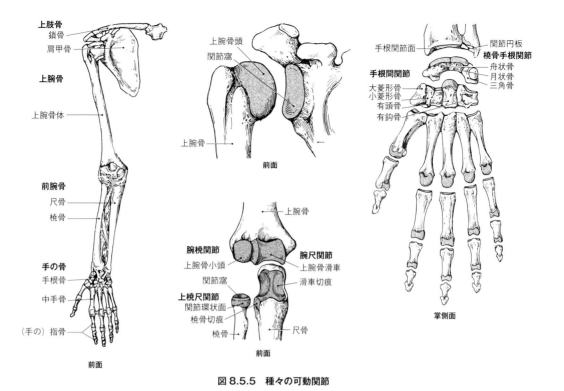

**図 8.5.5　種々の可動関節**

## 2. 肩甲帯と肩関節

通常肩の動きとしてとらえているものは、肩甲帯と肩関節（肩甲上腕骨）の動きを合わせたものである。肩全体の動きの3分の2を肩甲上腕関節が、3分の1を肩甲帯が担っている。

### (1) 肩甲帯

- **構造**

　肩甲帯は肩甲骨と鎖骨より形成されている。鎖骨はその近位で胸骨と胸鎖関節を形成し、肩甲骨は胸郭と肩甲胸郭関節を形成している。肩甲骨と鎖骨は肩鎖関節を形成している。

- **運動**

　肩甲帯の動きを考える時には、肩甲骨の動きにのみ着目するとわかりやすい。
　肩甲骨は挙上、下制、内転、外転、上方回旋、下方回旋の6方向に動く。

- **筋**

　肩甲骨の動きには、主に5つの筋が関与している。肩甲骨の前方の筋は小胸筋と前鋸筋で、主に外転と下制を担う。後方の筋は僧帽筋、菱形筋、肩甲挙筋で内転と挙上を担っている（図8.5.6）。

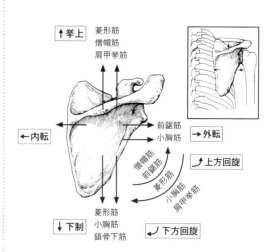

**図 8.5.6　肩甲骨の動きに関与する筋肉**
四角囲みの文字は肩甲骨の動きを示す

## (2) 肩甲上腕関節

・**構造**

　肩甲骨の関節窩と上腕骨頭で形成される関節で、一般に肩関節といった場合、この関節のことを指す。肩甲上腕関節は非常に大きな自由度を持つ球関節であるが、その可動域の対価として大きな不安定性も持っている。肩甲骨関節窩は上腕骨頭の受け皿としては小さいので、関節唇という軟骨の堤防のような構造がそれを補っている。また、肩甲骨と上腕骨を連結する関節包とその一部が肥厚した関節上腕靭帯が、関節の安定性に重要な役割を担っている。

・**運動**

　下垂位から起こる外転、内転、屈曲、伸展、内旋の動きを基本として、それらの組み合わせにより非常に複雑な動きをする。90度外転位からの内旋・外旋を第2内旋・外旋といい、同肢位からの屈曲・伸展を水平屈曲・伸展という。90度屈曲位からの内外旋については、第3内外旋という（図8.5.7）。

・**筋**

　体幹と上腕骨をつなぐ筋と肩甲骨と上腕骨をつなぐ筋に分けられる。前者は広背筋と大胸筋で、後者は三角筋、大円筋と腱板の筋群である。広背筋は上腕を内後方に引き、大胸筋は上腕を内転しない方に回旋する。三角筋は著しく強い筋で上腕を水平まで上げる。腱板の筋群は、棘上筋、棘下筋、小円筋、肩甲下筋で、上腕骨を骨頭に引きつけ肩関節を安定化させる働きと、肩関節の外転、外旋、内旋をさせる動きを担っている。

　投球動作やラケットでの打球動作の最大外旋時（cocking phase）に、肩甲上腕関節が internal impingement という状態を起こし、腱板や関節唇の障害を引き起こすことがある。この原因は肩甲上腕関節の過水平外転である。テイクバック時に肩甲帯の内転が足りないと、それを補うために水平外転が強くなるため、肩甲骨の可動性を高めることが大切になってくる。また、野球やテニスなど利き手側の肩を酷使するスポーツでは、第

屈曲

伸展

内旋

外転

内転

外旋

**図8.5.7　肩甲上腕関節の動き**

2 内旋可動域が狭くなる傾向があり，このことによりスムーズな動きを失った肩甲上腕関節も internal impingement を起こす（図 8.5.8）。

## 3. 肘関節と橈尺関節

・構造

肘関節は上腕骨と橈骨尺骨で構成される関節である。上腕骨滑車と尺骨滑車切痕が主にその動きを担い，上腕骨滑車と橈骨頭との接する面積は小さなものである。肘関節は伸展するほど安定性は増し，屈曲すると低下する。安定性は内側（尺側）側副靭帯と外側（橈側）側副靭帯に依存する。橈尺関節は車軸関節であり，近位では橈骨頭が尺骨頭上で回転

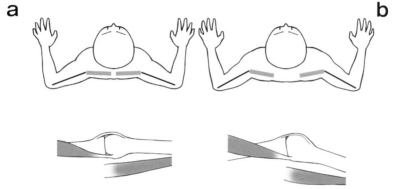

aとbの見かけ上の右肘の引き込んだ位置は同じであるが，肩甲上腕関節の水平伸展角度には違いがある
a：肩甲骨の内転が十分できると肩甲上腕関節の水平伸展角度は小さい
b：肩甲骨の内転が不十分だと肩甲上腕関節は水平伸展角度は大きくなり，Internal impingement の危険性が増す

**図 8.5.8　肩甲骨の内転と肩甲上腕関節の水平伸展との関係**

肘関節の伸展

肘関節の屈曲

橈尺関節（前腕）の回内

橈尺関節（前腕）の回外

**図 8.5.9　肘関節と橈尺関節の動き**

し，遠位では橈骨頭が尺骨の周りを回転する。橈尺関節は近位で橈骨が輪状靱帯により尺骨と結ばれている。

・運動

　肘関節は屈曲・伸展のみを行い，伸展0度から屈曲140〜150度程度の可動域を持つ。橈尺関節の動きは前腕の回内・回外である。（図8.5.9）

・筋

　肘関節前方には上腕二頭筋，上腕筋，腕橈骨筋，円回内筋，方形回内筋があり，主に肘関節の屈曲と前腕の回内を担う。後方には上腕三頭筋，肘筋，回外筋があり，伸展と回外を担っている。

　投球やラケットでの打球操作では，肘関節に外反ストレスがかかりやすくなる。繰り返す外反ストレスは，尺側側副靱帯の障害・損傷や腕橈関節（上腕骨と橈骨の関節）への負荷による軟骨障害（離断性骨軟骨炎）の原因となる。

## 4．手関節と手

・構造

　手関節（手首）と手は，橈骨を含めた29個の骨で構成されている。前腕の橈骨・尺骨の遠位に8個の手根骨（舟状骨，月状骨，三角骨，豆状骨，大菱形骨，小菱形骨，有頭骨，有鈎骨）が2列に並び，さらに遠位に第1〜5の5本の中手骨が，その遠位に基節骨，中節骨，末節骨という3つの指節骨が続く。母指には中節骨はない。

　中手骨と基節骨の間の関節を中手指節関節（MP関節），基節骨と中節骨の間の関節を近位指節間関節（PIP関節），中節骨と末節骨の間の関節を遠位指節間関節（DIP関節）と呼ぶ。母指では基節骨と末節骨の間で指節間関節（IP関節）があり，大菱形骨と中手骨の間に手根中手関節（CM）関節がある。

・運動

　手関節は屈曲（掌屈），伸展（背屈），外転（橈屈），内転（尺屈）の4方向の動きである。指の関節は屈曲と伸展のみが可能だが，中手指節関節では外転・内転も可能である。これは指を開いたり閉じたりする動きにあたる（図8.5.10）。

・筋

　起始を上腕骨や前腕の骨に持つ外在筋と起始・停止が，ともに手の中にある内在筋がある。手の指を動かさず手関節だけ動かす6つ

掌屈

橈屈

指伸展

背屈

指屈曲

尺屈

**図8.5.10　手関節と手指の動き**

の筋があり，掌屈させる橈側手根屈筋，尺側手根屈筋，長掌筋と背屈させる長橈側手根伸筋，短橈側手根伸筋，尺側手根伸筋に分かれる。これ以外に9つの外在筋があり，主に指の動きを担うが，手関節をまたぐので手関節の動きにも関与してくる。浅指屈筋と深指屈筋は指の屈曲と手関節の掌屈に，（総）指伸筋と示指伸筋及び小指伸筋は手指を伸展させ，手関節も背屈する。長母指外転筋は母指の外転と手関節の外転に関与してくる。橈屈には橈側手根屈筋，長橈側手根伸筋，短橈側手根伸筋，長母指外転筋，長母指伸筋，短母指伸筋が関与し，尺屈には尺側手根屈筋，尺側手根伸筋が関与する。手の内在筋は手関節より遠位の骨に起始と停止を持つ筋群で手・指の複雑な動きを担う。

手関節尺側には三角繊維軟骨複合体（TFCC）という組織が存在し，しばしばこの損傷がテニスにおける手関節痛の原因となる。打点が体に近すぎる場合，手関節の尺屈背屈が強くなり損傷を引き起こす可能性がある。

## 5. 股関節

・構造

股関節は寛骨の寛骨臼と大腿骨の大腿骨頭からなる球状の関節で，体重支持や歩行などに関与するため，運動範囲が広く，かつ，強固な関節である。

腸骨大腿靭帯，恥骨大腿靭帯，坐骨大腿靭帯が大腿骨頭と寛骨をつなぎ，股関節を覆っている。関節内には大腿骨頭と寛骨臼の間に大腿骨頭靭帯がある。股関節は，骨盤側の骨頭をしっかりと覆う形状や，強力な靭帯・筋のために肩関節に比べ脱臼することははるか

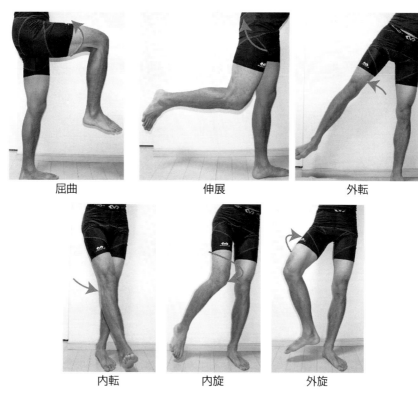

図 8.5.11　股関節の動き

に少ない。
- 運動

　股関節は球状の関節であるため，大きな運動範囲を有している。股関節の動きとしては，屈曲・伸展・外転・内転・内旋・外旋とそれらの組み合わせで運動が構成されている（図8.5.11）。

- 筋

　股関節前方の筋（腸腰筋，大腿直筋，縫工筋）は屈曲に，股関節後方の筋（大殿筋，大腿二頭筋，半腱様筋，半膜様筋）は伸展に，股関節外側の筋（中殿筋，小殿筋）は外転に，股関節内側の筋（恥骨筋，短内転筋，長内転筋，大内転筋，薄筋）は内転に主に働く。また，股関節外側後方の深部には深層外旋六筋があり，外旋に働く。

　スポーツにおける股関節の痛みの原因に股関節唇損傷やFAI（femoroacetablar impingement：大腿臼蓋インピンジメント）がある。これは屈曲・内旋のしすぎにより起こり得る。

## 6. 膝関節

- 構造

　膝関節は，大腿骨下端と脛骨の上端の連結と前面に膝関節が加わった関節である。大きな運動性があり，さまざまな軟骨・靭帯があるため，障害を受けやすい。

大腿骨と脛骨の間に内側半月板，外側半月板が存在する。内外側半月板のさらに中心部に前十字靭帯，後十字靭帯が存在する。内側には内側側副靭帯，外側には外側側副靭帯が存在し，十字靭帯とともに膝の安定性を保っている。

- 運動

　膝関節は屈曲，伸展と回旋運動を行う。膝関節を伸展していくと，完全伸展位の直前に大腿骨に対して脛骨が外旋する特徴がある。（図8.5.12）

- 筋

　膝関節前方の筋（大腿直筋，内側広筋，外側広筋，中間広筋）は伸展に，後方の筋（半腱様筋，半膜様筋，大腿二頭筋，薄筋，腓腹筋）は屈曲に働く。大腿直筋，内側広筋，外側広筋，中間広筋は総称して大腿四頭筋，半腱様筋，半膜様筋，大腿二頭筋はハムストリングスと呼ばれている。大腿直筋とハムストリングスは二関節筋であり，股関節，膝関節両方に作用する。

　爪先と膝頭の向きが同方向となる基本の肢位に対して，膝頭が内側に向くことをknee inという。このknee inの動きが過剰に繰り返されると，内側側副靭帯の障害・損傷やハムストリングスの脛骨付着部の痛みである鵞足炎を引き起こす。またknee inは，膝関節の外傷でも深刻で頻度の高い

  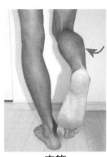 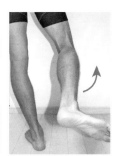

屈曲　　　　　　伸屈　　　　　　内旋　　　　　　外旋

**図8.5.12　膝関節の動き**

前十字靱帯損傷を起こしやすい肢位でもある。膝関節の回旋運動の可動域は小さく、意識的に回旋をさせようとすると半月板や軟骨の損傷を引き起こす。

## 7. 足部と足関節

・構造

　足関節は脛骨と腓骨を連結する関節と脛骨, 腓骨, 距骨によって構成される関節からなる。足部には7個の足根骨が存在し, 各々の骨が隣接する骨と連結している。足部の骨はアーチ構造を有し, 内側縦アーチ, 外側縦アーチ, 横アーチに分けられる。足関節内側に三角靱帯, 外側に前距腓靱帯, 踵腓靱帯, 後距腓靱帯が存在する。一般的な内反捻挫では外側の靱帯が損傷する。

・運動

　足関節は背屈, 底屈と外反, 内反の運動を行う。外反には背屈が, 内反には底屈が伴って運動が起こる（図8.5.13）。

・筋

　足関節前方を通る筋（前脛骨筋）は背屈に, 後方を通る筋（腓腹筋, ヒラメ筋, 後脛骨筋）は底屈に, 内方を通る筋（前脛骨筋, 後脛骨筋）は内反に, 外方を通る筋（長腓骨筋, 短腓骨筋）は外反に主に働く。ほかに足趾の筋も足関節の運動に働いている。

　足関節は, 背屈が強いほど脛骨腓骨で形成するほぞに距骨がはまり込み, 安定する。そのため捻挫の予防のためには十分に背屈できることが重要となる。また, 外側の靱帯の作用を腓骨筋が補助するので, 腓骨筋の強化も足関節捻挫の予防に有効である。

## 8. 脊柱と体幹

・構造

　脊柱は椎骨が重なり合って連結していて, 成人では26個（頸椎7個, 胸椎12個, 腰椎5個, 仙骨1個, 尾骨1個）の骨から構成されている。脊柱は側方から見ると前弯, 後弯を繰り返す弯曲が見られる。体幹部では胸椎に加え, 12対の肋骨と1個の胸骨が胸郭を構成し, 内臓器官を保護する（図8.5.14）。

・運動

　体幹は屈曲（前方へ曲がる動き）, 伸展（後方へ曲がる動き）, 側屈（側方へ曲がる動き）, 回旋の運動を行う（図8.5.15）。

・脊柱・体幹の筋

　体幹の背部には脊柱起立筋が存在し, 体幹の伸展に働く。腹部には前面に腹直筋, 側面に外腹斜筋, 内腹斜筋が存在し, 体幹の屈曲に働く。また, 深部には腹横筋と多裂筋などの小さな筋が存在し, 脊柱・体幹の安定性を高めている。

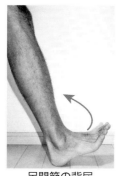
足関節の背屈

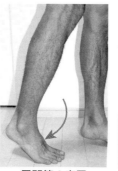
足関節の底屈

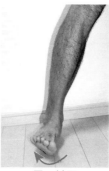
足の外反

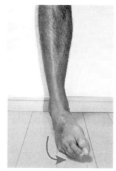
足の内反

**図8.5.13　足関節の動き**

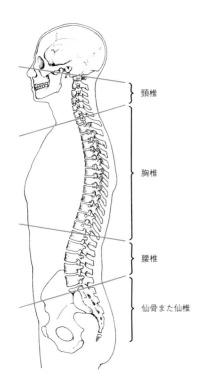

テニスでは体幹の回旋運動によりボールを打ち出すが，脊椎の回旋運動には制限がある。十分な回旋運動をするためには，脊椎の支えである骨盤の回旋が必要となる。骨盤が回旋するためには股関節が屈曲し，十分な内外旋可動域を持っていなければならない。

文献
1）斎藤宏編（1985）.『リハビリテーション医学講座第3巻　運動学』医歯薬出版
2）坂井建雄・松村讓兒監訳（2011）.『プロメテウス解剖学アトラス　解剖学総論/運動器系』医学書院
3）嶋田智明・平田総一郎監訳（2005）.『筋骨格系のキネシオロジー』医歯薬出版
4）中村千秋・竹内真希訳（2002）.『身体運動の機能解剖　改訂版』医道の日本社

図 8.5.14　脊柱

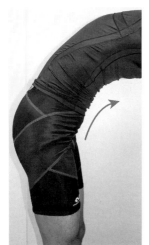
体幹の屈曲

体幹の伸展

体幹の側屈（右）

体幹の回旋

図 8.5.15　体幹の動き

# §6 栄養学

ソフトテニスは，シングルスで1時間以上にわたる試合を1日2～3試合，ダブルスでは30～40分の試合を1日に7～8試合行うことがある。このような長時間にわたる試合に集中してラケットを操作し続けるためには，これを可能にさせる体力が必要である。食事は身体活動のためのエネルギーを身体に取り入れる唯一の手段である。それゆえ，どんな食品をどのように整え，取るかは体力づくりの観点から重要である。食事には生き物の命と真摯に向き合う行為があり，食べ物への畏敬の念を育み，大切に扱うこころ・精神を育む行為が含まれている。

ソフトテニス選手に限らず一流選手は国民から注目される存在であり，多くの人たちの希望でもある。期待を一身に受けそれに応えるためには，心身ともに高いレベルで健全で模範的となることが求められる。それゆえ本項では，競技力・人間力の向上に資するためのソフトテニス選手の食生活の基本と最近の考え方を紹介することとする。

## 1. 栄養・食事の基礎知識

### (1) 身体と食べ物

私たち人間を自動車に例えれば，車体は人間の身体そのものであり，また，車体を動かす原動力となるガソリンは炭水化物，脂質，たんぱく質（いわゆる熱量素）となる。さらに，ガソリンを燃やして化学エネルギーを機械エネルギーへ変換するための潤滑剤（調節剤）として働くオイルは，身体の調子を整える作用のあるビタミン，ミネラルなどにあたる。車がいつでも駆動できる状態を保つには車体整備はもちろんのこと，オイルや冷却水チェックは当然ながら重要である。人間の場合も同様であり，試合に向けて万全な状態を準備するには日頃の食事でしっかりエネルギーを取り，調節素を確保する必要がある。それゆえ，これを食べれば必ず勝てるという食べ物や食べ方はなく，あくまでも試合でトレーニング成果を出すための身体づくり方策の1つである。ここで重要な点は，私たちの身体は毎日，「作り変えられている」ことである。

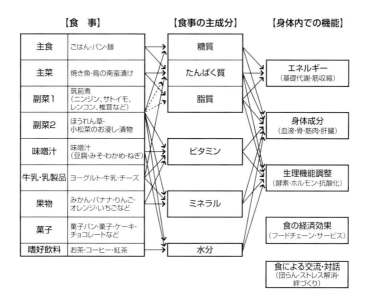

**図 8.6.1 食事と身体の機能**

## (2) 食べ物の働き

　食べ物には①身体を動かすエネルギー（一次機能），②身体づくり（二次機能），③身体の調子を整える（三次機能）成分を補給する役割があり，さらに，④食を通した経済発展への寄与と，⑤団らんを囲み，コミュニケーション食を通した人間力育成（食育）の役割がある（図8.6.1）。近頃では特に，食を通した人間力育成に注目が集まっている。

　ヒトの身体に有益な食品中の成分はまとめて栄養素と呼ばれる。食品中の栄養素は口をはじめとする消化器系で小腸粘膜を透過できる大きさに分解（消化）され，その後，体内に取り込まれる（吸収）。栄養素には糖質，脂質，たんぱく質，ビタミン，ミネラル，そして水などがあり（図8.6.1），糖質，脂質，たんぱく質は熱量素，または，三大栄養素と呼ばれ，必要に応じてエネルギーへと変換される。三大栄養素はさらに血液や筋肉，皮下や腹部の脂肪組織，さらに，肝臓や筋肉中のグリコーゲンなどとして身体を構成する。ビタミンやミネラルは酵素，補酵素，神経伝達物質やホルモンとして細胞内外の代謝に密接に関わっている。ゆえに，三大栄養素が身体活動のためのエネルギーに変換されるためには，この変換機構が正常に機能する必要がある。そのためにはビタミンやミネラルといった調節剤が相当量必要になる。さらに，水は身体の60～70％を占める最も重要な構成要素であり，暑熱環境下の長時間にわたる練習や試合がもたらす脱水は熱中症を発症させ死に至る危険性がある。それゆえ，水も一定量身体の中にある必要がある。

　このように私たち人間は毎日，絶えず，自分自身を作り変えており，不要になった老廃物を尿や便として体外に排泄して生きている。食事にはこの排泄分を補い，絶えず新しく作られる身体の合成材料を提供する役割がある。

## (3) 基本の食事

　一般に，天然の動植物体である食品は加熱調理や加工後に好みの味に調えられ，料理として食卓にのぼる。そして，栄養素バランスの整った食事は，日本では「3つの基礎食品群」「6つの食品群」（表8.6.1）さらに「食事バランスガイド」（図8.6.2）として主食・主菜・副菜・汁物・デザート（牛乳や果物を含む）といった食品や料理で構成されている。これらはいずれも，食品中の主要栄養成分含有量をもとに3つや6つの食品群に分け，これ

**表8.6.1　食品と食品群及び料理分類**

| 3つの食品群 | 6つの食品群 | 各種の食品 | 料理(注) | |
|---|---|---|---|---|
| 黄色の食品群<br>（力や体温となる） | 穀類,麺類,<br>イモ類,砂糖類 | ごはん・パン | 主食 | 主食 |
| | | うどん・そば・ラーメン | | |
| | | ジャガイモ・サツマイモ | | |
| | | 砂糖・菓子・嗜好飲料 | 副食 | 菓子・嗜好飲料 |
| | 油脂類 | バター・マーガリン | | 油類 |
| | | マヨネーズ・ドレッシング | | |
| | | 揚げ油 | | |
| 赤色の食品群<br>（血や肉を作る） | 卵類,魚介類,<br>肉類,豆類 | 鶏卵・ウズラの卵 | 副食 | 主菜 |
| | | 鮭・アジ・さば・サンマ・イワシ | | |
| | | 豚肉・牛肉・鶏肉・マトン | | |
| | | 大豆・豆腐・厚揚げ・がんもどき | | |
| | | インゲン豆・小豆・そら豆 | | 副菜 |
| | 乳・乳製品,<br>小魚類,海藻類 | チリメン雑魚・イワシ丸干し | | |
| | | 牛乳・チーズ・ヨーグルト | デザート | デザート |
| 緑色の食品群<br>（身体の調子を整える） | 緑黄色野菜類 | ほうれん草・空心菜・にら | 副食 | 副菜 |
| | | 小松菜・ピーマン・パセリ | | |
| | | トマト・かぼちゃ・ゴーヤ・人参 | | |
| | その他野菜類,果物 | 白菜・キャベツ・レタス・白ネギ | | |
| | | ごぼう・大根・蓮・玉ねぎ | | |
| | | 椎茸・マイタケ | | |
| 水分 | 水分 | 料理中の水分,お茶,水 | 飲料・汁物 | 汁物／嗜好飲料／水 |

注）料理中の食品には，喫食量により料理分類が異なってくる物がある。
　　また，ご飯や味噌汁，煮物類には食材に含まれる水分に加え，加熱料理の過程で水分が加えられている。

を「和ゴマ」で表現したものである。また，どのくらい取るかという点では食事バランスガイドはコマを構成する料理の皿数（サービングや"つ"）で示され，対象者の身体活動量や年齢，性によって相似形的に拡大・縮小して用いられている。そして，注目すべきは水分摂取が食事バランスガイド構成要因の主軸となっていることである。

ソフトテニスは階級制競技などとは異なり，試合に向けて減量や増量といった特別な体重管理はあまり必要でない。そのため，成人期や青年期の食べ方の適否は体重の増減，つまりは体脂肪量の増減で評価・判断することができる。これを取れば，食べれば，試合に勝てるといった食べ物はない。食事はあくまでも縁の下の力持ち的存在とし

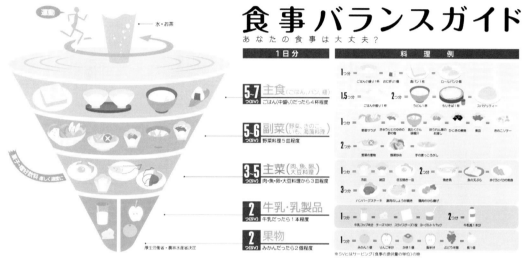

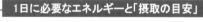

図 8.6.2　食事バランスガイド

てトレーニング効果を高めるための基本要素である。絶対的勝利にはトレーニングが一番大切であり，食事はこれを支える因子の1つである。食事をおろそかにすれば出来上がった身体がおろそかになり，おろそかな身体はソフトテニスの技術面，体力面，精神面がおろそかにならざるを得ない。試合に勝ちたいのであれば，まず日頃の食事管理を適切に行う必要がある。

## (4) 栄養素バランスの考え方

### ①栄養素バランス

食事の整え方・栄養素バランスは，「すし桶」とイメージできる。すなわち，生きてゆくために必要な栄養素は互いに一定の関係性を保ち，エネルギーや身体づくり，さらには身体の機能を整えていることになる。すし桶の立て板の高さはそれぞれの栄養素の役割（必要量）であり，過剰な栄養素摂取はすし桶からあふれ出し，最も立て板の低い栄養素摂取量が他の栄養素の摂取量を規定することになる。つまり，このことは栄養素全体のバランスが悪いと，せっかく取った栄養素も身体

で活用されることなく廃棄（排泄）されることを意味している。それゆえ，体内での栄養素の相互利用と排泄の関係性が一定に保たれた状態を栄養素バランスのよい状態と呼び，適切な食べ方ができていると評価される。

### ②日本人の食事摂取基準

日本では厚生労働省が栄養素の摂取不足や摂取過剰による健康障害からの回避と生活習慣病の予防を目的に参照する1日あたりのエネルギー及び栄養素の摂取量の基準を「日本人の食事摂取基準2025年版（以下，食事摂取基準）」として公表している（図8.6.3）。この値は5年ごとに時代背景や食糧供給，健康課題などを考慮して見直されるため，直近の値を用いて食べ方を評価することが重要になる。対象は日本人の乳幼児から高齢者に至る全年齢階級の男女であり，エネルギー摂取量については身体活動量別に紹介されている。しかし，この値をそのままナショナルチームや身体活動が多いトップアスリートに運用することは疑問とされている。それゆえ，コーチや監督といった指導者には食事摂取基準の考え方を十分理解し，

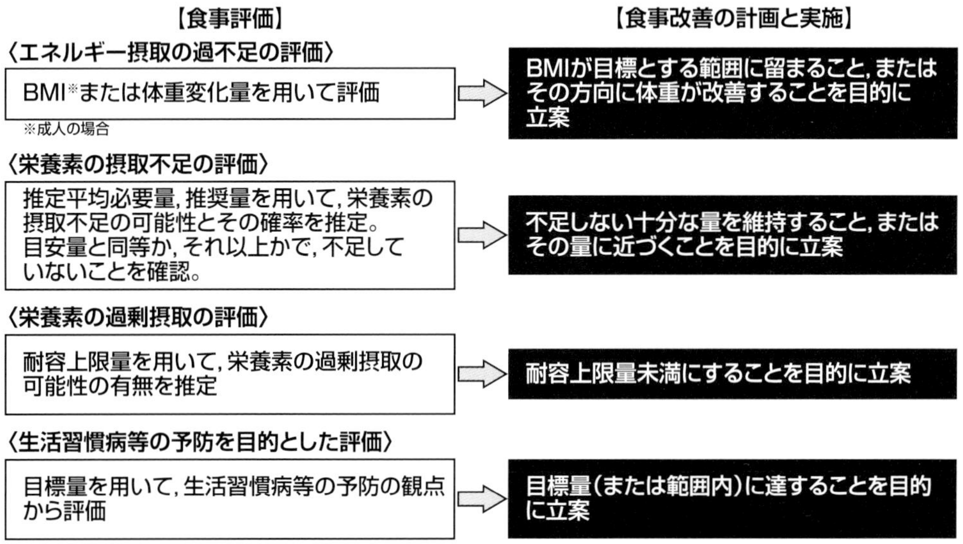

【食事評価】

〈エネルギー摂取の過不足の評価〉

BMI※または体重変化量を用いて評価
※成人の場合

〈栄養素の摂取不足の評価〉

推定平均必要量，推奨量を用いて，栄養素の摂取不足の可能性とその確率を推定。
目安量と同等か，それ以上かで，不足していないことを確認。

〈栄養素の過剰摂取の評価〉

耐容上限量を用いて，栄養素の過剰摂取の可能性の有無を推定

〈生活習慣病等の予防を目的とした評価〉

目標量を用いて，生活習慣病等の予防の観点から評価

【食事改善の計画と実施】

BMIが目標とする範囲に留まること，またはその方向に体重が改善することを目的に立案

不足しない十分な量を維持すること，またはその量に近づくことを目的に立案

耐容上限量未満にすることを目的に立案

目標量（または範囲内）に達することを目的に立案

図8.6.3　食事改善（個人）を目的とする食事摂取基準を活用した食事改善の計画と実施
資料：厚労省，「日本人の食事摂取基準（2025年版）」策定検討会報告書抜粋

中高生選手の適正な食べ方教育に反映させることが望まれる。

### ③アスリートとしての栄養素摂取の留意点

#### ア．エネルギー摂取量

スポーツ・身体活動で必要なエネルギーは身体の外から食事として日々，補われる必要がある。エネルギーの過剰摂取は体脂肪量の蓄積した「肥満」を，エネルギーの摂取不足は体脂肪量の減少した「やせ」を招くこととなる。

日常のトレーニング効果を維持し，試合に勝てる身体は，適正な体重と体脂肪率を保つことである。適正な体重すなわち理想体重は成人選手の場合，目標とする体格指数（Body mass index：BMI）に，自身の身長（m）を二乗すると算出できる。例えば，BMIが22の場合，身長170cmの選手ならば，下式のように理想体重は64kg前後となる。

理想体重（kg）= BMI 22 × 1.70（m）× 1.70（m）= 63.6kg ≒ 64kg

体脂肪率は，成人男性で10％前後，女子選手は母性としての健康維持のため，15〜20％を目安とする。食事調査を実施してエネルギー摂取量と体重・体脂肪率の変化を見れば，望ましい食事のありかたが考察できる。

#### イ．炭水化物摂取量

筋活動の直接的なエネルギー源は筋に蓄えられているグリコーゲンと中性脂肪，クレアチン，さらには，血中の糖質（血糖）や遊離脂肪酸である。なかでも，筋グリコーゲン蓄積量は筋持久力や全身持久力，最大筋力と直線的に関わること，炭水化物の摂取量と正比例して増加することが明らかとなっている。それゆえ，炭水化物の摂取目安量はトレーニング内容で異なり，持久系トレーニングでは体重1kgあたり6〜10g，瞬発系トレーニングでは5〜6gとされている。ソフトテニス選手は高い筋力，筋持久力と全身持久力が必要な競技であることから，炭水化物は1日の総エネルギー摂取量の55〜65％を摂取する必要があるだろう。

#### ウ．たんぱく質摂取量

たんぱく質摂取量については近年，食事由来のアミノ酸が筋たんぱく質合成や筋肥大に効果があること，さらに，一定量以上のたんぱく質摂取がスポーツ貧血や筋損傷を防ぐ可能性が報告されている。しかし，大量に摂取したたんぱく質はそのすべてが筋たんぱく質合成に使われるわけでなく，余剰分は体内で分解され，体外に排泄されたり，体脂肪に変換されたりする。それゆえ，どのくらいのたんぱく質を摂取することが筋肥大と筋損傷に有効かは，同時に摂取する炭水化物など，ほかの栄養素摂取量とも関わるため未解決な部分が多い。そこでたんぱく質量は，1日の総エネルギー摂取量の15％程度，体重1kgあたり1.0〜2.0gが望ましいとされている。

#### エ．水分摂取量

身体活動は筋の収縮を伴う活動であることから大量の熱を発生させる。ヒトの身体で発生した熱は輻射，伝導，放散，不感蒸泄（体表面から汗を蒸発させる）や呼気，発汗などによる体温調節機序によって一定に保持されている。なかでも汗は，皮膚の表面から蒸発するにあたり，気化熱を奪って皮膚温を下げる働きがある。インドア環境下で試合の多いソフトテニスでは，トレーニング中や試合中の発汗量は1時間に1ℓ以上になる場合がある。

水分には細胞内外の代謝物を溶解し，運び，潤滑剤としての働きがある。そのため，身体から一定量の水分が失われると健康影響をもたらし，重篤な場合は死に至る危険性さえある。一般に，不活動な状態下での水分排泄量は毎日2500mlとされ，これを飲み水や料理（食事），代謝水で作り出している（図8.6.4）。一方，暑熱環境下

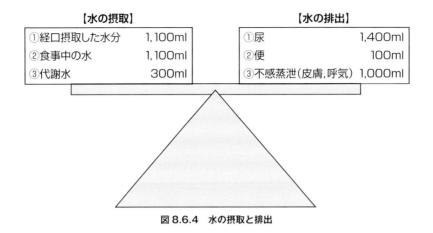

図 8.6.4　水の摂取と排出

では発汗による水分の放出機会が増え，その分大量の水分摂取が必要になる。そのまま放置すると熱中症に陥る危険性が高まることから、注意する必要がある（図 8.6.5）。

具体的な水分補給については，いわゆる"のどの渇き"の訴えに従って適切に行うべきものであり，基本は水を摂取することである。普段のトレーニング前後の体重変化からトレーニング中にどのくらいの発汗があるかをあらかじめ把握しておくと，試合やトレーニング中に摂取すべき水分量がわかることになる。特に，緊張感の高い試合などでは"のどの渇き"の訴えはあいまいでわかりにくく，その訴えに従っていては水分補給が足りなかったり，一度に多量の水分を取りすぎたことにより痙攣を起こしたりといったことがある。

大量の発汗がある場合などは，水だけでなく同時に塩分を補給することもよい（0.2%前後）。ただし，日頃の食生活で塩分が充分に取れている場合もある。トレーニング中や直後の食事で新鮮な果物や果汁，みそ汁やスープなどを積極的に取って失われた水分や電解質を補うことが望ましい。すなわち，ソフトテニス選手は四季を問わず，意識して水分や新鮮な果物，食事ではみそ汁やスープ類

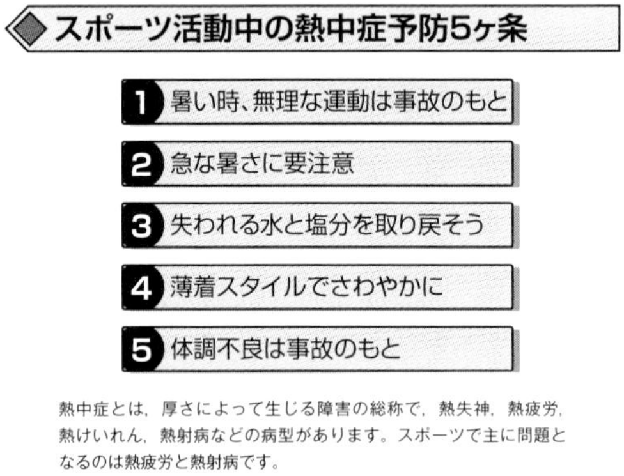

図 8.6.5　熱中症を防ごう（日本スポーツ協会）

を摂取するよう心がける必要がある。

## 2. スポーツ選手の健康課題

アスリートの健康障害には，骨折や捻挫といった整形外科的障害と貧血や風邪症状，肝臓病，腎機能障害といった内科的障害，さらには下痢や便秘といったものがある。なかでも貧血や下痢，便秘などは食事の取り方と密接に関わる健康障害である。

## (1) 貧血予防と食事管理

貧血とは単位容積あたりの赤血球数，ヘモグロビン濃度が低下した状態であり，貧血に至る前段階として体内鉄栄養状態の悪化がある。体内鉄栄養状態は貯蔵鉄である血中のフェリチン濃度，血清鉄濃度，総鉄結合能（血中のトランスフェリン濃度），さらに鉄飽和率で評価することができる。

スポーツ選手に見られる貧血は，①鉄欠乏性貧血，②溶血性貧血，③出血性貧血，④希釈性貧血に大別することができる。①〜③の貧血には食事による改善と予防が重要になる一方，④希釈性貧血だけは循環血液量の増大に伴い発生し，最高のパフォーマンス発揮が期待できる貧血である。

これまでの研究成果から，体内鉄栄養状態の良否は赤血球合成能力に影響を及ぼし，体内鉄栄養状態が正常な場合は運動トレーニングによる赤血球合成能力は促進され，不適切な場合は抑制される可能性が明らかになった。定期的に体内鉄栄養状態を評価して，貧血を早期に発見し，治療することは選手の貧血を予防するだけでなく，持久力の低下予防とパフォーマンス低下予防，さらには，重症化を予防することは明らかである。身体活動量の多いアスリートの赤血球合成能力は不活動な人に比べて高いことから，アスリートが貧血を発症する背景に食事由来の赤血球合成材料の摂取不足が密接に関わっていると考えられる。

ところで，ヒトの体内で赤血球が十分に合成されるには，鉄摂取に加え，たんぱく質やビタミンC，ビタミン$B_6$，ビタミン$B_{12}$，葉酸，亜鉛，マグネシウムなどの栄養素も一緒に取る必要がある。これら栄養素は食事中には肉類や魚類，卵類，豆類（主菜の主材料），さらには，野菜類（副菜の主材料）といった食品群や料理に含まれている。一人暮らしの大学生には手軽で簡単なごはんやパン，麺類（主食）だけで食事を済ませる選手が多い。貧血予防のためにも，主食だけでなく主菜や副菜のそろった食事を実践する必要がある。

## (2) 下痢・便秘予防と食事管理

男性アスリートは下痢，女性アスリートは便秘を訴える割合が高く，その背景に男女の腸周辺構造の違いが関わると考えられている。

便は毎日$150 \sim 200$ gほどが作られ，その$7 \sim 8$割が水分とされている。口から入った食物は胃を経て小腸，大腸を通過しながら消化・吸収される。胃から小腸に届いた消化物には多量の水分が含まれており，食後5時間ほどで直腸に，その後20時間以上をかけて大腸を移動する。大腸移動中に水分（$20 \ell$）のほとんどが吸収され，適度な硬さの便が形成され，便意とともに体外へと排泄される。下痢とは，食事の通過が早く大腸での水分の吸収が抑えられた状態であり，便秘とは食べ物の流れがゆっくりであるため大腸での水分吸収が進み，糞便中の水分量が減少した状態である。

ところで，緊張や不安といった精神的ストレスは自律神経系の調節を攪乱し，腸に痙攣を誘発させて腹痛や下痢，便秘といった症状をもたらすと考えられている。これらはまとめて過敏性腸症候群と呼ばれる。そして，一度，過敏性腸症候群に見舞われると，「また起こるかもしれない」という不安な気持ちがまた同様の症状をもたらすという悪循環に陥り，長い期間にわたって繰り返し悩まされることになる。過敏性腸症候群はストレス病とも呼ばれるため，高強度のストレス状態に追い込まれる試合前のソフトテニス選手においても注意が必要である。

過敏性腸症候群を防ぐため，起床・就寝時刻や食事時刻といった生活時刻全体を規則的にすることが大切である。便秘解消のためには野菜類や果物類，いも類，きのこ類，海藻類など食物繊維の多い食品，ごはんやみそ汁，スープ，煮物などの水分を多く含んだ料理，食前・食後・食間に意識して水分を取ること，トレーニング中も水分を取ることが望ましい。アルコールやコーヒー，紅茶

などカフェインを多く含んだ嗜好飲料や香辛料，冷たくて腸に強い刺激となる食べ物は控えることが大切である。

## 3. 海外遠征時の食事

海外遠征は長い移動や初めての環境，日本と異なる気候などから，多くのヒトは自然と緊張感が高まり，ストレスを感じるものである。それゆえ，下痢や便秘，寝不足，頭痛などの不定愁訴を訴える選手が多くなる。これらを予防するためには，日本国内にいる時から起床就寝時刻や食事時刻と

いった生活リズムを整え，水分を意識して取るなど，「いつもと変わらぬ生活」が現地ホテルで再現できるよう準備することが重要になる。

食事は太陽光などとともに自律神経活動の重要な調節因子である。何日間くらい現地に滞在するのかといったこととも関わるが，日本にいる時から生活リズムを現地の時間帯に合わせ，体調管理に配慮して出国することも視野に入れておく必要がある。現地での食生活ポイントは表8.6.2にまとめたとおりである。

### 表8.6.2　海外遠征時の食生活ポイント

**1.ホテルの食事選び**
・「主食・主菜・副菜・牛乳・果物」を意識し整える
　　茹で,蒸す,煮るといった料理を選ぶ
　　炒め物や揚げ物料理は油の利用が多く,炭水化物が取れなくなる
　　不足しがちな水分摂取を食事(スープ,ジュース,牛乳,日本茶やウーロン茶など)で取ろう

・よく噛んで食べる
　　よく噛まないままに飲み込んでしまうことが多いため,食べすぎや下痢,消化不良の原因になる
　　カレーや丼ものもよいが,一品ものの食べ方には注意が必要である

・生野菜は食べない
　　温野菜を選んで食べよう
　　海外では硬水が一般的である。日本の水(軟水)とは水質が異なるため体調不良の原因につながる可能性がある
　　生野菜や果物の皮も注意が必要である。日本でも入手できるメーカーの野菜・果物のジュースやデザートを選ぼう

**2.サプリメントの準備**
・ドーピング・チェックで陽性とならないためにも,内容とサプリメント摂取の必要性を確認する
　　栄養素が偏る可能性があるため,長期滞在が考えられる場合は常備することも必要である
　　不足しやすい栄養素として食物繊維やビタミン,ミネラル類がある

**3.日本からの持ち出し食材**
・炭水化物補給
　　餅:30秒で食べられること,高炭水化物食材であるため,緊急時に役立つ
　　　　http://item.rakuten.co.jp/bousaikan/c/0000000371/
　　インスタントのみそ汁やスープ類(パスタスープやトマトのように酸味のあるものなど)
　　火も水も使わない,オールインワンの非常食(みそ汁,牛丼,カレーライスなど)
　　レトルトのごはん,ごはんにかける五目丼の具,ふりかけ,梅干し,つくだ煮昆布,レトルトカレー,雑炊の素,丼もの,各種缶詰(魚,肉など)
　　各種非常食から消化がよいと思われる米,ごはんもの各種
　　　　http://item.rakuten.co.jp/bousaikan/c/0000000194/
　　カステラ,海苔煎餅,バームクーヘンなど洋菓子,乾パン各種
・水筒
　　試合会場に水・粉末のスポーツ飲料を持参する
・その他
　　ラップ,ビニール手袋(衛生的におにぎりを結ぶ),ビニール袋(大小複数サイズ)

## 【現地での配慮】

### ①水への配慮

日本の水は安全の象徴的存在であるが，海外では当てはまらないことが多い。衛生的に問題のある地域（特に水道水）かどうかについては，事前に連盟を通して日本大使館や現地日本人会などに照会するといった配慮が必要である。氷も現地の水で作られている可能性があることから，「生水は飲まない」ことを徹底させる必要がある。高くても安心できる，日本でも入手できるメーカーの水をホテルで購入するといったことも必要になる。

緊張レベルの高い大会では特に，"のどの渇き"があいまいになることが多く，のどの渇きを覚える前に体力不足となることがある。そうならないため，日本で飲み慣れているミネラルウォーターやみそ汁，新鮮な果物（グレープフルーツ，オレンジ，リンゴ，梨，ブドウなど），各種スープなどで水分を補い，これらを持ち運ぶことも視野に入れて準備する必要がある。

### ②遠征中の食事に対する配慮

アスリートの食事は「主食」「主菜」「副菜」「牛乳・乳製品」「果物」「水」の整った食卓が基本である。日本にいる時からこれらを適切に整え，海外遠征に耐える「食事や料理を適切に選択できる力」を獲得しておく必要がある。また，海外の食材の中には，栽培段階や飼育段階でドーピング禁止物質が使われている場合もある。それゆえ，ホテル以外での食事や1人での外食，チームと違って1人だけで食事をするといったことは避けるよう心がける。

# 4．食生活のポイント

ヒトの身体は毎日作り変えられており，私たちは食事を通して自分の命をつないでいることに目を向ける必要がある。自分に食べ物が届くためには食べ物（植物や動物）の命をいただいていること，そして，多くの人が栽培，運搬，販売，調理・加工などの工程に関わっている（つながり）ことを理解する必要がある。ソフトテニス競技を通して，自身の身体に関心を寄せ，自分に合った食べ方（何をどれだけ食べることがよいのか）を理解し，食べ物に感謝し，礼を尽くす「こころ」を修め，

表8.6.3　ソフトテニス選手：食の自立に向けた到達目標

| チーム | 身体的特徴 | 生活様式の特徴 | 食の到達目標 |
|---|---|---|---|
| U-14<br>14歳以下<br>小学生・中学生 | 学童～思春期前半<br>身長・体重の増加<br>発育速度に個人差あり<br>女子の初経発来→体脂肪がつく | 学校給食<br><br>家族が食事を準備 | 選手<br>・食事は残さず食べる（特に学校給食）<br>・偏食（好き嫌い，食わず嫌い）しない<br>・主食，主菜，副菜の分類ができる<br>家庭<br>・主食，主菜，副菜，果物，乳製品を<br>　そろえた食事を出す |
| U-17<br>高校生 | 思春期後半<br>身長・体重の増加<br>性差<br>女子は体脂肪がつきやすい | ・自分で食べ物を購入<br>・付き合いで外食<br>・夜更かし<br>・受験勉強 | 選手<br>・自分に必要な食事を選べる<br>・必要な量を自分で準備して食べられる<br>・補食の必要性を理解し，活用できる<br>家庭<br>・食事作り（食材選び～後片付け）に参加する |
| U-21<br>大学生 | 発育期の終了<br>成人期<br>故障の発生 | ・一人暮らし<br>・欠食が見られる | ・低価格でも必要な栄養を含む食事が取れる<br>・1日を通し，食事から必要な栄養が取れる<br>・競技力と栄養が直結することを自覚する |
| ナショナル | 成人期<br>故障の発生 | ・大学生，社会人<br>・日常の食事は自己管理<br>・サプリメント利用 | ・遠征や合宿先でも，日常通りの食事が取れる |

2024/11/21 日本ソフトテニス連盟医科学部会（栄養チーム）

適切な食生活を実践できる力を育むことは，生涯現役の長い競技生活を楽しむことにもつながる。

すなわち，ソフトテニス選手の食生活は以下の5つのポイントにまとめることができる。

1）体重，体脂肪を定期的に測定しよう。

2）早寝早起きで生活のリズムを整えよう。

3）朝食は必ず取ろう。

4）主食，主菜，副菜を基本に，食事のバランスを整えよう。

5）水分，汁物，新鮮な果物は意識して取ろう。

日本ソフトテニス連盟医学部会の栄養チームでは，選手自身が食事を整えられることを目標とした食育を進めている。表8.6.3は、各カテゴリーの最高年齢において、達成すべき食行動目標である。日常的に選手と関わる指導者や保護者にもご理解をいただきたい。

# 第 9 章

## ソフトテニスの
## 医科学サポート

# §1 安全対策

## 1. 環境とコンディション

ソフトテニス指導における安全対策を考えると，まず環境の整備，コートコンディションなどにも注意する。ソフトテニスは屋外スポーツであるため，天候には十分注意し，特に夏の炎天下での試合や練習は，熱中症や過換気症候群を引き起こすこともあるので，十分な水分補給としばしば休息を取ることに留意する。さらには，通気のよい服装や帽子の着用などに配慮することは，選手とともに指導者も配慮する必要がある。

コートコンディションは，ソフトテニスではクレーコートが多かったが，ハードコートやオムニコートが多くなっており，下肢への負荷が増している。選手や指導者は，コートサーフィスにあったシューズを着用するように配慮することが，足関節や下肢にかかる負担の減少につながる。

そのほか，ソフトテニスでは，ラケットやボールにぶつかったり，ボールの上に乗って転倒，足関節を捻挫することがある。乱打練習時では，選手間の距離を十分に取る，ボールを適宜整理するなどの配慮が，安全な練習環境を整えることの1つといえる。

## 2. 選手のコンディショニング

コンディショニングの一環として，全身・局所の選手の身体的特徴と疲労状態を把握して，積極的に休養を取らせる勇気が指導者には必要である。選手には，練習のみならず，コンディショニングも強くなるための手段であることを理解させ，指導者は故障を起こさないよう，隠さないよう選手に自己管理の徹底を指導する必要がある。

### (1) メディカルチェック

身体の適応能力と運動の負荷量に不均衡があると，傷害を生じやすくなる。個々の運動器官の適応能力を検査し，臨床的に運動器の異常状態を把

### 下肢筋の評価
#### ①股関節屈筋の評価

Thomasテスト
股関節屈曲筋の短縮を調べるテスト。腸腰筋の緊張により，股関節が屈曲する。

Thomasテスト（変法）
股関節屈筋群の大腿直筋，腸腰筋などの短縮により，股関節が屈曲・膝関節が伸展する。

#### ①股関節屈筋の評価

Elyテスト
股関節屈筋の短縮を調べるテスト。
腹臥位で膝関節を他動的に屈曲させ，陽性であれば同側の股関節も屈曲し，台から持ち上がる。

#### ②ハムストリングの評価

SLR（Straight Leg Raising）
膝伸展位のまま，下肢を挙上させる。途中で膝関節が屈曲してくればハムストリングが短縮している可能性がある。

#### ③体幹～下肢後面の筋の評価

FFD（Finger Floor Distance）
立位で体幹前屈し，床から指尖までの距離を測る。
これにより，体幹後面・殿部・下肢後面の筋の短縮などを評価する。

#### ③下腿後面の筋の評価

A）十分なしゃがみこみ可能

B）不十分なしゃがみこみ

しゃがみこみ動作による評価。足関節背屈が十分であるかなどを評価する。
A）では足関節が背屈し深くしゃがみこみが可能である。一方，B）では背屈が不十分であるため深くしゃがみこめていない。

図 9.1.1　下肢筋の評価（タイトネステスト）

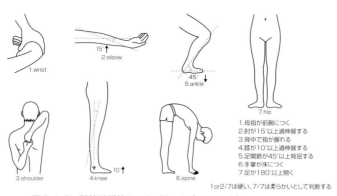

図9.1.2 関節弛緩性テスト（ルースネステスト）

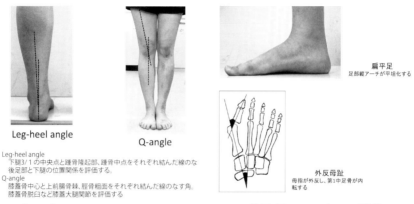

① 下肢アライメントの評価　　　② 足部のアライメント異常

図9.1.3 アライメント評価
注）足部のアライメントでは，扁平足・外反母趾などに注意する

握することが，メディカルチェックである。主には整形外科的メディカルチェックと内科的メディカルチェックがある。

整形外科的メディカルチェックでは，一般的な体力測定とともに，筋肉の硬さを見るタイトネステスト（図9.1.1）や関節の柔らかさを見るルースネステスト（図9.1.2），下肢・足部のアライメントのチェック（図9.1.3），さらには過去の外傷歴・障害歴も記録しておき，再発などのチェックも行う。内科的メディカルチェックは，突然死や喘息などが対象となる。突然死を来す原因としては肥大型心筋症，冠動脈疾患などが多く，心臓疾患を対象に行う。血液検査による貧血や肝臓，腎臓などのチェックや既往歴なども記録しておき，チェック対象とする。遠征や合宿での体調管理に

も重要で，アレルギーの有無なども記録する。

実際の練習や試合では，必ず練習前のウォーミングアップやストレッチを行い，練習後はクーリングダウンやアイシングを行い，傷害の発生を予防するように指導者や選手本人にも指導する。さらには，外傷の発生時には簡単な応急処置ができるように応急セットを携帯するとともに，バックアップの病院などを調べておくことも，不慮の事故などの対応に必要である。

文献

1) S.I. スボトニック，田村清・井街悠訳 (1985).『スポーツマンのフットドクター』大修館書店　p.48-56

# §2 傷害と予防

ソフトテニスに見られるスポーツ傷害は，多くがオーバーユースによるものであるから，それらの予防には，先に述べた安全対策やメディカルチェックが重要である。しかし，競技中には障害のみならず外傷を生じることもある。その予防のためにも，いかに傷害を生じさせないようにするかの競技前の準備も重要である。

## 1. 予防

ソフトテニスに見られる障害は，オーバーユースによるものが多いため，個々に合わせたトレーニングや休養が一番の予防につながる。さらに，試合や練習の前のウォーミングアップ不足や慢性の疲労の蓄積が障害の要因となることも多いので，ウォーミングアップ，クーリングダウンを行うとともに，練習後のアイシングを実施するようにする。

ウォーミングアップも，20〜30分かけて十分に行う。膝・肩・肘・腰部などの関節のストレッチと体温を上昇させることで，関節の固有感覚が良好となり，障害発生の予防につながる（表9.2.1）。障害の予防としてのクーリングダウンも必要であり，疲労を蓄積させないようすることが大切である。クーリングダウンのメニューの基本は，ウォーミングアップと同様で20〜30分かけて行うことを心がける（表9.2.2）。（第8章§1生理学，4心拍反応参照）

また，夏の練習や試合では，運動により筋肉から大量の熱が産生される。一方，皮膚の血管の拡張により，汗を体外に出すことで，体温を調節しようとする。外気が高温の場合，熱の拡散がなく，発汗があっても体温が下がらない状態になる。このような状態が続けば熱中症となるため，その予防も大切である。

対策としては，十分な水分補給が基本であるが，シャツが汗で肌に張りついた状態では熱の放散が起こりにくく，風通しをよくして，シャツを取り替えさせるなどの注意が必要である。

---

**表9.2.1 ウォーミングアップのメニューの例**

① 水分補給をする。
② ウォーキング　ゆっくり歩く。
③ ストレッチ　大きくゆっくり呼吸をしながら行う。
④ ジョギング　ゆっくり走る。10〜15分間くらい。
　全身に血液が回っているイメージを感じながら。
　ジョギングをしながら，サイドステップ，クロスステップ，
　肩回し，股関節を回す，後ろ歩き，歩幅を広く歩くなど，
　動きながら行う。
⑤ ストレッチ　もう一度しっかりと行う。

---

**表9.2.2 クーリングダウンのメニューの例**

① 水分補給をする。
② ジョギング　ウォーミングアップよりゆっくり走る。10〜15分間くらい。
　全身に血液が回っているイメージを感じながら。
　ジョギングをしながら，サイドステップ，クロスステップ，
　肩回し，股関節を回す，後ろ歩き，歩幅を広く歩くなど，
　動きながら行う。
③ ウォーキング　ゆっくり歩く。
④ ストレッチ　大きくゆっくり呼吸をしながら行う。
⑤ 着替え　汗をかいた衣服を着替える。
⑥ アイシング　肩・股関節を中心に行う。

---

## 2. 外科的傷害

ソフトテニスの外科的傷害は上肢，下肢，体幹の順に多く，特に肩・肘関節、膝・足関節，腰部の頻度が高く重要である[1]。競技歴平均7.4年の大学ソフトテニス選手を対象とした研究では，43.2％に何らかの外傷・障害の既往を有すると報告されており，特に女子選手と競技歴が長い選手にリスクが高いことが知られている。硬式テニスを対象とした研究では上肢では慢性的な原因による障害が多く，下肢では急性の外傷が多いとされる[2]。近年ソフトテニストップ選手の大会ではハードコートを使用することが多くなってきた。滑りを伴うため股関節周囲の柔軟性と筋力が必要とされてきた人工芝やクレーコートに比べ，足関節や膝関節の負担が多くなっており，傷害発生予防のためのトレーニングが必要である[3]。ソフトテ

ニスはサービス，ボレー，フォア/バックハンドストローク，スマッシュなど多様なショットを使用し，さらに通年で試合がある過酷な競技である。指導者は以下に述べる各部位の傷害の知識を持って傷害予防の意識を持ち，かつ選手自身がセルフケアを行うことができるよう，指導にあたることが必要である。

### (1) 下肢の傷害 (図9.2.1)

下肢では膝関節・足関節・足部の傷害が多い。膝関節の外傷では，半月板損傷，内側側副靭帯損傷，前十字靭帯損傷が多い。半月板損傷や前十字靭帯損傷は，スマッシュ後の着地などで損傷することが多い。膝関節に腫脹や関節可動域の制限を生じることが多い。また，障害としてはジャンパー膝や鵞足炎が多い。これらの障害には，運動前のウォーミングアップや運動後のクーリングダウンが有効で，また予防にもつながる。

足関節の外傷では，足関節捻挫，前距腓靭帯損傷が多い。足関節の損傷は，サイドへの移動時に多い。コートコンディションに合ったシューズの選択も重要である。練習・試合中で負傷した場合には，軽度であったとしても放置せず，専門医へ受診すべきである。足関節捻挫に対して不十分な治療によって，習慣化したり，足関節障害も生じやすくなる。アキレス腱の断裂も比較的多い外傷で，30代で多い。腓腹筋の緊張を緩めておくことが傷害の予防につながる。

```
┌─ 膝関節 ──────────────────┐
│  外傷              障害      │
│  ①半月板損傷      ①ジャンパー膝│
│  ②内側側副靭帯損傷 ②鵞足炎   │
│  ③前十字靭帯損傷            │
└────────────────────────┘
┌─ 足関節 ──────────────────┐
│  外傷              障害      │
│  ①前距腓靭帯損傷  ①足関節捻挫│
│  ②アキレス腱断裂            │
└────────────────────────┘
```
**図 9.2.1　下肢の傷害**

### (2) 上肢の傷害 (図9.2.2)

肩関節障害が多く，サービスやスマッシュの動作で生じやすい。病態としては，関節唇損傷や腱鞘炎であり，オーバーユースによることが多く，練習量や選手のコンディションを考慮すること，あるいは，肩関節周囲筋特にインナーマッスルの訓練を取り入れるとともに，肩や肘に対する練習・試合前後のケアも障害予防には欠かせない。肘関節では，いわゆるテニス肘があるが，これは，前腕の伸筋腱の付着部炎（上腕骨外顆炎）であるため，ソフトテニスの一般的なバックハンドストロークでは，基本的には生じない。硬式テニスのバックハンドストロークでの障害が多い。ソフトテニスのフォアハンド・バックハンドストロークでトップスピンを多用する選手では，前腕の屈筋腱の付着部炎（上腕骨内顆炎）を生じることがある。

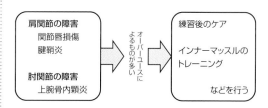

**図 9.2.2　上肢の代表的障害**

### (3) 脊椎の傷害

脊椎では，多くが腰の障害であり，急性腰痛症，腰椎分離症，腰椎ヘルニアなどが挙げられる。サービス・スマッシュの練習過多による筋・筋膜性由来の疼痛も多い。下肢にしびれを生じるなどの神経症状や頻発する腰痛では，腰椎椎間板ヘルニアなども考慮して精査が必要であろう。試合や練習前に十分なストレッチや日頃から体幹トレーニングが障害の予防につながる。

腰痛であれば，保存療法である温熱療法や牽引などが有効であろう。腰椎ベルトや簡易型コルセットの装着も有効である。幼少期より競技歴のある選手には，腰椎分離症（図9.2.3）を伴うこと

も多く，早期の精査を勧める。サービス練習では，スピン系よりフラット系での練習など，腰椎に負担のかかりにくいフォームなども考える。

図9.2.3　腰椎分離症

## 3. 内科的傷害

内科的スポーツ障害は数多くあるが，特に重要な疾患だけを取り上げる。なかでも「疲労」が誘因となることが多く，「疲労」の理解が必要だろう。

### (1) 疲労とストレス

競技スポーツは，ストレスと疲労が選手の身体に加わるものである。ストレスには物理的，科学的，生物的，生理的，精神・心理的なものがある。物理的なものには気温，湿度などがある。

化学的ストレスは気圧・水圧などの変化であり，ソフトテニスではそれほど問題とならないが，生物学的ストレスは細菌・ウイルスなどへの感染である。疲労により免疫が低下すると，風邪などの感染に曝されることとなる。花粉症もここに分類してよいだろう。生理的ストレスには時差ぼけなどがあり，時差により体内時計に狂いが生じ，睡眠障害，食欲不振などの症状が出る。精神・心理的ストレスは現代社会の問題で，人間関係，社会適応への障害がうつ病などを引き起こしてしまう。血液学的には白血球の微増，リンパ球の減少，好中球の増加などが単独，あるいは組み合わさって認められるので，参考になる。自律神経系，免疫系など，身体の通常の働きを司っているシステムがストレスに対して働き，身体の内部環境を一定に保とうとするのが適応である。

スポーツ活動そのものもストレスの1つである。トレーニングにより身体が徐々に適応し，その適応能力の増大をもたらし，心身ともに強くなっていく。したがって効率よく，無駄がなく，過度（オーバーユース）ではないトレーニングが必要とされる所以である。疲労の発生は生理的なもので，運動後は疲労を感じて当たり前で，疲労を感じなければ際限なく運動してしまい，過労，慢性疲労に陥る危険がある。したがって疲労の回復を速やかに図る必要があり，効率よくエネルギーの補給が必要となる。エネルギーの供給にはよく知られているように，無酸素的にはＡＴＰ－ＣＰ系と乳酸系があるが，およそ40秒程度でなくなってしまい，その後は有酸素系のシステムが働く（第8章§1生理学，2エネルギー供給システム参照）。過剰なトレーニングを繰り返してパフォーマンスが低下し，容易に回復しなくなった状態をオーバートレーニング症候群という。疲労の回復を待たずに高強度のトレーニングを続けてしまうことで発症する。パフォーマンスが低下するだけのこともあるが，症状は多岐にわたる。軽症であれば数週間の休養やトレーニング軽減で改善することもあるが，重症になると長期の完全休養が必要になるため，オーバートレーニング症候群の存在を認知して，「疲れが抜けない」選手がいたら，早期に受診につなげていただきたい。

### (2) 急性疾患

ソフトテニスでよく見られる急性疾患がいくつかある。いずれも重大な結果をもたらすことがあり，無視することはできない。

#### ①突然死

運動中に起こる疾患で最も危険なものは突然死で，原因としては若年層では心筋症や心血管の先天異常が多く見られる。中高年層では心筋梗塞がかなりの部分を占めているものと考えられる。循環器系のメディカルチェックが予防に重要で，日常的に疲労を中心とした体調管理がなされるべき

だと考えられる。

メディカルチェックにはナショナルチームで使用しているものがあり、参照していただきたい（文献）。学校保健での検診、その後の二次、三次検診で運動制限がなされることもあるが、ソフトテニスをしたい生徒にさせないのもいかがなものだろうか。家族、本人、指導者、学校が話し合ってお互いにいい方向で解決を図っていただきたい。しかし運動中の突然死は指導者、学校の責任問題としてマスコミでも大きく取り上げられることも多く、万全の準備をしておきたい問題である。

### ②熱中症

日本のように暑く湿度の高い夏ではよく起こる疾患である。暑熱ストレスで全身の障害が生じてくる暑熱障害である（表9.2.3）。初期対応にあたる非医療従事者が最も重症な状態を過小評価しないために、暑熱環境における体調不良では常に熱中症を疑う。そして、「日本救急医学会熱中症分類」を用いて、重症度を見分けて、対応を検討する（表9.2.3）。Ⅰ度は軽症の状態で、従来の分類の熱失神、日射病、熱けいれんに相当する。Ⅱ度は中等症で、熱疲労に相当する。Ⅲ度は従来の熱射病にあたる最重症の病態であり、意識障害やけいれんなどの中枢神経症状、肝・腎機能障害、血液凝固異常などの臓器障害を呈するものであり、医療機関での診療・検査の結果から最終判断される。

暑熱障害の多くは体温調節が障害されることであり、本来発汗と蒸散により熱の放散が起こるべきところ、湿度が高い場合には熱放散が起こらな

#### 表9.2.3　熱中症の分類と症状

| 分類 | 症状 | 症状から見た診断 | 対応 |
|---|---|---|---|
| Ⅰ度 | めまい、失神<br>筋肉痛、筋肉の硬直<br>大量の発汗、気分不良 | 熱失神<br>熱けいれん | 現場で対応可能 |
| Ⅱ度 | 頭痛、嘔気嘔吐<br>虚脱感 | 熱疲労 | 速やかに<br>医療機関を受診 |
| Ⅲ度 | （Ⅱ度の症状に加えて）<br>意識障害、けいれん、<br>高い体温、手足の運動<br>障害 | 熱射病 | 採血<br>医療従事者により入院が必要 |

い「無駄な汗」による脱水、電解質異常が問題となる。雨上がりの人工芝や体育館内では特に注意が必要である。意外と忘れがちなのは5月の連休頃の天候だ。この頃は天候のルーレットと呼ばれるくらい不順で、夏と同じ天候の日もある。ソフトテニスではクラブ戦、国際大会予選会など重要な大会が目白押しで、注意が必要な時期である。

「熱けいれん」は多量の発汗があり、水分だけを補給し、塩分などの電解質補給が足りない時に起こる筋肉の痙攣である。一方で、血液内の電解質濃度も薄くなり、脳では水分摂取を控えるように指令を出すこともあり、さらに脱水（自発的脱水）を深刻にさせる。症状は体温の上昇はさほどでもないが痛みを伴う激しい筋肉の痙攣で、ソフトテニスではこむら返りのように下肢に多く見られる。重症では四肢のみならず体幹の筋肉に及ぶこともある。昔から鉄工所では高炉の熱で熱中症になるのを防ぐため、塩を舐めながら水分補給をしていたが、それは理にかなっている。

「熱失神」は、体温の上昇により末梢血管が拡張することで循環血液量が相対的に減少し、脳への血流が減少することで意識障害などを起こすものである。意識障害、顔面蒼白、脱力感、頭痛、嘔気、幻覚などの神経症状が起こる。体を冷やしながら下肢を挙上し、頭を低くして血流を脳に回す。

「熱疲労」は多量の発汗にも関わらず、水分、塩分の補給が十分でない場合に起こるもので、脱力感、頭痛、吐き気、意識障害などの症状が出る。体温の上昇はさほどでもないことも多い。

「熱射病」は高温環境下の運動で発汗などの熱の放散がうまくいかず、熱産生量が放熱を上回ることで起こる。温調節機構は破綻し異常なほどの熱の上昇となってしまう。発汗はなくなり皮膚は乾燥し、頭痛、めまい、意識障害が起こり、当然のことながら死亡率も高くなる。

さらに危険なものに、横紋筋融解症がある。激しい運動と高温で筋肉が破壊され、尿中には壊れた筋肉細胞からのミオグロビンが流出し、血尿と

間違えるような真っ赤な尿が出てくる。放置しておくと腎不全で死亡することが多く，医療機関での迅速な処置，加療が必要である。

　熱中症は予防することが一番であり，気温などの環境要因（表9.2.4），どのようなスポーツなのかの運動要因，そして各々の選手の体力の個体要因（表9.2.5）によって指導者，選手ともに考える必要がある。個体要因は指導者，選手ともに体力，健康状態を把握しておく必要があり，運動前後の体重測定が実施できれば水分の喪失量が判断でき最善である。体調も睡眠不足，下痢，発熱，疲労などで条件も異なってくることも知るべきである。また個人差があることも考慮に入れた，きめ細かい指導が必要となってくる。

### 表9.2.4　熱中症にかかりやすい環境

- 前日より急に温度が上がった
- 前日雨天で急に好天になった
- 温度が低くても多湿の場合
- あまり屋外で運動しないのに，急に屋外で運動した
- 日程の初日から2，3日が危ない
- 午前中は10時頃，午後は1時から2時

### 表9.2.5　熱中症にかかりやすい素因

- 5歳以下の幼児
- 65歳以上の高齢者
- 肥満者
- 脱水（下痢や寝たきりなど）傾向の人
- 熱発している
- 睡眠不足
- 遺伝的素因

### ・予防（表9.2.6）

高温環境下で徐々に暑さに慣れる「馴化」を行うことが重要である。馴化により体内のホルモン，神経などが徐々に高温に対応できるようになってくる。馴化には個々の体力により異なるものの，およそ1週間前後の日数を必要とし，また当初は気象状況にもよるが，1時間程度の運動から毎日30分以下の時間で練習時間を増やしていくといいだろう。

深部体温が上昇すると熱中症リスクが上がるだけでなく，パフォーマンスが低下してしまう。そのため，クーリングや送風などの外部冷却は，体温を下げるために簡便に実施できる方法である。クーリングは運動前のプレクーリングと運動中のパークーリングがある。プレクーリングは，運動開始後20〜25分で効果は消失するため，パークーリングを併用することでソフトテニスにおける熱中症を予防していくことが重要である[5]。

　外部冷却に加えて，水分補給による内部冷却も重要である。運動による体温上昇は発汗により熱を放散しようとする。発汗は水分と塩分の喪失であり，ともに積極的に補給しなければならない。種目によってはこれから失われる水分，塩分をあらかじめ補給しておく「ウォーター・ローディング」を実施することもあるほどである。

　運動時の衣服にも気を使うべきで，熱の放散を妨げないような衣服にする。汗が蒸散する時に放散作用が起こることを忘れてはならない。シャツの裾を外に出すのは，風通しということではあながち間違ったことではないと思える。直射日光を避けるため帽子の着用は必要である。丸刈りで帽子をかぶらないなどはもっての外といえよう。

### 表9.2.6　熱中症の予防

- 運動の前に負担がかからない程度に十分な水分摂取を行う（water loading）
- 発汗により失った水分と塩分をこまめに補給する（スポーツドリンク）
- 塩分の補給　濃いめのOS1などが便利
- 睡眠を十分に　体調管理
- 適当な休憩時間
- 帽子，速乾性シャツ，冷却剤の使用
- 蒸散熱（汗が蒸発する時に体温を下げる）

### ・現場での処置

　暑熱障害に対する処置の基本はすべて同じである。まずは風通しのよい，日陰の涼しいところに寝かせ，安静にさせる。呼吸数，脈拍数，血圧などのバイタル・サインを測定し，意識障害の有無を確認すること。意識障害，心停止，呼吸停止な

どの重篤な症状があれば，救急蘇生法（第9章§3救急処置，2救急蘇生法参照）へ移る。

症状が比較的安定している場合には，風通しのよいところに寝かせたまま下肢を挙上し，頭を低くする。衣服を緩め，氷，アイスパックなどで首・脇の下・股関節を冷却をする。嘔吐がなければスポーツ飲料を少量ずつ服用させる。常に話しかけながら意識，呼吸の状態を確認する。誘導尋問にならないように雑談がいいだろう。「気持ち悪くない？」などと聞いてしまうと，だんだんその気になってくるものである。安定していても念のため医療機関を受診しておくことも重要である。

### ③過換気症候群

さまざまな原因で肺胞換気が過剰となり，血液中の炭酸ガス（$PaCO_2$）濃度（分圧）が低下することで起こる疾患である。ストレスや疲労，発熱，過激な運動が誘因となる。肺血流で炭酸ガス濃度が低下すると，肺血管は収縮し，肺胞からの酸素供給が少なくなる。動脈血中の酸素分圧（$PaO_2$）が低下するため脳ではさらに呼吸を促進させ（頻呼吸），ますます悪循環に入っていく。

炭酸ガス濃度が下がると脳の血管は収縮し，脳血流も減少して意識障害やめまいなどの神経症状が出現する。酸素不足になった脳はもっと呼吸するように指示を出してますます過呼吸となり，悪循環から抜け出せなくなってしまう。空気を飲み込む呑気症による消化器症状や，呼吸性アルカローシスにより血中カルシウム濃度が低下し，四肢のしびれや痙攣などが見られる。精神的なストレス，気象環境なども発生要因だが，睡眠不足，疲労などの要因が大きく関与してくる。現場での対応は，不安感を軽減させるとともに，鼻呼吸と腹式呼吸を意識させて，できるだけゆっくりした呼吸を行うように指導する。以前は紙袋による再呼吸法が行われていたが，現在はその危険性も指摘されており，実施されなくなっている。

### ④運動誘発性喘息

気管支喘息を有する選手は多いが，運動により発作が誘発されることはよく知られている。気道の乾燥によるとする説と，気道の温度変化に反応するという説があるが，いずれにせよ誘発は環境変化によるものである。屋外で環境汚染物質が多い状況ではさらに注意が必要だ。気管支喘息を有する選手はテニスコートに常に吸入薬を持参させておくことが望ましい。吸入薬は，ドーピングコントロールで規制されていない，TUE（Therapeutic Use Exemptions；治療目的使用に係る除外措置）の届け出も必要ない薬剤を使用するように指導する。チームドクターがいればベストである。

処置は運動を中止し休ませ，吸入するかどうかは本人が一番よく知っているので本人に任せてもいいだろう。しかし，医療機関を受診させる準備はいつでも必要で，その後の運動はやめさせるようにする。予防には入念なウォーミングアップが有効とされているので，十分なアップに時間を割いて行わせる。

運動により誘発されるのは喘息だけではなく，アナフィラキシー発作（喘息もそうだが）も起こることがある。運動開始30分以内に顔面紅潮を伴い，痒みやじんま疹，呼吸困難などの症状が出てくる。

アナフィラキシーで気道粘膜や喉頭の浮腫が生じた場合，気道閉塞による窒息状態となることが最も恐ろしい。

特定の食物摂取した後の運動負荷によってアナフィラキシーが誘発される食物依存性運動誘発アナフィラキシーという病態がある。原因食物は小麦，甲殻類と果物が多い。食後2時間以内の運動による発症が大部分であるが，食後最大4時間を経過して発症したとする報告もある。運動2〜4時間前の原因食物の摂取禁止を指導する必要がある。

### ⑤自然気胸

肺で血管と酸素や炭酸ガスをやり取りするのが肺胞である。その肺胞に何らかの先天異常や形態異常があり，咳などで内圧が上昇した時に肺胞が

破れて空気が胸腔内に漏れ出す。ゴム風船でもたまに一部だけが異常に突出して膨らんでしまうことがあるが，それと同じである。

本来胸腔内は，肺循環をよくするために陰圧である。そして肺は膨らみやすくなっている。その胸腔内が空気漏れで陽圧になると肺は収縮してしまい，心臓や大血管が納まっている本来は体の中心にある縦郭が反対側にシフトしてしまう。肺容量の減少による酸素不足と縦隔のシフトによる血流障害が，結果重大な影響を及ぼす。

若いやせ型の男性に多く，胸腔内空気量によっては入院加療が必要となることが多い。片側の胸痛や頸部痛，呼吸困難あるいは皮下への空気の漏出が認められる。保存的に加療することもあるが，経皮的にチューブ挿入による治療や外科的に肺の手術をしなければならないこともある。若いやせ型の男性が突然の胸痛や呼吸苦を訴えた場合には，気胸を想起して，速やかに病院受診を勧める。

## (3) 慢性疾患

気管支喘息や心臓病のように，本来持っている疾患が増悪したり発作を起こすこと以外に徐々に進行する運動と関連した疾患もある。

### ①鉄欠乏性貧血

運動選手は貧血になりやすい考え方が2つある。運動することで貧血になるのか，運動時の血流をスムーズにするためにか，というものである。血液には一定の粘稠度というのがあり，血液と血管の関係は非ニュートン力学に従うため，運動時に粘稠度が一定だと血流が遅くなる。

いずれにせよ需要と供給のバランスで，運動により筋肉細胞はそれなりに壊れ，細胞内の鉄Feは流出してしまう。鉄の需要が多い運動選手では十二指腸周辺に病気がない限り，偏食，ダイエットにより供給が追いつかないことで起こる。トレーニングでは筋肉の増大に伴う需要が増していく。一方で発汗や筋細胞損傷により，喪失も増大するのである。

下肢，特に足底部に大きな衝撃が加わるスポーツでは，足底部の毛細血管が破綻し，溶血性の貧血が起こることがある。テニスコートは人工芝でも下はコンクリートである。肥満の人は注意が必要になってくる。女性の場合には，生理や婦人科的疾患による場合もある（第9章§4女性とスポーツを参照）。貧血の症状としては，めまいや立ちくらみ，疲れやすい，頭痛などが起こる。医療機関での加療も必要であるが，食餌療法が最も重要だろう（第8章§6栄養学，2-（1）貧血予防と食事管理を参照）。

### ②便秘

意外と選手の体調不良の原因となりうる疾患である。実際に，便状態と競技成績が関わっていると思うかどうかのアンケート調査で，「関係している」と答えた選手が70％いたとの報告があり，排便はパフォーマンスに影響する要因の1つであると考えるべきである。精神的な不安とストレスを抱えたままの状態で練習や試合に臨むのは，万全とはいえない。便秘には線維の少ない食事や小食から来る食事性便秘，排便刺激を無視したり下剤などの乱用，誤用により起こる習慣性便秘，自律神経の過緊張により起こる痙攣性便秘（過敏性腸症候群・過敏大腸）が多い。高齢者になると，大腸の緊張の低下や腹筋の衰えによる弛緩性便秘も加わる。

便秘が高度になると嘔気，食欲不振，嘔吐，腹痛，腹部膨満などの症状が出現してくる。食事が重要なカギを握っているので，第8章§6栄養学，2-（2）下痢・便秘予防と食事管理を参照されたい。しかし，もっと大切なことは排便習慣である。大腸は1日に1，2回動く。起床後，食事の準備や着替えをしている間に排便刺激が軽いながらも一度は起こる。この機を逃さないことが重要である。この時の便は直腸やS状結腸にあった便が体動と重力で動こうとする刺激である。もちろん食事により大腸は刺激され（胃-大腸反射），もっと強い排便刺激が起こる。食後の刺激は絶対に逃さな

いことが重要である。便は下行結腸や横行結腸からの便である。上行結腸は下から上に便は移動する。食事は1日に3回はするので3回排便があってもおかしくはない。外出時に排便刺激があれば，迷うことなく出すことが重要である。

便だけでなくガスも貯留していることがある。特に横行結腸から下行結腸にかけての貯留は胃と重なる。食事の時に慌ててかき込むようにして食べる習慣のある人は，空気も一緒に飲み込む傾向がある。胃の中の空気（胃泡）と腸内ガスが一緒に腹部を圧迫し，腹部膨満感が著明となる。上腹部の痛みを伴うこともある。それは不良姿勢により助長される。

外国でオナラはOKだが，ゲップはNGとされる所以はもっともである。下剤や浣腸の乱用・誤用も便秘の原因となる。症状に応じた適切な使用を心がけてほしい。発汗により水分が喪失していると大腸では水分の再吸収が活発になり，便秘傾向となる。こまめな水分摂取は大切である。

### ③花粉症

花粉症は今では国民的な疾患である。スギ花粉症などの季節性のみならず，ダニやハウスダストなどを含む多くのアレルゲンに反応する通年性アレルギーも少なくない。花粉によるアレルギー性鼻炎，アレルギー性結膜炎などの正式病名を一括して花粉症と呼んでいる。

点鼻，点眼薬は問題ないが，内服薬はドーピングコントロールで問題となる薬剤もあり，市販薬ではなく医療機関での投薬が望ましい。必要な加療を行わないと集中力に欠け，けがにつながることもある。本人の症状を考慮した配慮が必要となってくる。

文献
1）永野康治，福林徹（2011）.「大学ソフトテニス選手における外傷・障害とその影響因子」『日本臨床スポーツ医学会誌』Vol.19, No.1, p.4-9

2）Pluim, B. M., et al (2006). Tennis injuries : occurrence aetiology, and prevention. Br J Sports Med 40:415-423.
3）森川大智，宇治野藍（2020）.「テニスにおけるスポーツ外傷・障害予防とパフォーマンス向上の両立」『臨床スポーツ医学』Vol.37, No.10, p.1176-1180
4）落合慈之監修（2012）.「疾患に対するリハビリテーションの理解」『リハビリテーションビジュアルブック』学研メディカル秀潤社 p.115-117
5）Bongers, C. C., Thijssen, D. H., Veltmeijer, M. T., Hopman, M. T., Eijsvogels, T. M.. (2015). Precooling and percooling (cooling during exercise) both improve performance in the heat: a meta-analytical review. Br J Sports Med. Mar; 49(6): 377-84.
6）「熱中症ガイドライン 2015」
7）「食物アレルギー診療ガイドライン 2021」

## §3 救急処置

ソフトテニスで救急処置が必要になることはまれであるが，外傷や熱中症などもあるので，救急処置ができるように準備しておく。

### 1. 外傷の救急処置

基本はRICEで，REST（安静），ICE（冷却），COMPRESSION（圧迫），ELEVATION（拳上）である（図9.3.1）。

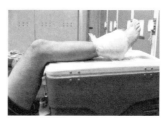

**図9.3.1　救急処置　RICE**

表9.3.1　一次救命処置　ABCD

## 1. ABCD

- **A**　Airway　気道の確保
- **B**　Breathing　人工呼吸
- **C**　Circulation,Cardiac massage　心マッサージ
- **D**　Defibrillation　除細動
　　AED の使用

## 2. その前に

- 状況の確認
- 意識があるのか，ないのか？
- 呼吸をしているか？
- 心臓は動いているか？
- 助けを呼び，救急車の要請を

## 3. A　気道の確保

- 呼吸をしていない場合，または気道の
  閉塞がある場合　気道の閉塞→奇異呼吸
- 下顎の挙上
- 頭部の後屈
- 顔を横に向ける

## 4. B　人工呼吸

- 呼吸をしていなければ
- 心マッサージでもある程度の人工呼吸の効果がある
- Mouth to mouth
- 鼻口を塞ぐ
- 呼気中でも酸素濃度は 16％はある

## 5. C　心マッサージ

- 1 回は胸骨の上を拳で叩いてみる
- 胸骨の上で胸骨の下 1/3 を押す
- 肘を伸ばし，両手のひらを重ね，自分の体重を乗せる
- 1 分あたり 100 〜 120 回
- 訓練を受けていない市民救助者は胸骨圧迫のみ
- 技術と意志がある場合は胸骨圧迫と
  人工呼吸の比を 30：2 で繰り返し行う
- 心マッサージ自体が人工呼吸の効果がある。
  人工呼吸時には心マは休む

## 6. D　除細動

- AED の使用
- 公共施設には AED はかなり設置されている
- AED は音声誘導に従って行えばよく，
  一般市民でも簡単に使用できるようになっている
- ただし，心室細動に有効で，心静止などの心臓には
  無効であり，この場合は心マを続ける

## 7. それから

- 医療機関に搬送する

Rest（安静）：損傷部位の腫脹や二次的な損傷を防ぐために，重要である。損傷部を包帯やシーネを当てて固定する。

Ice（冷却）：外傷後直ちに局所を冷やすことで，腫脹や出血を少なくすることができる。冷却には，氷水を入れたビニール袋で患部にあてるようにする。ただし，長時間あてすぎると凍傷となるため，20分程度冷却して，間をあけて再び冷却するように繰り返す。1 〜 2 日行うようにするが，その間に疼痛や腫脹が増大するようであれば，医療機関に受診する。

Compression（圧迫）：冷却とともに，腫脹や出血を予防するために行うが，圧迫が強くなりすぎると循環障害を起こすので，血行などには注意する。パッドなどがあれば，損傷部位など腫脹が予想される部位にパッドをあてて，その上から弾力包帯・テーピングによる固定を行う。

Elevation（挙上）：腫脹を防ぎ，早期に腫脹を軽減するために行う。下肢の外傷であれば，枕や台を下腿に置いて，挙上する。上肢の場合は，三角巾による固定してつるすようにする。臥位では，前腕の下に枕などを置き，挙上する。

# 2．救急蘇生法

熱中症が疑われた場合は，直ちに風通しのよいところに寝かせ，体温を下げるように腋窩部，後頸部，鼠径部に氷などで冷やすこと。本人が可能であれば，水分を取るようにする。以上のことと同時に医療機関と連絡を取り，受診させる。

熱中症を含め，本人の意識がない場合や心肺停止状態となっている場合には，表9.3.1の一次救命処置を行うこととなる。まず意識の有無を確かめる必要があるが，大きな声で呼びかけたり，体をゆすったり，頬をたたくなどする。反応がない場合には，呼吸や心臓の動きを確認する。呼吸は鼻や口に手のひらを近づけるか，耳を近づけたりして，呼気を感じるようにする。あるいは胸や腹の動きを見るようにする。救急処置を行いながら，大き

な声を出して人を集めるようにする。1人では救命や救急処置がうまく対応できない場合が多い。

### (1) 意識障害

ソフトテニスはラグビーやボクシングなどのコンタクト・スポーツと違い、頭部の外傷はほとんど見られない。脳動脈瘤破裂などの脳内出血（脳卒中）や熱中症などによる電解質異常が考えられる。脈を診る際には不整脈を疑いリズムも確認すること。熱中症などでは頻脈の傾向があるが、脳内出血、電解質異常などで脳圧が上昇した場合には徐脈傾向である。速いのか遅いのかリズムの乱れの有無を診るのは呼吸も同じである。

### (2) 気道の確保（図9.3.2）（図9.3.3）

呼吸停止がある場合に、まずは気道の確保である。舌根沈下により気道が閉塞している時には肩の下に衣服などを差し込み、首を後屈するようにしてから下顎を挙上し、下の歯を上の歯にかぶせるようにする。吸気時には胸郭が膨らみ横隔膜が下がるために、腹部も膨らむ。呼吸がありながら気道閉塞がある場合には奇異呼吸といい、胸郭が膨らんだ時に腹部がへこみ、胸郭がへこんだ時に腹部が膨らむという反対の動きをする。

嘔吐より吐物が気道を閉塞している場合には、体を横向けまたは半腹臥位（回復体位、図9.3.4）として吐物を指で掻き出すが、この時に痙攣により指を噛まれないように、タオルなどで防御するとよい。

図9.3.4　回復体位

### (3) 人工呼吸（図9.3.5）

胸郭を圧迫する心臓マッサージを行うことで換気がなされることもあり、マッサージと人工呼吸の比率は、昔の15対1から最近では30対2にまで心臓マッサージが重要視されているが、それでも必要な手技である。

鼻腔を閉じた反対の手で下顎を押さえて口を開き、空気が漏れないように息を吹き込む。実施者への感染の恐れ（肝炎、AIDSなど）があることから、直接実施しないように携帯用の人工呼吸マスクが

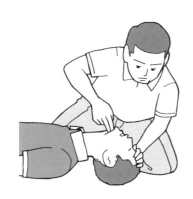

図9.3.2　気道の確保
（「改訂4版　応急手当講習テキスト　救急車がくるまでに」抜粋（財団法人　救急振興財団）より引用）

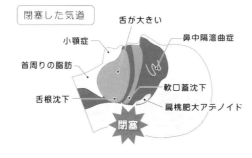

図9.3.3　閉塞した気道

図9.3.5　マウス・ツウ・マウスによる人工呼吸
（「改訂4版　応急手当講習テキスト　救急車がくるまでに」抜粋（財団法人　救急振興財団）より引用）

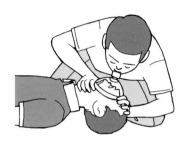

図 9.3.6 携帯用人工呼吸マスクの利用

胸骨圧迫

胸骨圧迫の姿勢

図 9.3.7 心マッサージ
(「改訂4版 応急手当講習テキスト 救急車がくるまでに」抜粋
(財団法人 救急振興財団)より引用)

市販されている(図9.3.6)。救急セット内に入れておくとよい。

### (4) 心マッサージ(図9.3.7)

脳への血流がなくなってから2分で脳の機能は回復しないものと考えられるので,血流の回復は早ければ早いほどよいことになる。

胸骨の下方(尾側)約3分の2から4分の3程度のところに自分の体重を乗せて,1分に100回の割合でリズミカルに圧迫する。胸骨が5cm程度沈むくらい行うが,対象者が小学生など小児の場合にはかける体重も調節する必要がある。心マッサージの実施時には反動で頭も動くため,打撲しないように頭の下には柔らかい衣服などを置いて保護する。救急車が来るまで実施者1人で行うのは体力的につらいものがある。慣れていないと実施する時の姿勢が悪く,すぐに腰が痛くなってしまうので,交代要員の確保は必要である。

### (5) AEDの使用

最近はテニスコートなどの公共機関,学校,駅構内,電車の中にまでAED(Automated External Defibrillator)が設置されている。練習,試合,合宿などの際には,あらかじめ設置場所を確認しておくとよい。器械の音声に従って実施するだけで,特に難しいことはないが,除細動は心室細動に対して有効であり,心停止には無効である。その場合には音声は心マッサージを行うように指示を出すので続けること。指導者はAED講習会に参加することは必須だが,学校でも生徒を対象とした講習会を行っておきたい。

これら一連の一次救命処置を実施しながら救急車を呼び,医療機関に搬送する。救急隊が到着するまでただひたすら実施するしかない。そのためには人手はいくらあっても足りることはない。指導者はまず先頭に立って駆けつけＡＢＣを行うが,心マッサージの段階に入ったら司令塔として指示を出しながら,周囲の人たちを上手に使うようにしたい。このような緊急事態では冷静に指示を出す人が必要である。

文献
1) 財団法人救急振興財団『改訂4版 応急手当講習テキスト 救急車がくるまでに』

# §4 女性とスポーツ

1994年に「ブライトン宣言」が採択されて以降，IOCは競技環境の男女平等に尽力している。その結果，オリンピックでは「全競技で女性種目が正式に参加」「参加した国・地域すべてから女性選手が参加」するなどの改善が見られており，東京2020オリンピックは全出場選手の49％（2016リオ大会比3％UP），パラリンピックでは42％（同比10％UP）の女子選手が参加し，ジェンダーバランスの取れた大会となった。

また，日本スポーツ協会では，あらゆる環境の女性がスポーツを「する」「ささえる」「みる・応援する」ことができる社会の実現を目指す「女性スポーツ委員会」を2017年に設置，アスリートに対しては「女性アスリート健康支援委員会」を協賛するなどの活動を行っている。

これまでのスポーツの世界は，男性主導で発展しており，その指導法やトレーニング方法を女性に当てはめてきたケースが多い。しかし，第7章§2の3のとおり男女には身体組成などさまざまな性差が存在する。トップアスリートだけでなく，女性アスリートが競技生活を送る上で直面しやすい課題について，指導者の理解が深まることはとても心強いことである。

図 9.4.1　生理周期の4つのフェーズ
（大王製紙株式会社エリエールHPより）

## 1．月経への理解

日本産婦人科学会によると，月経とは「約1カ月の間隔で起こり，限られた日数で自然に止まる子宮内膜からの周期的出血」のことをいい，そのリズムは，視床下部―下垂体がそれぞれ分泌するホルモンの作用で「卵胞ホルモン（エストロゲン）」と「黄体ホルモン（プロゲステロン）」がフェーズ（生理周期）に応じた量が分泌され調整される。

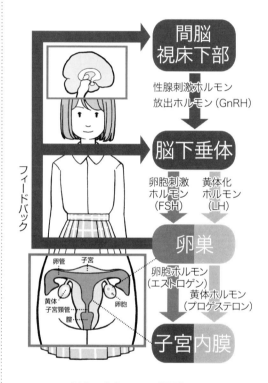

図 9.4.2 ホルモンの相互作用

月経について指導者が知っておくとよいポイントとして，まず，初経の時期がある。平均値としては，年齢12.3歳，身長152㎝，体重42.5kg，体脂肪率17％で，身長の伸び率が最大のPHA期（Peak Height Age）が過ぎた頃が一般的である。また，子宮や卵巣の成長とともに生理周期が安定するのは20歳前後のため，身体的・精神的ストレスにより，思春期では不安定かつ不調も起きや

すいことに留意しておく。

次に、下図に示すような月経の異常についての理解も必要である。数か月単位で月経が起こらない「無月経」はアスリートによく見られるが、競技に支障がないという理由で、放置されていることが多い。人生の選択肢の1つではあるが、将来子どもを産むか産まないかを選択するために、無月経を放置すると妊娠・出産に支障が出る可能性があることを知っておくべきである。

## 2．月経周期がパフォーマンスに及ぼす影響

一般的には、月経終了から排卵までの10日前後がコンディショニングがよい傾向にあり、トレーニングの効果も得やすいと言われている。

一方、月経周期（図9.4.1）のうち、2つのフェーズでは、出血やホルモンの作用でパフォーマンス不良を起こしやすい。また、無月経・稀発月経は長期に及ぶと治癒に時間のかかるけがにつながるため、3カ月以上続く場合は婦人科を受診するよう、本人や保護者にも促す必要がある。

①生理中（月経期）
〈原因〉子宮内膜症、子宮筋腫、卵巣嚢腫、子宮・卵巣の発達途中
〈状態〉下腹部痛・出血の影響で運動が制限、出血による貧血症状、易疲労、腰痛

②黄体期
〈原因〉黄体ホルモンの作用
〈状態〉PMS（月経前症候群）と呼ばれる多様な症状が見られる、集中力の低下（体温上昇）、眠気（催眠）、むくみ（水分貯留）、体重増加（食欲増進）、便秘（腸の蠕動運動抑制）、乳房の張痛、不安感、イライラなどの精神的症状

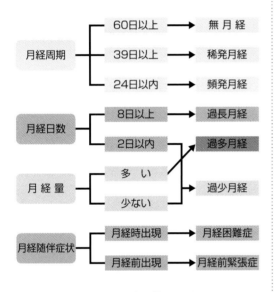

**図9.4.3　月経異常チェック**

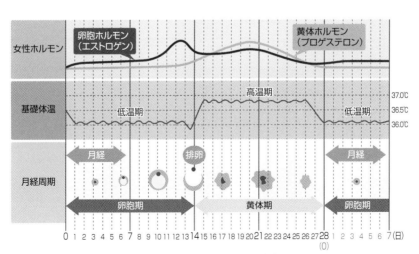

**図9.4.4　生理周期とホルモン分泌**
（日本体育大学女性アスリート育成・支援プロジェクト　月経を考慮したコンディショニングHP より）

### ③無月経・揮発月経
〈原因〉身体的・精神的ストレス，体重減少などで卵胞ホルモン分泌や代謝量が低下
〈状態〉骨塩定量が低下し，疲労骨折を起こす

JISS（国立スポーツ科学センター）のメディカルチェックを受けた女性アスリートのうち，91％は月経周期によるコンディションの変化を自覚している。月経時の出血に伴う下腹部痛，吐き気，頭痛だけでなく，月経前症候群（PMS）による食欲・体重増加，むくみ，便秘，落ち込み，イライラなどもあり，重症度も個人差がある。また，40％に月経周期の異常（間隔のばらつき），23.6％は通院加療が必要な月経困難症を抱えており，試合日にベストパフォーマンスを発揮するために，低用量ピル（OC／LEP）を服用し，月経周期をコントロールすることも一般的になりつつある。まずは，基礎体温を測り，自分の生理周期や体調を知ることが必要となる。

## 3. 女性に多い内科疾患

内科的な問題としては貧血が挙げられる。貧血が生じると，立ちくらみやめまい，動悸，息切れといった症状だけでなく，アスリートの場合は練習や試合の終盤に思うように動けない，などの兆候が表れる。貧血の中でも特に鉄欠乏性貧血は一般女性にも多く見られるが，アスリートにおいては，運動中の多量の発汗により体内からの鉄損失が生じるだけでなく，トレーニング量に見合った食事量が摂れていないこと，過度な摂食制限などにより鉄不足が生じ，容易に鉄欠乏性貧血が発生する。また，過多月経などにより，月経血の量が多いことも原因となる。

他の内科的疾患の発端は，トレーニングの量や質が高まった（運動による消費が多い）にも関わらず，バランスの良い食事を摂らなかった（摂取量の不足）ために，『相対的（利用可能な）エネルギー不足』に陥ることが原因であることが多い。

慢性的な相対的エネルギーの不足は，身体の健全な発達や代謝機能，心臓や血管の働き，骨の成長，さらには心理的にも悪影響を及ぼし，靭帯損傷，けがの治癒が遅くなるなどパフォーマンスを低下させ，近年では男性アスリートにもしばしば見られる（図9.4.5）。

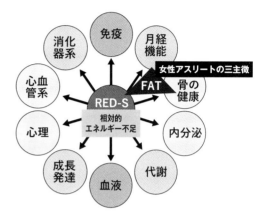

**図9.4.5 スポーツにおける相対的エネルギー不足**
（国際オリンピック委員会）

その中でも女性が陥りやすいものは，1992年のアメリカスポーツ医学会によりFAT（Female Athlete Triad／フィーメール・アスリート・トライアド）として発表（2007年に再定義）されて研究が進んでいる。FATは，「相対的（利用可能）エネルギー不足」「視床下部性無月経」「骨粗鬆症」の3つで構成されており，互いに影響し合っている。

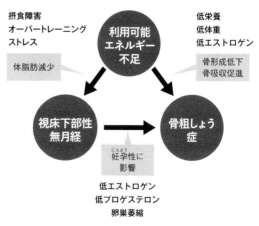

**図9.4.6 女性アスリートの三徴候**

女性の「利用可能エネルギー不足」は，急激な体重・体脂肪の減少へつながり，無月経や女性ホルモンの減少を起こす。女性ホルモン（エストロゲン）の減少は卵巣萎縮など将来の妊孕性にも影響するとともに，骨代謝不全を起こし，骨量減少（骨粗鬆症）が生じ，疲労骨折の発症要因となる。また，骨量減少は利用可能エネルギー不足が直接の原因ともなる。ソフトテニスは，体操や陸上（長距離），柔道のように，競技特性に合わせて体型を獲得・維持する競技ではないが，食生活の乱れや偏食でエネルギーバランスが崩れると，徐々に悪循環に陥る可能性はある。

## 4．女性に多いスポーツ外傷・障害

女性の身体的特徴として，①アライメントの特性（Qアングルが大きい＝骨盤が広い，膝の外反が大きい）（図9.4.7），②関節弛緩性が高い（図9.4.8），③筋肉量が少なく脂肪が多い，などが挙げられる。このため，次のような外傷（急性のけが）や障害（慢性のけが）が男性よりも発生し

図9.4.9　Knee-in / Toe-out

やすい。部位別では，膝関節38.6％，腰部17.8％，足関節9.3％の順で多く発生する。

外傷：女性は着地時などに，「Knee-in/Toe-out（股関節内転・内旋，膝関節外反，下腿外旋，足関節外反，足部外転，内側縦アーチ低下の状態）」という動きをとることが多く，前十字靭帯

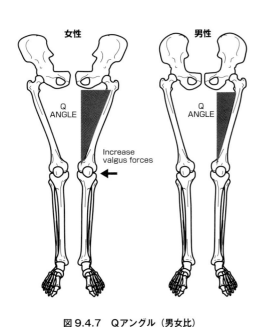

図9.4.7　Qアングル（男女比）
角度が大きくなると膝関節で内向きの力が働くため，負担がかかる

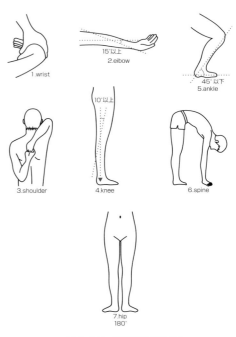

図9.4.8　関節弛緩性テスト

損傷，膝蓋骨脱臼・亜脱臼といった膝関節の外傷を引き起こす（図9.4.9）が，ジャンプ動作や接触プレーの少ないソフトテニスでは，比較的頻度は低い。また，関節の弛緩性が高いため，サービスやスマッシュなどの肘が肩より上方にあるプレーで肩関節脱臼・亜脱臼が起こりやすい。

障害：なで肩体型に多く見られる胸郭出口症候群（腕の痛み），肘のキャリングアングルが大きいことが原因の尺骨神経炎，Qアングルが大きいことやKnee-in/Toe-outが原因の膝蓋大腿関節障害や鵞足炎，足関節の過度の柔軟性が原因の三角骨障害，扁平足が原因の外反母趾と多くの障害が女性に好発する。また，オーバートレーニングやエストロゲンの分泌低下による疲労骨折も多く見られる。

## 5．女性アスリートに望まれるセルフコンディショニングの方法

アスリートは，トレーナーやコーチ，スポーツドクターと協力し，目標に照準を合わせて健康管理やコンディショニングを行うことが求められる。コンディショニングとは，心身共によりよい状態にするためにできること，すべての要素を含む。女性アスリートでは，「正確な月経周期」「栄養」「睡眠」が3本柱となるが，実施したこと・できなかったことに応じて，自身のコンディションがどう変化したか，体重，体温，脈拍，自覚的体調等の項目を含めて測定・記録することは，男女を問わず，セルフマネジメントに重要である。特に，女性アスリートは女性ホルモンが影響し心身のコンディ

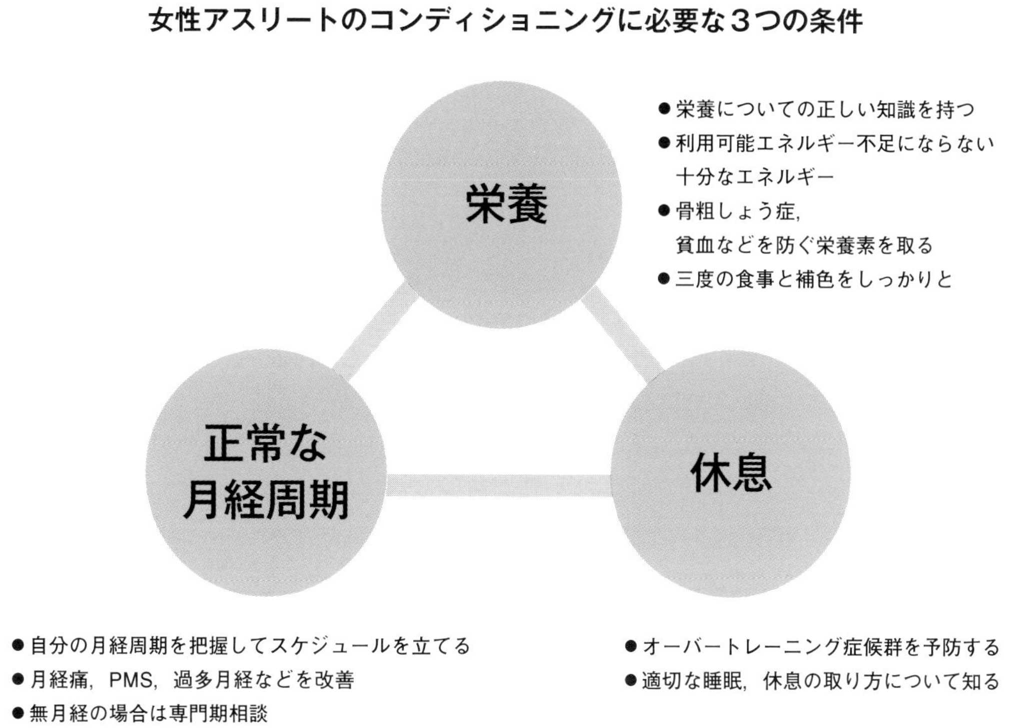

## 女性アスリートのコンディショニングに必要な3つの条件

**栄養**
- 栄養についての正しい知識を持つ
- 利用可能エネルギー不足にならない十分なエネルギー
- 骨粗しょう症，貧血などを防ぐ栄養素を取る
- 三度の食事と補色をしっかりと

**正常な月経周期**
- 自分の月経周期を把握してスケジュールを立てる
- 月経痛，PMS，過多月経などを改善
- 無月経の場合は専門期相談

**休息**
- オーバートレーニング症候群を予防する
- 適切な睡眠，休息の取り方について知る

図9.4.10　女性アスリートのコンディショニング
（女性アスリートのコンディショニングより）

ションを崩しやすいことから，基礎体温や月経の状態，それに伴う体調の変化も記録するとよい。

　記録については，順天堂大学開発の女性アスリート手帳のように手書きで記録するものをはじめ，生理管理アプリ，アスリート用のコンディショニングアプリなども近年多くリリースされているため，それらをうまく活用し，自己管理ができるよう促すことは，技術指導に並んで重要である。

## 記入例

| スケジュール | 初詣 | 走り始め | 自主練 |
|---|---|---|---|
| 前日の就寝時間 | 24:30 | 23:00 | 23:00 |
| 起床時刻 | 7:00 | 6:30 | 7:00 |
| 睡眠時間（時間） | 6.5 | 7.5 | 7.5 |
| 起床時脈拍（回／分） | 60 | 61 | 60 |
| 体温（℃） | 36.0 | 36.2 | 36.1 |
| 排便 | ○ | | ○ |
| 月経 | ▽ | | |

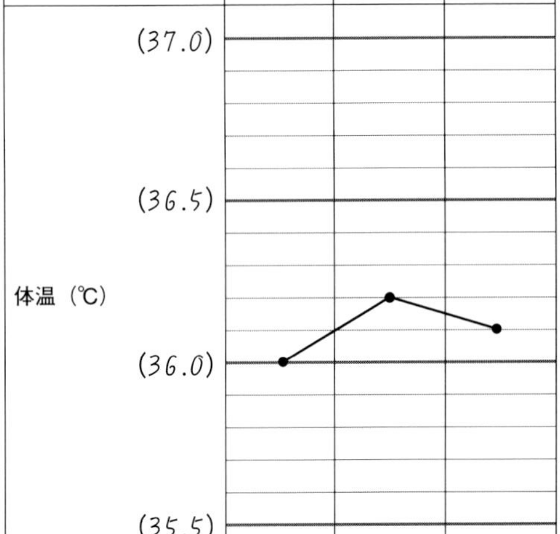

### その他の記入内容
- 体格に関する項目
- 練習に関する項目
- memo欄
- 食事，栄養に関する項目

**図 9.4.11　女性アスリート手帳**
（順天堂大学）

## 文献

1）日本スポーツ振興センター，国立スポーツ科学センター共編（2013）.「女性アスリートのためのコンディショニングブック」

2）一般社団法人女性アスリート健康支援委員会（2020）.女性アスリートのための月経セルフチェックシート

3）須永美歌子（2021）.「女性アスリートの教科書」主婦の友社

4）文部科学省委託事業・女性アスリートの育成・支援プロジェクト，日本体育大学「月経周期を考慮したコンディショニング法」http://www.nittai.ac.jp/female/ 2014 年 7 月

5）日本体育大学・女性アスリート競技力向上プロジェクト https://www.nittai.ac.jp/female_project/

6）順天堂大学（2013）.女性アスリート戦略的強化支援レポート

7）女性スポーツ研究センター編（2023）.「女性アスリートダイアリー」大修館書店

8）女性アスリート戦略的強化支援方策レポートワーキングチーム（2013）.「女性アスリート戦略的強化支援方策レポート」

9）福林徹（1988）.「スポーツ外傷・障害の予防と治療」南江堂

10）塚越祐太（2019）.「子どもの運動器障害」臨床雑誌整形外科 70 巻

11）公益社団法人日本産婦人科医会「体重減少性無月経」https://www.jaog.or.jp/note/

# §5 心理サポート

## 1. 心理サポートとは

　連盟の医科学委員会においては，競技力向上を目的に学術的な知見の発表ならびに現場へのサポートを担う役割をもって精力的に活動されて少しずつ成果を上げてきている。毎年，活動報告書がまとめられ，全国の各支部に配布されており，この教本にはそこで報告された活動成果が反映されている。その中での心理サポートについて触れておくことにする。

　心理サポートとは，「競技者の競技力向上ならびに人間的成長を目指して，『メンタルトレーニング』及び『スポーツカウンセリング』の手法を用いて心理的に支援すること」と定義づけられている。

　ある意味ではコンサルティング（相談）ともいえるが，以下のような技法は極めて重要なものであり，コーチングにおける現場の指導者が行っていることと重複すると考えられるが，ぜひ取り入れておきたい技法といえる。公認スポーツ指導者養成テキストの共通科目Ⅱで紹介されている8つを挙げておくことにする（国分，1996）。

### ①関わり行動

　選手に興味や関心を持っていることを非言語的に伝える技法でリレーションづくりを狙ったものである。例えば，視線を合わせる，頷く，スマイルで対応するといったものである。

### ②質問技法

　「体調はいかが」や「疲れが残っていないか」，「挑戦している新しい練習に慣れたか」など積極的に声をかけ，質問することにより信頼関係づくりと相手を理解しようとする技法である。

### ③励まし技法

　これは，選手の自己表現を励ます技法である。例えば，黙って頷いたり，「なるほど！」と言ってあげる“受容”，「それから？」と言って自己表現を促進する“うながし”，「やめたいの？」や「迷っているの？」などと相手の話の“キーワードの繰り返し”などにより，問題をはっきりさせて解決のために励ます技法である。

### ④応答技法

　相手の話の要点を整理して「こういうことですか？」と確認する技法で，これにより相手はわかってもらえたという感じがし，信頼関係を深めようとする。

### ⑤意識化技法

　相手の立場に自分を置いて相手の言いたいことを探り当て，問題を明確に理解させる技法である。

### ⑥手ほどき指導

　目標や方法がはっきりしないで悩んでいる人に「こうしてみたらどうだろう」と具体的な助言や指示やフィードバックをする能動的な技法である。

### ⑦支持

　支持とは相手の思考・感情・行動を是認する言動のことで，自信を持たせる狙いがある。また，相手に付き添うといった行動をともにする支持もある。

### ⑧説得技法

　説得とは相手をその気にさせることである。例えば，ある特定の行動を取らせる場合，どのような行動をいつまでにできるようにするのか，具体的に約束させる技法である。

　以上のように，指導者はこれらの技法をよく理解し，「聞き上手の指導者」「はっきり言える指導者」となって選手の抱えている問題への洞察を深め，競技力向上のみならず，人間的成長を担う存在としての役割も必須といえる。

## 2. 心理サポートの必要性

　ソフトテニスを継続していくうえで，誰しもうまくなるため，強くなるため，勝つためにいくつかの壁や障害物を経験するのが一般である。例えば，練習意欲がわかない，いくら練習しても上

達しない，練習で身につけた実力を発揮できない，けがに悩まされる，最悪状態（スランプ）に陥るなどを経験し，自分の非力さ・弱さを痛感する。選手の立場ではあくまで自分自身でその解決策を見出そうと試行錯誤はする。ただ，その壁が大きいと1人の力では越えることができない場合も多い。人間誰しも追いつめられた時の心理として，「わらをもつかむ」気持ちになり，「心のよりどころ」として何かにすがりたくなるものである。その拠り所となるのは指導者であり，尊敬する人であり，応援してくれる家族であり，親しい友人である。問題が深刻になればなるほど，カウンセラーやスポーツメンタルトレーニング指導士などの専門家に相談することが求められる。

## 3. 心理サポートの現状

### (1) ナショナルクラスの心理サポートの現状

ナショナルチーム，全日本U-21チームに対して行っている心理サポートは，主に①合宿時の講義，②選手・スタッフとの面談，③代表チームの国際大会への帯同である。

#### ①合宿時の講義

合宿時の講義は，主に2つの目的で行っている。1つは，アンダーの選手やナショナルチームに初めて入った人を主な対象としたもので，練習への取り組みや試合での実力発揮に関わる心理的要因について概論的な話をするものである。多くは2～3月に合同で行われる合宿時の夜に講義を行っている。もう1つは，ナショナルチーム，あるいは国際大会の代表チームを対象に，ナショナルチームのコーチングスタッフからの依頼を受けて，その時々に選手に考えてほしいこと，気づいてほしいことを，どちらかというとテーマを絞って話すものである。これは大会に向けたスタッフの計画の中で行うので，4月頃に行ったり，大会前の9月頃に行ったりとさまざまである。

以下，概論的な話と各論的な話の例を1つずつ紹介する。

・実力をつけることと実力を発揮すること

私たちの動作（動き）には，実際に身体を動かして環境を操作する（例えば，コップに手を伸ばし，水を飲む）身体動作と，その背後にある心の動きといえる（例えば，水を飲みたいという欲求）心理動作が含まれる。さらに，この身体動作と心理動作は別個のものではなく，相互に関連していて，それが身心混合動作と呼ばれる（図9.5.1）。

例えば，体操競技の平均台の幅は10cmである。テニスコートのラインの幅は，ベースラインだけが5cm以上10cm以下で，ほかのラインは5～6cmである。テニスコートのラインの幅の方が細いが，そのライン上から外れずに歩くことはなんでもないことである。平均台の10cmは広く感じるぐらいである。しかしながら，平均台は高さが120cmある。コートのライン上を歩くように平均台の上で歩くだろうか？ 多くの人は足がすくみ，1歩すらなかなか出ないのではないだろうか。これがまさに身心混合動作である。私たちは同じ環境（ここでは歩くラインの幅が10cm）であっても，ちょっとした違い（ここでは，高さが0cmか120cmかという違い）によって動きは大きく異なって

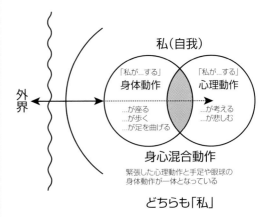

**図9.5.1 身体動作・心理動作・身心混合動作**
（大森（1992）「時間と自我」より）

くる。したがって，練習と試合は同じテニスコートで行っていたとしても，同じようなプレーができるとは限らないということである。

次に私たちが考えなければならないのは，実力を発揮することだけでなく，発揮できる実力をつけることである。たとえ相手が80％しか実力を発揮できず，あなたの方は実力を100％発揮したとしても，相手の実力が大きく勝っていれば，勝負には負けることもある。間違っても，120％の力を期待してはいけない。もし，120％の力が発揮できたと思ったならば，それが本当の実力で，これまでは十分発揮できていなかったのである（図9.5.2）。

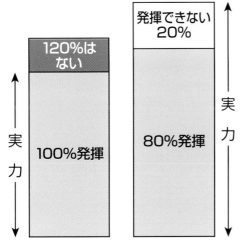

図9.5.2　実力と実力発揮の模式図

・試合中の表情・しぐさへの気づきとプレ・パフォーマンス・ルーティン（PPR）

コーチングスタッフからは，試合での連続失点が課題として挙げられる。そこで，主にナショナルチームの選手を対象に，国際大会の予選会などで，選手のポイント間の表情やしぐさを映像として記録し，その表情やしぐさについてポイントをした後とミスをした後とに分けて，それぞれ編集し，選手自身と合宿で観るという取り組みが行われたことがある。すると，選手自身がポイント後とミス後の表情やしぐさの違いに気づく。多くの

表9.5.1　試合中の典型的な表情やしぐさ

| ポイントした後の特徴 | ミスした後の特徴 |
|---|---|
| ガッツポーズをする<br>「よし」，「1本」などと声をかける<br>小躍りをする | 下を向く・天を仰ぐ<br>ボールをトボトボとりに行く<br>ため息をつく |

選手に見られる典型的な特徴は表9.5.1に示す通りである。こうして選手自身が，自らの表情やしぐさに気づくと，それ以降，試合での様子に変化が表れてくる。

また，連続失点をなくす狙いで，PPRを合宿時に紹介し，実際の大会での映像を編集して，PPRを取り入れている選手のプレーを観てもらう。PPRというのは，ゴルフやビリヤードなどでは一般的で，ボールを打つまで（プレショット），常に同じ動作を同じテンポ・リズムで行う（ルーティン）というものである。ソフトテニスでは，サービス動作の前にPPRを行うのが，自分のペースで行えるので最も簡単である（表9.5.2）。実際にソフトテニスの試合でも，負けはじめると次のサービスまでのテンポ・リズムが早くなってしまうことがある。その際に，練習からこのPPRを

表9.5.2　ある選手のPPR

1. 必ずコート後方で待つ
   （俯瞰的，一度引いて全体を）
2. コート全体を見渡す
   （作戦整理＋イメージ）
3. 構えに入って小刻みなステップを数度
4. ボールを1〜3回つく
5. 相手（コート）を見る
6. サービス動作に入る

行い，試合でいつも同じ動作をサービス前に行い，同じようなテンポ・リズムでサービスを始めるようにすることが１つの方法である。

#### ②選手・スタッフとの面談

ナショナルチームの合宿に参加した際には，選手と１対１，あるいはペアと２対１で面談をすることがある。練習時間内にも行うので，15分から長くて30分ぐらいである。特に，現在の取り組み・課題，今の調子や気になっていることなどを話してもらう。ペアと面談する際には，ペア同士ではなかなか面と向かって言えないことを，第三者を介して話をしていくという感じである。選手によって内容はいろいろだが，何度か合宿に伺って選手に話を聞いていると，選手も徐々にいろいろな話をしてくれるようになる。スポーツ心理学の専門家という立場で話を聞くことによって，コーチングスタッフや自分のチームの中では話しにくいことも少し話して気が楽になるのかもしれない。もちろん選手と話した内容は秘密にして，コーチングスタッフにも誰にも話すことはない。

また，コーチングスタッフとも，食事も含めコートの内外でいろいろと話を聞く。ここでもスタッフに語ってもらうことによって，少しでもスタッフ自身の頭の中の整理に役立てばと思っている。

選手やスタッフとの面談で心がけていることは，いわゆるカウンセリングマインドを持って接するということだけである。難しくいえば，相手の話を積極的に「傾聴」し，その話を「受容」し，「共感」することによって話をしている本人が自らさまざまなことを整理したり，気づいたりしてまた頑張ろうと思ってもらうことである。

#### ③代表チームの国際大会時の支援

ナショナルクラスの心理サポートの課題を挙げておく。

まず，心理サポートだけに限らず，スカウティングなども，コーチングスタッフや選手との信頼関係が基本になる。図7.3.2に示した，「ラポール」という部分に相当する。お互いに相手を尊重しながら，最終的には選手が国際大会などでよい成績が残せるようにしていくことである。

この信頼関係を築くためには，一定の時間を要する。合宿などに何度か参加し，スタッフや選手と誠実に向き合うことである。一般的な人間関係と同じである。そのためには，カウンセリングマインドを持ったスポーツ心理学を専門とする人材の確保が必要である。ただし，心理サポートにあたるであろう人の多くは大学教員であるため，時間的な制約がある。コーチングスタッフとの緊密な連携が必要になるだろう。

次に，心理サポートの中心課題を，選手・スタッフとの面談（面接）に置くことだろう。メンタルトレーニング技法の伝達は講義形式で十分行えるが，技法が必要なのかどうか，それ以前に選手・スタッフを理解することが大切であると思われる。選手それぞれが，何を目指し，今どんな状態で，現在問題を抱えているかいないのかなどを把握していく必要がある。技法の提案やアドバイスはそのあとになるだろう。もし大きな心理的問題を抱えているようであれば，合宿時だけの面談では解決しないと思われる。そこで，自チームの近くで定期的に心理面接などを行ってもらえるところ，例えばスポーツメンタルトレーニング指導士を紹介することも必要になってくるかもしれない。

最後に，心理サポートといっても技術・戦略的な問題を含む場合もあるため，トレーナーやスカウティングなどのITサポートとの連携が不可欠である。まずは，目の前の問題を解決していくことが求められるので，スタッフとの連携・協働しながら専門性を活かして一緒に解決策を探る必要がある。そういった意味でも普段から合宿などへ参加し，コーチングスタッフや選手との信頼関係を築いておくことが重要になってくる。

### (2) 国立スポーツ科学センターの心理サポート

#### ① JISS とは

2001年10月に開所した国立スポーツ科学センター（Japan Institute of Sports Sciences 以下JISS）は，トップアスリートの国際競技力の向上のために，スポーツ医学・科学・情報の研究とサポートを行っている。開所以来，JISSは日本のスポーツ医学・科学・情報の研究の推進と多数のトップアスリートのサポートを行い，国際競技力の向上に貢献している。

2001年以降，JISSは，冬季6回，夏季6回のオリンピックを迎え，オリンピックごとに活動が活発になっている。今後は，2026年ミラノ・コルティナダンペッツオ，2028年ロサンゼルス，2030年フランス・アルプス地域，2032年ブリスベンに向けて，さらなる活動の場が増えることが予想される。ここでは，JISSの「心理サポート」の活動の現状について報告する。

### ②JISSの心理サポート

オリンピックに出場する・オリンピックで活躍するアスリートは，さまざまな心理的課題を感じている。そのことに応えるべくJISS心理グループは，アスリートのサポートに日々全力を注いでいる。

JISSの心理サポートには2つの形がある。1つは，選手個人が希求する「個別（1対1）のサポート」で，もう1つは競技団体の要請による「チーム帯同のサポート」である。

個別（1対1）のサポートとは，選手個人が何らかの理由で個別サポートを希求し，サポートの申し込みをするものである。自発的に申し込むのが基本だが，指導者やチーム関係者，またはJISSスタッフ（他分野）からの紹介で来談する場合もある。

サポートの申し込み後，最初にインテーク（初回）面接を行う。そこでは，選手の主訴や希望，来談の経緯などを詳しく聞く。その後，インテークカンファレンスを開き，担当者を決める。JISS心理グループのスタッフは，認定スポーツメンタルトレーニング指導士，認定スポーツカウンセラー，臨床心理士などの資格を有し，選手の主訴や希望に合うスタッフを据える。

担当者は，それぞれの持ち味を発揮しながらサポートを行っていくが，選手は多種多様な心理的問題・課題を抱えているため，最初に担当した者のサポート範囲を超えるようなこともある。そのような場合には，ほかの心理スタッフと連携を取り，1人の選手を2人，3人でサポートするケースもある。また，経験の少ない担当者は，サポート開始の早い段階でスーパーヴィジョンを受けたり，ケース検討会で発表したりして，指導を仰ぐ。このようにして「サポート担当者のサポート」を行い，よりよいサポートができるようにしている。

もう1つのチーム帯同の心理サポートとは，競技団体から要請を受けて，合宿や試合に帯同してサポートを行うというものである。合宿地で講習会を開催したり，現地で個別サポートを行ったりする。この要請を受けてから，担当者は指導者とサポート内容について密に話し合い，可能な限り要望に応え，よりよいサポートを目指す。また，合宿地に行った際には，指導者と積極的にコミュニケーションを図る。練習を見学する際も選手の普段の様子を伺ったり，心理面の重要性を話したりしながら少しずつ交流を深めていく。このようなことを行いながら指導者と良好な関係を作り，選手のサポートを行っていくことで，充実したチーム帯同の心理サポートができてくる。

### ③チームに帯同するということ

前述したように，チームに帯同できるのは，指導者側からの要請があってのことである。ただ，複数いる指導者のすべてが心理サポートを望んでいるわけではない。むしろある特定の指導者の強い要望というケースであったり，また，選手も望んでいなかったりする。そのような状況の中でチームに帯同すると，最初にある種の違和感や居心地の悪さを覚える。また，「自分がここにいる意味は？」ということを思ったりする。そのような時にこれらを解消しようしたり，自分の存在意

義を示そうとして何らか（自分ができるサポートの範疇を超えることや心理サポート以外のことなど）の行動を起こすと，現場が混乱することがある。以前，ある競技団体の指導者から言われた，「代表チームのスタッフとして新しく誰かが入ると，いろいろと面倒になることがある」というようなことは避けたいものである。

つまり，チームに帯同する時には，「余計なことをしているかもしれない」という意識を常に頭の片隅に置き，「自分ができることだけをする。自分の分野以外のことはしない」というスタンスで，自分の立ち位置を客観的に確認しながら帯同することが重要である。

#### ④ケース検討会について

JISS・心理グループでは，ケース検討会を毎月1回（1回／2時間）行っている。ケース検討会とは，個別のサポートの経過をできるだけ詳しく発表し，サポート内容を検討するというものである。これまでさまざまな事例が発表・検討されている。このケース検討会の主目的は，今までのサポートの経過を振り返り，選手との関係性や選手理解，提供した技法などについて再考し，指導を受けるというものである。また，発表者のスーパーヴィジョン的な役割も果たし，言い換えれば「ほかのスタッフからサポートを受ける」ともいえ，その後の選手の心理的問題・課題の解決・克服に一層貢献していくことができる。また，参加者の自己研鑽などにも有効なものである。このJISSケース検討会は，トップアスリートの事例が多いため，参加メンバーは，JISS・心理グループのスタッフ（スポーツメンタルトレーニング〈SMT〉指導士，臨床心理士など）と精神科医をはじめとする医師が参加するという限られたメンバーで行っている。

#### ⑤これから

JISSが開所して23年を迎え，これまでJISSが行ってきた医学・科学・情報のサポートも現場にかなり浸透してきた。心理サポートの要望も年々増加し，微力ながら何かしらの貢献ができているのではないだろうか。心理サポートの何が成功で何が失敗なのか判断は非常に難しいが，現場にこれだけ浸透している心理サポートを見れば，その「役割」というものが存在するのは疑いのないことである。

事実2020年に新型コロナウイルス感染症の世界的拡大により，多くのアスリートが活動の自粛を余儀なくされ，開催1年延期という事態にも直面し，過大なストレスにさらされた。2020年度のJISSの心理サポートの相談件数は延べ1152件に上り，19年度から約300件増えたが，この未曾有の事態を乗り越え，東京オリンピックでは過去最多のメダル数を獲得したことに触れておきたい。

### (3) スポーツメンタルトレーニング指導士の有効活用

2000年に日本スポーツ心理学会が認定する資格制度が発足し，2024年8月現在159名の名誉指導士，上級指導士，指導士が各地で活躍している。具体的な心理サポートの内容については，以下のようなものが挙げられる。

1）メンタルトレーニングに関する指導助言
メンタルトレーニングに関する知識の指導・普及，プログラムの作成・実施，メンタルトレーニングへの動機づけ。

2）スポーツ技術の練習法についての心理的な指導助言
作戦・戦術，心理的かけひき，状況想定練習，モデリング学習。

3）コーチングの心理的側面についての指導助言
リーダーシップと集団の人間関係，スランプへの対処，燃え尽きや傷害の予防と復帰への援助。

4）心理的コンディショニングに関する指導助言

大会前の最後の調整で，心・技・体をそれ
ぞれ最高の状態に持っていく方法について
の助言。

5）競技に直接関連する心理検査の実施と診断

6）選手の現役引退に関する指導助言

7）そのほかの競技力向上のための心理的サ
ポート

資格認定が始まって10周年の際には『スポー
ツメンタルトレーニング　指導士活用ガイドブッ
ク』（ベースボール・マガジン社）が出版された。
その中身は，メンタルトレーニングの基本的な考
え方を紹介する理論編とメンタルトレーニング指
導の実際を報告する実践編，そして専門家として
のスポーツメンタルトレーニング指導士のプロ
フィールを紹介したものである。また、日本スポー
ツ心理学会のウェブサイトには資格取得者一覧が
掲載されている。

競技でトップを目指す以上，メンタルの課題に
自分自身が素直に向き合うのは当然のことであり，
専門家をうまく活用して競技生活を，充実かつ満
足できるものにするねらいを持っている。

文献

1）国分康孝（1996）.『教師の生き方・考え方』
金子書房

2）日本スポーツ心理学会資格認定委員会(2010).
『スポーツメンタルトレーニング　指導士活
用ガイドブック』ベースボール・マガジン社

3）大森荘蔵（1992）.『時間と自我』青土社

# §6 戦術的サポート

## 1. ゲーム分析

### (1) ゲーム分析の意義

ゲーム分析は，ポイントの得失点率，ラリー数，ポイント・ミスの経過，配球やパターンなどプレー傾向に関するものと，プレー時間や選手の移動速度・移動距離など，主としてフィジカルトレーニングの指標となるソフトテニスの競技特性に関するものに大きく分けられる。本節ではプレー傾向に限定して話を進める。

プレー傾向を知るとは，プレーの確率を知ることにほかならない。確率を知ることができると，以下のような利点がある。

#### ①課題の明確化

確率が悪いプレーが数字で表現されるので，選手自身の練習課題が明確になり，練習時の到達目標が明確化する。さらに，練習意欲などモチベーションが上がると同時に，選手自身による取り組みが期待され，自己有能感が高まる。

#### ②弱点の客観化

日常の練習で弱点を克服するよう指導しても，なかなか選手に理解されない部分がある。それは選手自身の弱点が客観的に表現されていないため，非常にわかりにくいものになっているからである。弱点を客観的に伝えることで，選手にはとっても理解を深めやすいものとなる。

プレーの確率を練習によって上げていくと競技力全体がレベルアップする。競技志向の指導者においても，確率よりも「勝負強さ」を重視して，技能上達の客観的な指標を選手に提示しない場合がある。確かに，勝負強さは競り合いをものにするには必須の競技能力であるが，弱点克服や課題解決を行い，技能のレベルアップを図ることも重要な要素であるといえるだろう。ゲーム分析により得られた客観的な情報を選手に提供し，よりわかりやすい指導ができるよう心がけてほしい。

### (2) スカウティングの重要性

インターハイの会場コート開放で，上位常連校の監督が，スタンドで練習をビデオ撮影している対戦校の関係者に撮影の中止を求める光景を目にしたことがある。国際大会でも，コート開放時に対戦国の練習を情報収集のために撮影していた時，そのチームの監督がビデオ撮影を中止するよう要請してきたことがあった。

ソフトテニス以外のほかの競技では，公開練習と非公開練習に分けられていることが多く，一般に公開練習時の撮影は可とされている。チームが情報収集のために行う範囲において，ビデオ撮影は相互に了解している事項である。ソフトテニス競技において，公開練習・非公開練習という言葉は存在しない。その代わりに，コート開放と称して公の場で練習する機会が与えられている。そういう場は，他競技の公開練習と同様で，ビデオ撮影は可とされるべきである。しかしながら，先の例で示したように，一部のチームには，コート開放時にビデオ撮影を良しとしない考えが存在しているように見受けられる。いまだ未成長の競技であることが垣間見える。

公開練習・非公開練習を区別するシステムが作られたのは，大会直前の映像情報が試合を有利に進めるための貴重な情報となり得るからである。競技レベルが上がるにつれ，打球コースが多彩であり，瞬間の状況判断によるプレーも多く見られるようになるが，ゲーム分析を進めていくと，それでもなお，ある一定の状況下では打球コースの特徴が絞れることがある。また，低い競技レベルでは，固定的なプレーパターンでゲームを進めることが多いので，試合前の情報収集は貴重な情報になる。

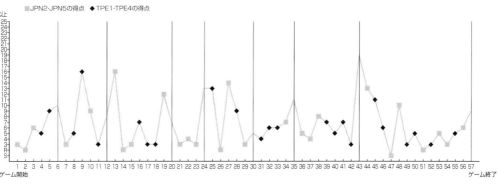

図 9.6.1 ラリー数の推移

## 2. ゲーム分析の実際

大会会場に行くと、チームのスコアラーがスコアシートをつけている光景をよく見かける。これは、notational system（記述システム）と呼ばれ、多くのスポーツで採用されている手法である。私たちがオリンピック競技をテレビで観るとき、チームスタッフがパソコンを使ってデータを入力している光景をよく目にする。競技レベルの高いチームは、競技特性に合わせた専用ソフトウェアを利用して分析を行っている。他競技と同様にソフトテニス競技の日本代表チームも医科学委員会を中心に専用のソフトウェアを開発し、強化に役立たせてきた。本項では、この専用ソフトウェアを利用した分析例を紹介する。

### ①ラリー数別エース・エラーの頻数

何打目のエース及びエラーが多いのか、その頻数を示している。図9.6.1はプレーボールからゲームセットまで、ポイントごとのラリー数を示している。

図9.6.2は、2010年アジア大会で Lee YoHan 選手（韓国）と中本選手（日本）が団体戦（53ポイント）と個人戦（52ポイント）で2回対戦した時のラリー数の平均を集計したものである。ゲーム開始では長いラリーは少なく、ゲーム中盤から後半になるにつれ、長いラリーが出現してくる。国内で行われるシングルスのゲームは、攻撃的でコートサーフィスも砂入り人工芝コートが中心なので、国際大会と比べるとラリーが長く続かない傾向にある。しかし、ハードコートで行われる国際大会の試合は、1回のラリーで50本以上続くこともある過酷なゲーム展開になることも多く、体力的基盤がないと通用しない。

### ②イベント集計と映像の検索

ゲーム中に起きる現象をあらかじめイベントとして設定すれば、イベントを集計することができる。さらに、イベントと映像のタイムコードを一致させておけば、イベントが含まれる映像だけを検索し、表示させることもできる。

ダブルスのゲーム構造は8パターンの繰り返し構造になっている（サービス・レシーブ×2名のサービスプレーヤー×2名のレシーブプレーヤー）。ゲーム中、選手がプレーを決定するための判断基準は、現在の状況（ゲームカウントやポ

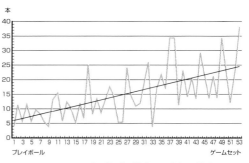

図 9.6.2 ラリー数（2対戦の平均）の推移

イントカウントなど），直前のプレー内容（前衛を見ながら打った，決め打ちをしたなど）と結果（得点，失点），過去の同パターンのプレー内容とその結果である．各パターンにタイムコードをリンクさせておくことで，そのパターンごとに映像を観察できるようになる．

### ③サービスゲーム及びレシーブゲームの取得率

サービスゲーム及びレシーブゲームを取得した頻数を示す．競技レベルによって変わりうるが，高校女子の県大会レベルでは，サービスゲームの取得率は約40％，レシーブゲームの取得率は約60％である．

図9.6.3は，2013年東アジア大会のサービスゲーム取得率（サービスキープ）とレシーブゲーム取得率（サービスブレイク）を示したものである．男子ダブルスにおいては，サービスゲーム取得率が高くなっているが，女子ダブルス，男女シングルスではレシーブゲーム取得率が高い傾向にある．

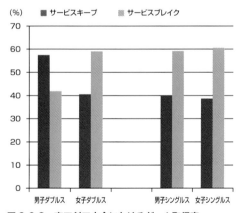

**図9.6.3 東アジア大会におけるゲーム取得率**

### ④サーバー別得失点・ポイント取得率

サービスの時にどれだけ得点しているのかについて，選手別に頻数と割合を表している（図9.6.4）．また，サイド別に集計しているので，デュースサイド（ライトサービスコート）とアドバンテージサイド（レフトサービスコート）でどちらの取得率が高いのかがわかる．前衛がサービス時のポイント取得率はおよそ40％で，後衛がサービスの時よりも低くなる．前衛がサービス時のパターン練習をしっかり行っておきたい．また，一般的にはファーストサービス時にはポイント取得率が高い傾向にある．

### ⑤連続失点の頻数

試合中にどれだけ連続失点が起きたのか，その頻数を示している．試合で勝利するには連続失点しないようにゲームを進めることが重要である．まずは試合中にどれだけ連続失点が生じていたのか確認したい．同時に，上述のサーバー別ポイント取得率から，どちらのサイドで取得率が低くなっているかチェックし，連続失点が起きるパターンに対応するための練習をしてほしい．

図9.6.5は，国際大会（男子）における連続得失点を表している．ゲーム単位で区切ることはせず，試合全体の中で連続得失が生じているか傾向を示している．

モメンタムチャート（図9.6.6）の直線部分は連続得点あるいは失点していることを示し，ギザギザになっている部分は得点と失点を繰り返していることを示している．図9.6.5と図9.6.6を確認し，連続失点していないかどうか確認してほしい．連続失点が多ければ，メンタルトレーニングなどを実践してみてほしい．

### ⑥ポイントマトリックス

ポイントカウント別の得点を示している．例えば図9.6.7では，ポイントカウントが0－0の時にJPN2・JPN5チームが6得点，TPE1・TPE4チームが2得点していることを示し，8ゲームのうちJPNチームが1－0とリードしたケースが6回あることを示している．

## 3. ゲーム分析でわかること

「先んずれば人を制す」．これは「何事も人より先に行えば，有利な立場に立つことができるというたとえ」（四字熟語データバンクから引用）で，スポーツの世界でもこの用語は頻繁に用いられて

|  |  | 合計<br>%(得点/本中) | デュース<br>%(得点/本中) | アドバンテージ<br>%(得点/本中) |
|---|---|---|---|---|
| ファーストサービス | JPN2 | 61%(11/81) | 56%(5/9) | 67%(6/9) |
|  | JPN5 | 71%(5/7) | 80%(4/5) | 50%(1/2) |
|  | TPE1 | 50%(7/14) | 50%(4/8) | 50%(3/6) |
|  | TPE4 | 44%(4/9) | 60%(3/5) | 25%(1/4) |
| セカンドサービス | JPN2 | 100%(1/1) | 0%(0/0) | 100%(1/1) |
|  | JPN5 | 20%(1/5) | 100%(1/1) | 0%(0/4) |
|  | TPE1 | 100%(1/1) | 0%(0/0) | 100%(1/1) |
|  | TPE4 | 50%(1/2) | 100%(1/1) | 0%(0/1) |
| 未チェック | JPN2 | 0%(0/0) | 0%(0/0) | 0%(0/0) |
|  | JPN5 | 0%(0/0) | 0%(0/0) | 0%(0/0) |
|  | TPE1 | 0%(0/0) | 0%(0/0) | 0%(0/0) |
|  | TPE4 | 0%(0/0) | 0%(0/0) | 0%(0/0) |
| 合計 | JPN2 | 63%(12/19) | 56%(5/9) | 70%(7/10) |
|  | JPN5 | 50%(6/12) | 83%(5/6) | 17%(1/6) |
|  | TPE1 | 53%(8/15) | 50%(4/8) | 57%(4/7) |
|  | TPE4 | 45%(5/11) | 67%(4/6) | 20%(1/5) |

■ 40%未満

**図 9.6.4 サーバー別得失点・ポイント取得率**

いる。囲碁の道具を使ったゲームで五目並べがある。五目並べは先手必勝（ただし，禁手のない場合）で，先に石を置く黒番が最善手を打てば必ず勝ってしまう。囲碁でも先手が優位に立つので，後手に「コミ」といって，一定量のハンディキャップを与える場合がある。しかし，こうしたボードゲーム（二人零和有限確定完全情報ゲーム）であっても，6×6 のオセロは後手必勝なので，一概に先手必勝と言いきれない。

図 9.6.3 にも解説した通り，サービスゲームの取得率は男子ダブルスでは 60％程度で，女子ダブルス，男女シングルスではおよそ 40％程度である。したがって，男子ダブルスでは試合前のトスで勝った場合，サービスを選択するチームが多いのである。先手必勝をソフトテニスの場合に置き換えてみると，先に手を打つのは「サービスをする」ことになり，先手必勝の原則に従えば風向きなど条件にもよるが，トスで勝ったらサービスを選ぶのが望ましい選択といえるだろう。しかし，女子ダブルスや男女シングルスでは，レシーブゲームの取得率が高い，つまり後手有利である。

一方で「先手必勝」という用語は指導の現場では，「リードすれば試合を有利に進められる」という意味でも使われているようである。指導者の中には，選手がリードを許して逆転勝ちをすることがあり，「リードを許した方がゲームを進めやすく思いきりできた」「相手リードが逆転勝ちに

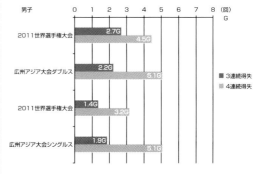

**図 9.6.5 国際大会における連続得失点**

つながった」と試合を振り返ることがあるが，最初からリードを許す戦術が有利であることはない。したがって，試合では常にリード・先行してゲームを進めることが勝利につながっていくことになる。それでは，具体的に例を挙げながら解説する。

**①ポイントカウント別ゲーム取得率（ダブルス）**

図 9.6.8 は，2013 年東アジア大会で日本チームが出場した試合について，各ポイントカウントのゲーム取得率をサービスゲーム・レシーブゲーム別に示したものである（男女ダブルス）。例えば，Doubles Service game（Men）では，ポイントカウントが 0-0 の時，ゲーム取得率はおよそ 60％となっている。これはサービスの有利性が働いていて，サービスとレシーブで五分五分でないことを示している。そして，1-0 とリードすると，約 70％を超える取得率を示す。3-0

301

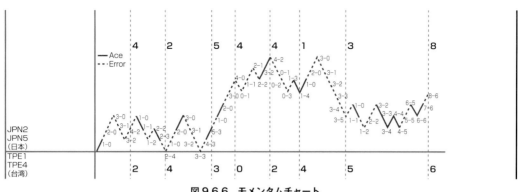

図9.6.6 モメンタムチャート

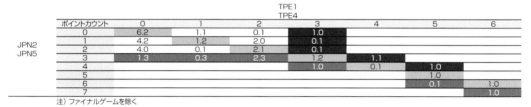

注) ファイナルゲームを除く

図9.6.7 ポイントマトリックス

になってしまうと約95％取得できる傾向にある。これに対し，女子ダブルスのサービスゲームで1－0の時には約60％程度だが，2－0になると約90％以上の取得率を示し，2点リードするとほぼゲームを手中にできることを表している。

②サービス時のサイド別得点取得率（シングルス）

次に，ライトサービスコートとレフトサービスコートのサイド別得点率に着目する（図9.6.9）。2010年アジア大会（中国，広州市）の女子シングルスで優勝したZhao Lei選手（中国）は，ライトサービスコートでの得点率が52.8％，レフトサービスコートでは47.2％と，ライトサイドコートの方が高くなっていた。これに対し，他ではレフトサービスコートの方が高くなっている選手が多く，特に大庭選手（日本）はライトサービスコートが31.9％，レフトサービスコートが68.1％と，圧倒的にレフトサービスコート側で取得率が高かった。男子選手を見ると，優勝したLee YoHan選手を

はじめ，ほとんどの選手がライトサービスコートでの得点率がわずかに高くなっているが，中本選手はほぼ50％の得点率だった。

先にリードをすれば心理的に有利な状態でプレーができる。後手に回ると，心理的負担だけでなく，どうしても受動的なプレーが続いてしまい，エネルギー消費が激しく，身体的な負担度も増加するだろう。ライトサービスコートのカウントでの得点率を上げ（先手を取って），ゲームを進める工夫をすべきであろう。

ライトサービスコートに比べ，レフトサービスコートでの得点率が高い傾向は，日本人のゲームに多いように感じる。こうした傾向の背景には，次のようなことが考えられる。ゲームポイント（レフトサービスコートに多い）はゲームを取得するためには最も重要なポイントなので，ダブルスではそのポイントを取るためにさまざまな工夫をする。例えば，ゲームポイントまでは正攻法でゲームを進めるが，ゲームポイントにはその逆の展開，

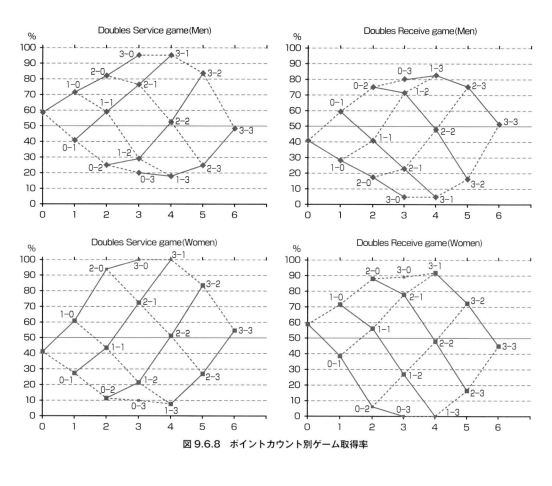

図9.6.8 ポイントカウント別ゲーム取得率

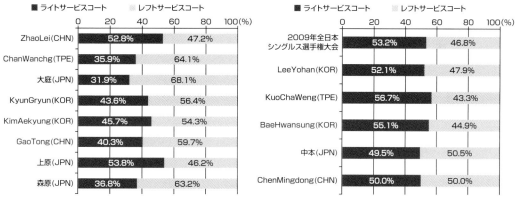

図9.6.9 サイド別得点率

つまり裏を取ってポイントを取ろうとする。あるいは、最初から仕掛けてしまうと、競り合ったゲームポイントでどのような仕掛けをしていいのか判断できないことがあるため、ゲームポイントの時に仕掛けるという指導をすることがある。こうした考え方は、囲碁でいうところの「布石」という考え方である。ダブルスの歴史に比べたらシングルスの歴史は浅く、用いられる戦術の考え方もダブルスに近い考え方を採用しているのかもしれない。

## 4. シングルスにおける打球コースの分析

一般的に、打球コースを分析する時には、録画映像からボールの落下点をデジタイズして、その座標を計算する（DLT法）。図9.6.10は、2011年世界選手権大会で行われた長江選手（日本）とKim DongHoon選手（韓国）が対戦した2試合での、フォアハンドストロークの打球の落下位置である。

### ①左右と前後の打ち分け状態について

図9.6.11は、長江選手とKim選手の左右打ち分けを示したものである。長江選手はバックサイドにボールを集め、Kim選手はバックサイドとフォアサイドに打ち分ける傾向が認められる。図9.6.12は前後の打ち分けを示したものである。長江選手はベースラインの長いボールとネット際の短いボールを使い分ける配球で、Kim選手はベースライン際の長いボールを中心に配球を組み立てている。つまり、長江選手は前後の配球、Kim選手は左右の配球でゲームを組み立てているといえる。

### ②左右及び前後の打ち分け状態の遷移

図9.6.13Aは、各選手が打球したボールの深さ（Baseline-Net）の落下位置を横軸に、次のボールの落下位置を縦軸に取っている。同様に図9.6.13Bは、コースの左右方向（Back-Fore）について表したものである。このような表し方をすると、例えば、相手のバックハンド側に打球した後、次にどこに打球するのか、短いボールを打った後、次はどこに打球するのかなど、打ち分けの状態がわかる。

図9.6.14は、図9.6.13から両選手の左右打ち分けの打球コース遷移確率を算出したものであ

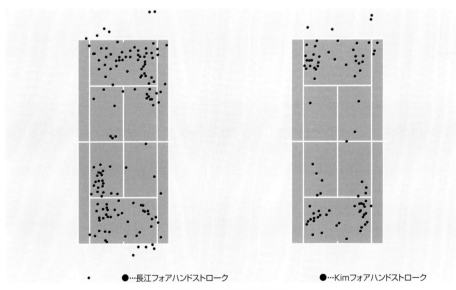

●…長江フォアハンドストローク　　　●…Kimフォアハンドストローク

**図9.6.10　打球の落下位置**

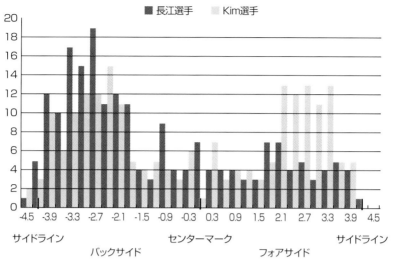

**図 9.6.11 長江選手と Kim 選手の左右の打ち分け**

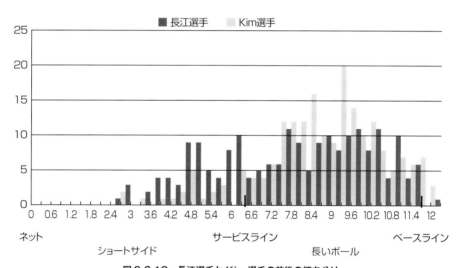

**図 9.6.12 長江選手と Kim 選手の前後の打ち分け**

る。フォアサイドへの打球を F，バックサイドへの打球を B，フォアサイドとバックサイドの中間を I とした時，Kim 選手の場合，バックサイドに打球後，バックサイドに打球する確率 p（B|B）は .31，フォアサイドに打球する確率 p（F|B）は .31 となっている。また，フォアサイドへの打球後，フォアサイドに打球する確率 p（F|F）は .29，バッ

クサイドに打球する確率 p（B|F）は .52 となっている。さらに，長江選手についていえば，バックサイドに打球後，バックサイドに打球する確率 p（B|B）は .50，フォアサイドに打球する確率 p（F|B）は .19 となっている。また，フォアサイドへの打球後，フォアサイドに打球する確率 p（F|F）は .21，バックサイドに打球する確率 p（B|F）は .42

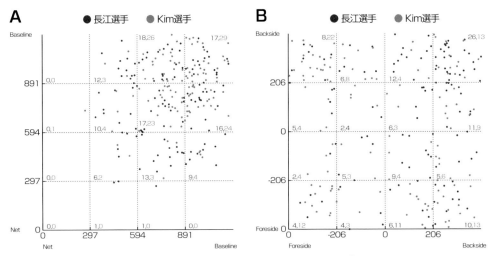

図9.6.13 左右・前後打ち分けのリターンマップ

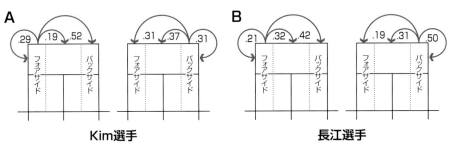

図9.6.14 両選手の左右打ち分けの打球コース遷移確率

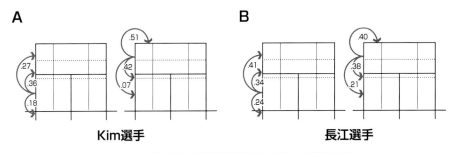

図9.6.15 両選手の前後打ち分けの打球コース遷移確率

となっている。つまり，Kim選手はバックサイドへの打球後，次の打球コースは左右均等に打ち分けているのに対し，長江選手はバックサイドに連続して打球するケースが多いことが示された。

図9.6.15は，前後打ち分けの打球コース遷移確率を示している。ベースラインへの返球をB，短いショートボールをN，その中間をIとすると，Kim選手はベースラインへの打球後のショートボールの確率 p（N|B）は.07と低い確率を示しているのが特徴である。

# §7 トレーナーサポート

## 1. トレーナーについて

### (1) トレーナーとは

　日本におけるトレーナーは，東京オリンピック（1964年）の頃から一般的にその名称が使われてきているが，その職域に統一した見解はなく，マッサージ師や鍼灸師，理学療法士がその専門性をもとに活動していた。1970年代からアメリカンフットボールなどの米国スポーツが広がるとともに，アスレティックトレーナーが紹介された。アスレティックトレーナーはスポーツドクターとの緊密な連携のもとに，スポーツ外傷・障害の予防，救急処置，リハビリテーション，再発予防を行う職業とされ，一般にも認識され始めた。あわせて，テーピング，アイシング，ストレッチの普及が進み，スポーツ医学の文化が浸透していった。その後，スポーツ医科学全般の活動を目指す動きが大きくなり，理学療法士，鍼灸・マッサージ師，柔道整復師，体育系大学出身者など，さまざまな資格を有する者たちが競技者をサポートするようになった。

　トレーナーの資格として，米国では1950年に全米アスレティックトレーナーズ協会（NATA：National Athletic Trainers' Association）が設立，1970年から公認資格制度（NATA-ATC：Athletic Trainer Certified）が導入された。日本においては1994年に日本体育協会（現日本スポーツ協会）がアスレティックトレーナーの養成事業を開始し，「スポーツドクター及び公認コーチとの緊密な協力のもとに，スポーツ選手の健康管理，傷害予防，スポーツ外傷の応急処置，アスレティックリハビリテーション及び体力トレーニング，コンディショニング等にあたること」がアスレティックトレーナーの役割とされた。日本におけるアスレティ

ックトレーナーは医療資格ではなく，公認スポーツ指導者制度の1つとしての資格である。

　日本スポーツ協会公認のアスレティックトレーナー資格を取得するためには，日本スポーツ協会の実施するアスレティックトレーナー養成講習会を受講し，検定試験に合格する必要がある。ただし，養成講習会は日本スポーツ協会の加盟団体の推薦が必要となる。ほかの方法としては，カリキュラムなどの条件を満たしたアスレティックトレーナーコース承認校である大学・専門学校にて必要な単位を取得することで，アスレティックトレーナー受験資格が得られる。令和6年10月1日現在，5,616名のアスレティックトレーナーが登録されている。

### (2) ソフトテニスにおける トレーナー遍歴

　ソフトテニスに「トレーナー」がスタッフとして公式に配置されるようになったのは，1994年の広島アジア競技大会の日本代表チームへの帯同からである。当時は「マッサージをする人」という認識が強かったが，1998年10月から日本スポーツ協会公認アスレティックトレーナー制度が認定され，チーム内におけるトレーナーの仕事が練習時間外での活動から練習中における活動まで範囲が大幅に広がった。さらに監督・コーチ，選手の理解と協力を得て，少しずつチームでの役割の確保がなされるようになってきた。現在では，ナショナルチームをはじめ，各アンダーカテゴリーにもそれぞれトレーナーが帯同するまでになっている。

　また，近年では各科（医科学部会）の医師，心理学，栄養学，スカウティング（試合分析）など，多方面のスペシャリストの方々よりサポートを受けることができており，現場で必要な情報や試合における分析など，現場と研究が競技力向上に密接なつながりを持てるようになってきた。監督，コーチ，選手の努力成果が大前提ではあるが，こ

のようなサポート体制の向上により，少しずつ選手の体力レベルもアップし，国際大会で安定した成績を残すことができていると考えられる。

このほかに，トレーナーは，日本代表選考会や全日本総合選手権などの主要大会でのトレーナーブースの設置，アンダーカテゴリー選手対象のトータルスポーツクリニックの運営など，たくさんの業務を抱えており，少しずつオーバーワークになりつつある。また，トレーナーはいろいろな勉強をし，資格を得ているが，職業としてはストレングスやケアなど専門領域がある。このため，選手個々にきちんと対応するためには，参加選手人数によって，トレーナーを複数名配置する，役割分担するなどの改善が必要となってきていると思われる。

ここ20年来，「トレーナー」という存在が認知され始め，中・高校生レベルの選手もトレーナーのサポートを受ける機会が増えてきている。しかし，金銭的問題やトレーナーの絶対数もあり，すべての学校にトレーナーが関わるまでには至っていない。しかし，コンディショニングの指導などは，どのレベルの選手にも必要なことなので，年に数回，必要な時だけでも，サポートを受けてみていただきたいと思う。

## (3) トレーナーの知識や技術

どの競技においても同様だが，トレーナーとして活動するためには，まず，その競技について深く理解する必要がある。というと，ソフトテニスの経験者がソフトテニスのトレーナーをすることがよいように思えるが，実際はそうではなく，他競技の経験者が新鮮な目線でソフトテニスを見た方が，改善面を見出せることもある。要は，常にアンテナを張り，知識をブラッシュアップし，チームがよりよい方向に発展していくよう，努力し続けることがトレーナーとして大切な資質なのである。

また，ソフトテニスでは，1つのチームを1人が担当することが多く（表9.7.1），この教本で紹

介されている技術的要素以外のすべての知識を持つ必要がある。

①トレーニング…選手に必要な要素を見極め，強化する

②コンディショニング…健康管理全般，メディカルチェック，疲労回復の補助

③機能解剖学…動きを分析して，トレーニングやけがの予防に役立てる

④整形外科学…急性の傷害や慢性障害の予防，競技復帰をサポートする

⑤救急法…内科的疾患への対応や緊急を要する事態への対応

⑥バイオメカニクス…試合の分析の補助

⑦心理学…練習や試合に最良の状態で臨む準備をする（メンタルトレーニング）

⑧栄養学…日常生活や遠征（特に海外）で，栄養が偏らないようにする

⑨環境対策…熱中症予防，遠征時のスケジュール管理

⑩コーチング学…技術的なこと以外を選手に教

**表 9.7.1　合宿中のトレーナー業務**

・選手のコンディショニング管理
・身体のケア
・ストレッチ指導
・テーピング
・ウォーミングアップ，クーリングダウン指導
・トレーニング指導
・体組成，体力の測定と分析

える技術，スタッフとの連携

これら以外にも，試合時のけがや体調変化に対処するのも大きな仕事の1つである。現行のルールでは，第39条と第40条（表9.7.2）について深く理解しておく必要がある。

まずは，試合中に捻挫などのけがや熱中症などの体調不良が起こった時，トレーナーがコートに入って処置してもよいか，大会ごとに確認をしなければならない。コートに入ってもよい大会でも，

**表9.7.2　第39条・第40条**

第39条
（1）プレーヤーに突発的な身体上の支障が生じ，プレーの継続ができなくなり，これを正審が認めた場合。ただし，同一人が1回に5分以内とし，かつ同一マッチで2回以内とする。
第40条
（1）プレーヤーはマッチ中パートナー以外の者から助言及び身体上の手当てを受けてはならない。ただし，正審がレフェリーと協議の上必要と認めた場合を除く。
（2）マッチを行うプレーヤー及びアンパイヤーその他特に認められた者以外は，マッチ中テニスコートに入ってはならない。ただし，大会要項の中で，プレーヤー以外に「部長・監督・コーチ（外部コーチを含む。以下同じ。）」がテニスコートに入ることが，認められた大会においては許容された時間内でプレーヤーに対して「監督・コーチ」が助言及び身体上の手当てをすることを認める。

処置を始めてもよいかどうかは，審判責任者または競技責任者の許可が必要である。また，5分で対応できない場合は，続けて2回目のタイムを取ることは可能である。

　トレーナーを目指す方へ。日本の現状では，純粋にトレーナーだけを職業とできるのは，限られた人数である。何か1つ，それで生計が成り立つ職業に就ける（資格が取れる）進路を考えるようにしよう。また，トレーナーは「楽しそう」という印象があるが，選手寄りの人間ではなく，1人のスタッフとして責任があり，多様な知識が必要なため，日々勉強していかないといけないことも知って，目標としてほしい。

## (4) トレーナー活動

### ①アスレティックトレーナーの役割から活動

　トレーナー活動内容は個々の競技によって違いがあるが，日本スポーツ協会アスレティックトレーナーとしては，以下のような役割をこなしていけるように教育されている。アスレティックトレーナーの日々の業務内容は常に変化していく。しかし，以下の個々の業務内容をしっかり実行することが重要である。
　①計画を立てる

②方針や手順をつくる
③準備をする
④基準を厳守する
⑤予算と人員を管理する
⑥記録をつける
⑦業務の目的などを組織化し運営管理する
　また，アスレティックトレーナーの役割・業務は次のように定められている。
①スポーツ外傷・傷害の予防
②スポーツ現場における救急処置
③アスレティックリハビリテーション
④コンディショニング
⑤測定と評価
⑥健康管理と組織運営
⑦教育的指導
　ソフトテニスのトレーナー活動としては，選手が練習や試合に参加するうえで，それに伴うけがや事故を未然に防ぐため，準備段階から起こり得る危険性を認識し，それに対する安全対策を立て，不慮の事故が起きた場合には速やかに救急処置を施し，医療機関や専門家連携し，アスレティックリハビリテーションの計画を立て，実施し，速やかにコートに復帰させることや日常の健康管理において選手が体力と体調の維持，向上するためのコンディショニング指導を行い，病気やけがの危険因子を持っているかどうかを事前に調査確認し，最高のパフォーマンスが発揮できるように能力（体力）の測定を行い，フィードバックしなければならない。また，監督やコーチとのチームワークを重視し，チーム方針に則った活動ができるようにしなければならない。さらに，選手にはトレーナーに頼るばかりでなく，自分自身でトレーニングやコンディショニングの意味や方法を考えられるように教え，ソフトテニスしか知らないソフトテニスプレーヤーではなく，一流のアスリートになってもらえるようにサポートすることが大きな役割であると考える。

### ②トレーナーチームとしての役割

日本ソフトテニス連盟としてのトレーナーチームの役割は以下の4つのカテゴリーに分けられている

日本代表候補，ナショナルチーム（21歳以下も含む），U-17（17歳以下），U-14（14歳以下）となり，個人の能力によりカテゴリーを飛び越えてオーバーエイジのカテゴリーに所属する選手も見られる。この4つのカテゴリーの男女に1名ずつ（8名）のトレーナーが配備されており，各カテゴリーにおけるトレーナーの役割に応じて活動している。

各カテゴリーの強化・育成方針は，監督によっても違いがあり一概に述べることはできないが，トレーナーの立場として選手の発育発達の観点からトレーナーが目指すべき育成方針を挙げることとする。

**U-14 カテゴリー**：体力的には心肺機能の向上から徐々に筋肉（速筋線維）の発達が盛んになる時期であるが，骨の成長時期とも重なっているため，関節に負担のかかるトレーニングは行えない。ただし，この時期のスピードトレーニングは大変重要であり，トレーニングさせるべきである。また，女子選手も同様であるが，女性ホルモンの分泌が徐々に盛んになり，女性らしさが見え出す時期。男性同様速筋線維を意識したトレーニングの実施が重要だと考えられる。また，教育的にも何のためにトレーニングが必要なのか，自分の身体の構造はどうなっているのかを積極的に教育し，将来強くなるためにトレーニングが必要な意味を理解させておく。

**U-17 カテゴリー**：身体的には筋力の発達が著しく起こる年代であり，トレーニングの実施が大変重要である。特に筋力トレーニングや瞬発的なトレーニングが重要であり，柔軟性の確保も必要である。女性のトレーニングとしても速筋線維を意識したトレーニングが重要であり，コート内でどのように身体が使われるのかといった，ソフトテニスとトレーニングの結びつけ方を考える必要がある。

※令和7年にU-20からU-21に改編

**ナショナルチーム（U-21）カテゴリー**：この年代では，私生活自体を管理されてきた高校生時代から自分自身に任されている時期にあたるため，自己意識（モチベーション）の高さが一番のポイントになる。テニスのテクニックが最高であってもテニスしかできないような運動能力では国際大会で戦っていける選手にはなれないと考えている。テニスのためのトレーニングやコンディショニングの必要性をよく理解し，自分自身で取り組んでいけるような教育が最も必要だと思う。

このように，各カテゴリーのトレーナーはそれぞれの年代の選手の発育発達段階と各年代におけるカテゴリーの監督の考え，目標とする試合を見極め，練習，トレーニング，コンディショニング，教育などを大きく見極めながら活動することが重要である。

# 2. カテゴリー別での　トレーナーの仕事

## (1) 日本代表

日本代表チームは，国際大会，つまり海外での大会で結果を出すことが求められる。海外では，生活環境・自然環境・衛生状態などが大きく変化するため，選手の心身へのストレスは非常に大きくなる。なるべく国内と同じ環境での生活ができることが，選手のストレスを軽減させコンディション調整やパフォーマンスアップにつながるため，トレーナーとしての役割は国内合宿時よりさらに多岐にわたる。

ソフトテニスでの国際大会は，各カテゴリー参加のものからトップチーム（ナショナルチーム選出の日本代表チーム）が出場する毎年1回開催される4大会（アジア競技大会・東アジア競技大会・世界選手権大会・アジア選手権大会）があり，それぞれの大会において金メダル（優勝）を獲得することが絶対的な目標と考えられている。

これらの中での国際大会・海外遠征時の主な仕

事を紹介する。

### ①事前調査と準備

現地の活動予定・気象条件・宿泊環境・交通事情・食事・水，油などの問題・現地で調達できるものとできないもの・トレーニングや試合の環境・対戦相手などについてできるだけ情報を集め，その対応を考える。情報が収集できたら，選手やスタッフに情報を提供する。特に活動予定や行程を知っておくと，機内での過ごし方や，時差による影響を最小限にとどめるための工夫を選手自身が実施でき，コンディションへの影響を最小限に抑えることができる。

### ②携行品の決定と準備

携行品は，大会の規模や事前調査の結果・活動内容によって決定される（表9.7.3）。日本から持参する携行品のついては，準備した物品が不足した場合，現地での補充が思うようにならない場合があるため，事前に十分な量を準備する。治療機器は，電源のタイプを事前に調査し，使用電圧に合った変換器・ソケット・延長コードなどを用意しなければならない場合もある。スプレー類や治療機器の梱包に関しては，飛行機に持ち込めないこともあるので注意を要する。

### ③渡航時の注意事項

渡航時における注意事項として，トレーナー荷物の大きさや重さが重要である。荷物の大きさ及び重量超過において超過金額が大変大きな出費になることがあり，適正な必要荷物の選択や航空会社への超過重量及びサイズの確認などが必要である。また，チームで渡航する場合，団体扱いとして荷物の重量を計算してもらえるように交渉することも重要である。

### ④現地での実際

#### ア．行程

コンディショニングのため，少なくとも競技開始の1週間前には，現地に到着していることが望ましい。練習時間・移動方法・コート宿舎の環境などは日本で確認が取れていても変更されている場合があるため，トレーナーは現地に到着次第，直接確認する。

#### イ．宿舎

部屋割りは，事前に決められている場合もあれば現地で変更できる場合もあるため，臨機応変に対応する。基本的にトレーナールームはなく，トレーナーの自室を使用するので，できることなら業務を行うのに十分な部屋を希望する。備品の配置などを考え，業務が円滑に行えるように工夫する。

宿舎の設備では，洗濯は意外に選手の負担になることが多く，ランドリー設備の有無はチェックしておきたい項目の1つである。手洗いになる場合は，ウエアを多く支給しても

**表9.7.3 携行品リスト（例）**

| | |
|---|---|
| ①テーピング用品 | 各種テープ・スプレー |
| ②衛生材料 | 消毒剤・ガーゼ・カット綿など |
| ③治療機器 | 超音波治療器・低周波治療器・ホットパック |
| ④ベッド | 携帯用ベッド |
| ⑤装具 | 各種サポーター・インソール |
| ⑥その他 | タオル・ビニール・雑貨・クーラーボックス |
| ⑦ドリンク・補食 | 粉末ドリンク・ゼリー |
| ⑧トレーニング用具 | ラダー・マーカー・チューブなど |

らうなどの手配も必要になる場合がある。また，浴槽がない場合も多く，普段からバスタイムでリラックスと疲労回復をしている選手は，疲れが取れないと訴えることがあり，バケツを用意するなど，できる限り近い環境を提供する。選手・スタッフが可能な限り快適な生活ができるように環境を整えることを心がける。

ウ．食事

事前の現地合宿にて，その国の食事の傾向や衛生面について調査しておく。収集した情報を参考にした専属の管理栄養士からの注意すべきことなどのアドバイスをもとに，食事を取るようにする。ソフトテニス競技では調理スタッフが同行しないため，現地の食事を基本とし，日本食は試合の合間に食べられるようにおにぎりを用意したり，軽食としてカップ麺やレトルト食品を準備するようにしている（表9.7.4）。そのため，ホテルの各部屋の設備（冷蔵庫や湯沸かしポットの有無）なども確認しておく。

**表 9.7.4 日本から持参した食品（例）**

| ①乾物 | のり・とろろ昆布・うどん・中華めん |
|---|---|
| ②缶・瓶詰め | 鮭フレーク・のりの佃煮・さば缶・焼き鳥缶 |
| ③レトルト | カレー・ハヤシライス・丼物・おかゆ |
| ④調味料 | コンソメ・醤油・塩・ふりかけ・マヨネーズ |
| ⑤補食 | カロリーメイト・サプリメント |

水道水・氷は基本的には口にしない。そのためミネラルウォーター・氷の調達が必要となり，購入できる場所があるかを確認する。試合によっては提供してくれる場合もあるので，調達できる場所，調達できる量を確認しておく。また，一部の国においては調理用の油にも注意を要する場合があり，この場合は

トレーナーが自ら調理することも必要となる場合がある。体調を崩して食事がのどを通らなくなる場合も考慮して，パックごはん・レトルトのおかゆ・梅干し・インスタントみそ汁なども持参していく。

エ．コンディショニング計画

a）移動・時差対策

移動にかかる時間と時差の影響はコンディション調整に大きな問題となる。

移動の機内では出発直後から現地時間に合わせた生活を行い，時差の影響を最小限にとどめるよう心がける。また長時間同じ姿勢でいるため，足が重く感じたり筋肉が硬くなるので，機内を歩いたりストレッチを一定時間ごとに行って，できるだけ身体を動かしておく。現地に到着後は散歩やジョギング・体操・ストレッチングなどの軽い運動を行い，日中の場合はできるだけ日に当たり，現地時間に身体を慣らしていくようにする。

b）期間中全体

試合開始の1週間前に到着できる場合は，現地でのトレーニング計画を綿密に立てる。大会によっては，選手によって試合日程が違うので，それぞれに合わせて試合時にピークパフォーマンスになるように計画をする。試合直前に到着する場合は，コンディショニングに重点をおいて，こちらも個々に合わせて計画を行う。

c）試合当日

試合当日は，テーピングやウォーミングアップの時間を練習開始時間から逆算し，散歩や食事，宿舎の出発時間を設定する。個人戦ではそれぞれの試合開始時間がまちまちなので試合進行を把握しておき，必要に応じてウォーミングアップのアドバイスやケアを行う。試合会場でのトレーナー業務においては，まずベッドを設置できるような場所があるか確認し，業務がスムーズに行えるようにセッ

ティングすることはもちろん，選手が試合の合間にリラックスできるような場所を作ることが必要である。

オ．ドーピング

ドーピング検査は国内の大会同様，国際大会でも実施される。検査内容，方法は同じであるが，検査役員が日本語を離せない場合もあるので，検査に不正がないか確認するためにも大会期間中ドーピング検査を求められた選手に同伴する。また期間中に体調不良があった場合，基本的にトレーナーは医薬品を携行していないので，選手が日本から持参した薬を服用するか現地の医療機関にて薬を処方してもらうことになるが，いずれにせよ禁止薬物が含まれていないか確認するなど，選手のサポートも行う。

⑤帰国後にすべきこと

帰国後は疲れもあって手を抜きがちだが，評価と課題を明確にしておく必要がある。特に，国際大会の事前合宿の場合は，本大会をより充実したものにするために情報をまとめておく。また，帰国後も時差や環境の変化は経験することになり，解散後の体調の維持は各自の責任で行うことになるので，解散後もコミュニケーションを図り，コンディション維持に努める。

## (2) ナショナルチーム

トレーナーは，選手の競技能力をより一層高めるためのポジティブなコンディショニングと合わせて，特に競技者の外傷・障害・疾病・疲労などのような，競技成績に対するネガティブな影響をできる限り少なくするためのコンディショニングを行う専門家である。

ナショナルチームでアスレティックトレーナーが行う具体的な内容は，外傷・障害予防やアスレティックリハビリテーションなどのメディカルサポートだけにとらわれず，トレーニング指導やマネージメントなど多岐にわたっている。その中で

**写真9.7.1　ナショナルチーム　選手のストレットと会場全体**

**写真9.7.2　ナショナルチーム　女子もウエイトトレーニングに取り組む**

も国際大会での結果を求められるナショナルチームにおいて，特に重要となるコンディショニングとトレーニングについて述べる。

### ①コンディショニング

ナショナルチームでは，国内合宿，大会中は国際大会を見越して全体として取り組むコンディショニングと選手個々に合わせて行うコンディショニングを行っている。コンディショニングの目的はパフォーマンスの向上と傷害の予防に集約される。パフォーマンスの向上では，医師によるメディカルチェックや管理栄養士による栄養指導，メンタルチェック，フィールドテストの結果を基に，全体としてのコンディショニング内容を決定

する。また国際大会や個々の試合のスケジュールを把握し計画を行う。傷害の予防では，原因に応じた身体的不具合の予防（ストレッチ・筋力強化）や治療器・徒手・テーピングを使用してのケアも行う。ただし最も重要なのは，選手自身が自己管理できることであり，所属に戻っても個々にコンディショニングができるよう教育を行う。

②トレーニング

大会での課題や他種目でのフィジカルの分析・情報を参考にしながら，強化が必要なことをスタッフ間で話し合ったうえで取り組む。実施する際は，何のためにこのトレーニングが必要かどういったプレーにつながるのかを，医科学部会の分析や解剖学・生理学・バイオメカニクスを踏まえて選手に説明し，スタッフ・選手ともに理解したうえで実施する。代表が決定してからは約半年程

写真 9.7.3　ナショナルチーム 硬式テニス浅越選手による指導

写真 9.7.4　ナショナルチーム 練習風景

で国際大会になるので，非常に短い期間でトレーニング効果をもたらさないといけない。特に代表合宿に入ってからは，基礎体力の維持向上とスキルに直接つなげるための機能体力向上のためのトレーニングにも多く取り組む。

また選手は，非常にハードなシーズンの傍ら，代表選手としてのトレーニングにも励むようになる。代表選手になったからには，あくまでも国際大会でピークを持っていくためにコンディショニングを含めトレーニングに取り組み，場合によっては国内大会前でもハードなトレーニングを行う場合もあることを周知し，理解したうえで取り組む。さらに，合宿以外でもトレーニングが必要な場合は，全体もしくは選手個々に合わせてメニューを提示する。

### (3) U-21※

U-21 は，大学 3 年生までのカテゴリーで，1 人でも多くナショナルチームに上がり，国際大会の即戦力として活躍できる競技者を育成するためのカテゴリーである。また，高校生までの監督やコーチの管理下で行っていた環境から，大学では自主的な活動を余儀なくされる環境へと変化する。そのことから，トレーニング，コンディショニングまたスキル面に関しても，この世代では自分自身の特性を見出し，自己管理する力が問われ，トレーナーにも，そのために必要な教育が求められていると感じる。それらを踏まえ，以下に本カテゴリーのトレーニングとコンディショニングについて詳細を述べる。

①トレーニング

U-21 は大学生が多く，高校生の頃に比べてチーム単位でのトレーニング実施頻度が落ちることが危惧される。練習によりスキルの維持はできても，そのスキルをナショナルチームへ向けて高いレベルで実施するために，トレーニングを日々の日常に習慣化していくことが課題となる。

そのために体力測定の結果や練習より，自分自

※令和 7 年に U-20 から U-21 に改編

写真 9.7.5　U-21（男子）オンコートでの技術に即したトレーニング

写真 9.7.6　U-21（女子）所属先に帰ってからの実践方法をレクチャー

身の体力レベル，特徴を把握しスキルアップのために必要なトレーニングを理解することが必要となる。そしてそれらを理解したうえで，自身の日常スケジュールに合わせてトレーニングの計画，実施を可能とするための教育を実践と講義を通じて行っている。

実際のトレーニング内容としては，年齢的にもナショナルチームの選手と近いこと，またいつナショナルチーム，また国際大会に出場しても遜色なく戦えることを考慮し，数値目標は同様の基準を設けている。所属チームに帰ってからも実施可能なメニューを意識したうえで，男女ともに基礎的なウエイトトレーニングを実施，その他にもコート上での基礎体力向上，身体の使い方，ソフトテニス競技の競技特性を考慮したメニューなどを実施している。また必要に応じて個々のスキルアップのために必要なトレーニングも提案する。

②コンディショニング

"ベストなパフォーマンスは，日々の体調管理から"というメッセージを大切に，コンディショニングに取り組むようにアプローチをしている。マッサージやストレッチ，筋膜リリースのような自身で実施できるセルフケア方法の教育はもちろんのこと，U-21 世代で乱れがちな食事や睡眠など，日常生活のすべてがパフォーマンス発揮につながることを繰り返し伝えるようにしている。

実際に合宿や日常では，コンディショニングチェックシートやアスリートダイアリー（女子のみ）を，自身の日常生活を見直すツールとして使用している。

## (4) U-17

U-17 は中学 3 年生から高校 2 年生までのメンバーで構成される。したがって，学校教育の部活動として全国選抜大会や高等学校総合体育大会，国民スポーツ大会といった全国大会で上位入賞を目指す一方，日本代表としての活動の中では日韓中交流戦大会，世界ジュニア大会を目標とする大きく 2 つの側面を持っているカテゴリーである。U-17 では U-14 と同様に，日本代表であることの自覚と公人として同世代選手の模範的な選手となるための人間形成の場になる環境づくりを目的としている。それらを踏まえ，以下に本カテゴリーのトレーニングとコンディショニングについて詳細を述べる。

①トレーニング

高校生の年代のアスリートは，トレーニングの強度や量，時間が十分なものであれば，発育発達が自然にもたらしてくれる結果以上に筋力レベルを著しく向上できることを示すエビデンスが数多く得られている。実際，8〜20 週間のトレーニングプログラムで筋力が約 30% 増加することも

珍しくない。そのため、この年代では、トレーニング負荷や練習強度に耐えることのできる筋力、柔軟性、身体操作（身体の使い方）が極めて重要になる。トレーニングフォームや負荷量の設定、ソフトテニス競技のスキルアップにつながるトレーニングの選択など選手が理解し、自主的に取り組める環境づくりを中心に行っている。

②コンディショニング

U-17の年代では、骨端線の成長（成長痛）と練習による筋肉の使いすぎによる障害、疲労骨折などのリスクが高いため強化合宿中に整形外科ドクター・トレーナーによるメディカルチェックをもとに、今後起こる可能性のある障害リスクを把握し、ウォーミングアップ、クーリングダウンの内容の検討やトレーニングの中での障害予防プログラムを実施している。疲労度のチェックは起床時の心拍数やコンディショニングチェックシートによって自己管理の意識を高める教育を行う。また、女子選手は貧血や月経不順など婦人科系の症状に対して内科医や管理栄養士による指導を行い、体調管理を行う。U-17の年代では、選手自身による積極的な身体の管理が重要であり、トレーナーはそれをサポートする立場であるべきである。選手自身がさまざまな局面において正しい選択ができるように導く指導、教育が求められる。

## （5）U-14

U-14は小学6年生（12歳）から中学2年生（14歳）までの選手が対象で、全日本の入り口となる。強化チームとしては最年少カテゴリーだが、将来日本を背負って戦うことのできる選手を教育、育成することを共通認識としている。このカテゴリーの特徴は、身体の発育発達が途上であるという部分に加え、精神的にも途上であるという部分である。そのため、慣れない環境やメンバーでの過ごし方やコミュニケーションの取り方についても丁寧なサポートや配慮が必要である。それらを踏まえ、以下に本カテゴリーのトレーニングとコンディショニングについて詳細を述べる。

①トレーニング

この年代のトレーニング目的として、主に神経

写真9.7.7　U-17（女子）オンコートトレーニング1

写真9.7.8　U-17（女子）オンコートトレーニング2

写真9.7.9　U-17（男子）栄養士による食事指導

系の適応，全身持久力の向上，関節安定性の獲得と可動性の向上，柔軟性の向上が挙げられる。

まず，神経系の適応はコーディネーションという言葉で表され，自身の身体を思い通りに扱う能力や，バランスを崩した際に立て直す能力，ボールへの反応などソフトテニス競技を行ううえで非常に重要な部分である。具体的なトレーニングでは，コートライン上を綱渡りのように四肢及び体幹でバランスを取りながら四足で歩行をするなどといった人間の発育発達段階を考慮した段階的なボディワーク，ラダーやマーカー等を使ってのアジリティドリル，ボールを使ってのペッパー（パートナーが投げたボールをワンバウンドもしくはノーバウンドなどでキャッチし投げ返す動作を繰り返す）などが挙げられる。ラケットでボールを思い通りに扱う能力やボールと自分との位置や距離間隔などを養う時期にも適している。昨今はラケットやシューズの性能も良くなり，うまく身体を使わずとも力強いボールを打つことができてしまうため，ウォーミングアップの中に足趾や股関節，胸郭などが正しく使えるようなエクササイズを組み込み，身体の使い方を修正したうえでキャッチボールやラケットワークの練習をしてもらうことなども積極的に行っている。

次に，全身持久力の向上について，これはいわゆるスタミナを表す。この年代で最も心臓血管系と呼吸器系が向上するので，インターバル走などを取り入れることで向上を図っている。

関節安定性の獲得と可動性の向上については，この世代の選手は骨が成長段階にあり，成人に比べ脆く，傷つきやすい。したがって強度の高い筋力トレーニング（高重量を扱うようなトレーニング）は悪影響を及ぼす可能性がある。そのため本カテゴリーでは，筋肥大や筋力向上ではなく，関節や姿勢を安定させるローカルマッスルなどを刺激し動きの中で身体をコントロールし安定させることを目的として行う。具体的には，自体重を用いた筋力トレーニングを体幹部の姿勢に注意しな

**写真9.7.10　U-14（女子）トレーニング1**

**写真9.7.11　U-14（女子）トレーニング2**

**写真9.7.12　U-14（女子）トレーニング3**

がら実施し，動かすべき関節や固定したい部位など，分離と協働を意識させている。

柔軟性については，本世代でも発達段階であることや椅子中心の生活様式であることから柔軟性

が低下している選手も少なくない。後述するコンディショニングにもつながる部分となるが，合宿中には練習前後にストレッチを行う時間を十分に取り，必要性や意識すべき部分などを説明し，普段の練習にも取り入れられるよう工夫している。

### ②コンディショニング

コンディショニングは，けがの予防とパフォーマンス向上のための土台である。本カテゴリーでも他カテゴリーと同様にメディカルチェック，栄養指導，アンチ・ドーピング教育を行っている。U–14ではコンディショニングということばに馴染みのない選手も多いため，これらの取り組みがコンディショニングにつながるということから丁寧に説明する。

練習前後の取り組みとしては，ウォーミングアップとクーリングダウンに重点を置いている。アップとダウンは全カテゴリーで同様のメニューを行うため，本カテゴリーではそれぞれのポイントについて都度説明している。なにより，コンディショニングは継続することが重要なため，「どのようなことがコンディショニングか」「なぜ行う必要があるのか」「どのように行うとより効果的なのか」「いつも行っているものに加えてさらに行うとよいものは何か」について考え，実践できなければならない。そのため本世代の精神的発達状況を踏まえて，小グループで考えを共有したり，お互いのストレッチ姿勢を確認しあったりする時間を設けることで，自立して実践できるような配慮をしている。

合宿中のコンディション管理としては，体調やけがの状況について記載するコンディションチェックシートを用意し，毎日記入してもらいトレーナーが内容を確認している。本世代では身体，精神の発育発達状況やコンディショニングへの意識の差があるので，積極的に対話するほか，メディカルチェック状況，食事摂取状況，体力テスト結果など総合的に把握し個別対応を行っている。


文献
1）財団法人日本体育協会（2007）.『公認アスレティックトレーナー専門科目テキスト　第1巻　アスレティックトレーナーの役割』文光堂 p.9-16,27-29
2）日本体育協会ホームページ：http://www.japan-sports.or.jp/coach/tabid/248/Default.aspx

# §8 ITサポート

ソフトテニスにおいてIT（情報技術：Information Technology）サポートの役割とは，「コンピュータをベースとしてデジタル化した情報を整理・管理し，選手の競技力向上につながる情報を支援・援助するもの」として考えられる[1]。連続的な量で表現される情報がアナログであるのに対し，それを一定間隔で区切り，数値で表した情報がデジタルである。例えば，時計であれば，針で時間を指すものがアナログ時計であり，これを数値で表現したものがデジタル時計である。現在では，コンピュータはすべての情報をデジタル化して扱うために，文書，画像，動画，音声などの情報を任意にカスタマイズすることが可能となってきた。ITサポートには，インターネットを経由して情報を共有し，指導者が選手に対して「いつでも，どこでも」必要に応じた情報を，効率よく的確に支援・援助することが求められるのである。

しかし，こうした情報活用の利便性が高くなった半面で，対象となる個人や団体に関わる機密情報の漏洩や，選手が誤った情報を利用してトラブルにつながるケースも少なくない。したがって，指導者は機密情報を漏洩しないためにも，大切なデータにはパスワードをつけて管理することや，さらには選手の競技活動に支障が出ないように指導するなどの対策が必要である。適材適所のリスクマネジメントはITサポートの重要な役割ともいえるだろう。本論ではITに関わる基本的な知識を見直すとともに，ソフトテニス競技における現場での活用術について触れる。

## 1. ハードウェアとソフトウェア

一般的に，「IT＝インターネット」と考えられる傾向がある。しかし，私たちが普段使用するコンピュータやその周辺機器としてのハードウェア，そしてコンピュータを動作させるソフトウェアもITである[2]。ここでは，ソフトテニスのITサポートで使用されるハードウェア・ソフトウェアの基本的知識について，紹介したい（以下，用語の詳細な定義は文献1）～4）を参照）。

### (1) ハードウェア

2000年以降のIT革命に伴って，現存するハードウェアの中で最も進化したものがパーソナルコンピュータ（以下，パソコン）である（図9.8.1）。パソコンの種類には，デスクトップ型，ノート型，タブレット型などさまざまだが，その中でもタブレット型のパソコンは，持ち運びが容易にできるほどの軽量化を実現し，動画をストレスなく視聴できる高い機能性を持ち合わせている。近年，ある競技の国際大会においては，監督がタブレットをベンチに持ち運び指導する場面が話題となった。

パソコンの活用はベンチ以外の環境でもうかがえる。例えば，写真の例で見られるように，国際大会の会場では，予選リーグの試合をその日のうちにYouTubeにアップロードし，ベンチや選手村で観察できる環境を作成している（図9.8.2）。これは次の試合に備えた選手への情報提供や，試合前のモチベーションビデオとしてのメンタルコンディションを高めるために活用された。

また，海外遠征では，事前合宿を含めると滞在期間が2週間を超えることもある。宿泊施設内には，無線LANを使った映画観賞システム，そしてビデオサーバーには映画やミュージックビデオなど計50本程度のタイトルを用意した。

パソコンの利便性を高めた要因の1つには，

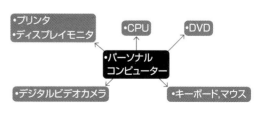

**図9.8.1　ハードウェアとしてのコンピュータと周辺機器**

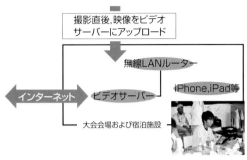

**図 9.8.2　映像データのインターネットを経由した活用法**

CPU（Central Processing Unit）による功績が大きい。CPUは制御装置と演算処理としての2つの機能を持ち、ヒトであれば脳のような役割があるといわれている。CPUからの指令を受けて、メインの記憶装置としてのメモリ、外部記憶装置としてのHDD（Hard Disk Drive）が作動する。こうしたデータの記憶媒体には、HDDのほかにもDVD、そしてフラッシュメモリなどがある。また入力装置としては、文字入力を行うデバイスのキーボード、カーソルの移動や決定を行うマウスを使用し、一方で出力装置としてはディスプレイモニタやプリンタなどがある。

デジタルビデオカメラは、選手のフォームや試合全体を撮影するために多く活用されている。現在の小型化されたカメラには、内蔵されているCCDによって画像をとらえ、デジタル化したデータへと変換されている。指導目的によっては、選手の視野で撮影できる超小型カメラや、テニス動作をスーパースローで撮影できる高速度カメラなどを利用することもある。

日本ソフトテニス連盟医科学部会のサポートチームでは、国際大会の試合中における選手の表情やしぐさをビデオ撮影することや、さらには心拍数をデジタル化したデータとして計測している。こうした情報は、第9章§5心理サポート3-1ナショナルクラスの心理サポートの現状でも紹介されており、ナショナルチーム選手のためのメンタルや戦術のサポートに活用されている。

### (2) ソフトウェア

ソフトウェアには、パソコンを動作させるOS（Operating System）や、文書作成や計算処理を行うアプリケーションソフトがある。近年では、携帯電話やスマートフォンにも搭載されており、アプリケーションソフトは「アプリ」としても広く知られている。

OSにはWindows（Microsoft社）、もしくはMac OS（Apple社）の利用が多く見受けられる（図9.8.3）。パソコン機種によっては対応するOSが異なっており、例えば、アップル社製のパソコンを購入した場合には、Mac OSがすでにインストールされた状態にある。OSとアプリケーションの間にはいまだに非互換性が存在しているため、アプリケーションソフトを使用する際にはこうした点に注意を払う必要があるだろう。

アプリケーションソフトの中でも、オフィス（Microsoft社）と呼ばれる文書作成のためのソフトウェアの使用シェアが非常に高いといえる。オフィスは、文章および書類作成のためのワープロソフト、数値データの集計や分析に使用される表計算ソフト、そしてスライドを利用したプレゼンテーションソフトなどさまざまある。例えば、表計算ソフトは、縦横に並ぶセルと呼ばれるマス目に数値や計算ルールを入力することで、手計算では労力のかかっていた演算処理を簡易化することを可能にする。

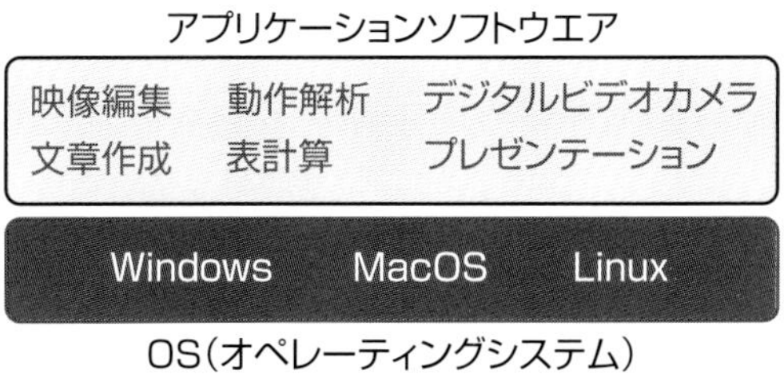

アプリケーションソフトウエア

| 映像編集 | 動作解析 | デジタルビデオカメラ |
| 文章作成 | 表計算 | プレゼンテーション |

Windows　　MacOS　　Linux

OS（オペレーティングシステム）

**図 9.8.3　ソフトウェアとしてのOSとアプリケーションソフト**

動画編集については，OS の標準機能を利用することで，動画を閲覧する上では十分な機能を有している。動画はタイムラインと呼ばれる時系列編集において，必要な映像を切り貼りすることが可能である。ほかにも専用ソフトとして，選手同士の動きを重ねて比較するレイヤー機能を有する動画編集ソフトや，ヒトの関節位置や角度などを計算できる動作解析ソフト，さらにはビデオ映像を利用してコート上での選手の位置情報を分析できるソフトもある。例えば，選手個人の 1 試合での平均移動距離（m），総移動距離（m），最大移動速度（m/s）を算出することが可能である。

こうしたデータは，シングルスやダブルスといった種目に対する運動強度の違いを評価することや，その運動強度に対するトレーニング方法も考察することが可能である。実際に，1 回の試合での選手の総移動距離などの情報をあえてデータとして記述することは，ソフトテニスの技術を向上させるための理論的枠組みを構築する上でのヒントが含まれているように思える。

## 2. インターネット

インターネットは，ソフトテニスの情報共有やコミュニケーションのツールとして極めて密接なものとなっている。例えば，全国大会の試合情報を得ることや，指導者と選手そして選手同士との情報のやり取り，さらには個人の情報発信にも活用されている。ここでは，インターネットの仕組みやそれに関連するコミュニケーションツールについて紹介するとともに，その使用上の注意点についても触れる。

### (1) インターネットとは？

インターネットは，「TCP/IP というプロトコル（通信規約）を利用して，世界規模で相互にネットワークを接続したもの」とされている。TCP にはデータを搬送するための役割があり，IP には IP アドレスという「住所」がある。TCP/IP が設定されることで，コンピュータの機種の違いを超えて，電子メールや WWW（World Wide Web）などのサービス利用が可能となるのである。

WWW ブラウザは Web ブラウザとも呼ばれており，Microsoft Edge（Microsoft 社），Safari（Apple 社），Google Chrome（Google 社）などが有名である。Web サイトは WWW 上でデータやファイルがひとまとまりで置いてある場所を指している。例えば，「日本ソフトテニス連盟」の Web サイトにアクセスしたい場合には，URL と呼ばれるアドレスを入力することで，その Web サイトを閲覧することができる。また Web サイト上で公開されている情報を検索するには，キーワードを使って検索する検索エンジンが利用されている（図 9.8.4）。

近年，こうした検索エンジンのサービスは情報検索だけにとどまらず，Web メール，スケジュール管理，ビデオ通話，オンラインショッピングとしても活用されている[6]。

世界に目を向けてみると，かつて運営されていたヨーロッパソフトテニス連盟の Web サイトでは，ポイント獲得に合わせた選手のランキングを明確化していた。硬式テニス競技では選手のランキングについての情報がメディアに取り上げられる機会が多いが，こうした文化が根強いヨーロッパでは，ランキングを明確化することが"当たり前"のように認識されているようである。日本でもランキングを呈示しているが，「各個人がどの

**図 9.8.4　Web 上の情報検索としての検索エンジン**[6), 7), 8)]

程度のポイントを獲得しているのか」が明確化されていないため，リアルタイムで個人の活躍を追うことが難しいように思う。仮にこうしたポイント制を取り上げることとなれば，大会運営そのものの考え方が変わってくるかもしれない。

### (2) コミュニケーションツール

電子メール（Eメール）は，「インターネット上で手紙のように特定の人とやり取りする情報」のことを意味し，コミュニケーションツールとして最も利用されている。電子メールは携帯電話やスマートフォンでも利用されており，「メール」と呼ぶだけで通じるほどである。

電子メールを送る場合には，送信先のメールアドレスを入力し，件名および本文を記入する。CC（Carbon Copy）は同じ内容を参考で送る機能であり，BCC（Blind Carbon Copy）はほかの相手にメールアドレスを知らせずに送る機能である。メーリングリストを利用して，特定のテーマについての情報を複数のユーザー間で交換し合うことも可能である。こうした電子メールのやり取りは主として文字情報であるものの，ファイル添付の機能を利用すれば文書，画像，動画などデータを送受信が可能である。また動画など容量が大きいデータを送る場合には，インターネット上でファイル共有できるDropbox[9]などのオンラインストレージが利用されている。

電子メール以外のコミュニケーションツールとしては，電子掲示板やブログ，さらにはSNS（Social Networking Service）などがある（図9.8.5）。SNSは社交的な意味を持ち，任意の関係によって結びつけられた個人や組織のつながりをインターネット上で実現したソーシャルメディアである。世界最大のSNSであるFacebook[10]は，実名の登録が要求されるサービスで，投稿されたメッセージや写真のうち，「いいね！」ボタンを押すことで自己の意思表示をできる機能を持つ。またFacebookと並ぶ大手SNSのX（旧Twitter）[11]は，短いメッセージを投稿することで，不特定多数に情報を発信することや，特定のユーザーの発言を確認することができる。またLINE[12]は，従来のチャットのように，リアルタイムでのメール送信や通話が無料で使用できるものとしての汎用性が高まっている。

こうした情報発信の手段は，動画にも広がりを見せている。例えば，YouTube[14]はユーザーがアップロードした動画を誰でも無料で閲覧することができる。また日本ソフトテニス連盟のWebサイト[15]では，「Soft Tennis TV（日本ソフトテニス連盟チャンネル）」[7]として国際大会や各都道府県の試合・行事に関連した動画配信を行っている。

### (3) 情報の信憑性と個人情報

これまで説明してきたように，私たちはインターネットを通じてソフトテニスに関する情報に触れる機会が増えている。しかし一方で，誤った情報や偏った情報にも触れることがたびたびある。こうした情報の信憑性については，受信者である選手や指導者に委ねられるため，ほかから得られた情報と常に比較しながら，正しい情報かを分析することが求められるであろう。

また，WebサイトやSNSなどによる情報公開によって，個人情報が漏洩することもある。個人情報とは「個人を特定するためのあらゆる情報」

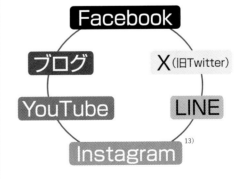

**図9.8.5　情報発信のためのブログとSNS**
（Social Networking System）

とされており，氏名，住所，健康状態などさまざまである。さらに個人と特定できない情報であっても，ほかの情報との組み合わせにより，個人情報が特定される場合もある。不用意に個人情報が漏洩すると，プライバシーの侵害などのトラブルを起こす原因となるかもしれない。

　こうした中で，「個人情報の有用性に配慮しながら，個人の権利利益を保護することを目的」とする個人情報保護法が 2005 年に制定されている[16]。個人情報保護法は個人情報を扱ううえでの一定のルールを定めた法律であり，仮に個人情報に関するトラブルが発生した場合には，専門家などの助言を得るようにしてほしい。

### (4) 著作権及び肖像権の理解

　ソフトテニスの試合や練習場面が，簡易に動画配信することが可能となっているが，こうした情報には，著作権および肖像権が含まれていることを忘れないようにしたいものである。

　著作権とは，「著作物を創作した著作者に与えられる権利」であり，創作物が許可なく他者によって使用できない権利である。著作物は文字を書くことや，動画を作成した時点で自動的に発生する。著作物の複製は著作者だけに与えられた権利であるため，その承諾を得なければ著作権侵害の法律違反となる。また肖像権とは，「許可なしに個人が撮影されることがない権利」である。肖像権は法律としては存在しないものの，裁判の判例で認められている権利である。先に挙げた例のように，個人がソフトテニスの試合や練習を撮影した場合には，その動画は撮影者の著作物として認められるものの，撮影対象の他者に対して情報公開の承諾を得なければ，インターネット上での公開やデータ共有は認められないのである。日本連盟主催の大会実施要項には，「本大会に係わる映像等の広報についての活用と一切の権利については，本連盟に帰属し，承諾するものとする」ことが明示されている。したがって，こうした問題

に抵触することのないように，得られた情報を有効に役立てていただければと思う。

文献

1）オフィス加減編（2010）.『初・中級者のための パソコン・IT・ネット用語辞典 基本＋最新キーワード 1100』アスキー書籍編集部

2）岡本敏雄他（2003）.『情報 A　Welcome to 'IT'』実教出版

3）秀和システム第一出版編集部（2013）.『最新標準パソコン用語辞典〈2013 年 -2014 年版〉』秀和システム

4）西原清一他（2013）.『第三版入門マルチメディア　IT で変わるライフスタイル』CG-ARTS 協会

5）杉本くみ子他（2011）.『30 時間アカデミック 情報リテラシー　Office2010』実教出版

6）Google, https://www.google.co.jp/

7）日本ソフトテニス連盟チャンネル , https://www.youtube.com/channel/UCmkqivrWCRprV01OU5o1diw/videos

8）Yahoo, http://www.yahoo.co.jp/

9）Dropbox, https://www.dropbox.com/

10）Facebook, https://ja-jp.facebook.com/

11）X（旧 Twitter）, https://x.com/home

12）LINE, https://www.line.me/ja/

13）Instagram, https://www.instagram.com/

14）YouTube, https://www.youtube.com/

15）日本ソフトテニス連盟 , http://www.jsta.or.jp/

16）個人情報の保護（政府広報オンライン）, https://www.gov-online.go.jp/social_systems/personal_information_protection/

# §9 アンチ・ドーピング

## 1．はじめに

世界アンチ・ドーピング規程（WAD – CODE）は5～6年に1度，禁止表国際基準は少なくとも1年に1度改定され，「全世界」「全競技」共通のルールである。

アスリートの意思決定に大きな影響力を持つサポートスタッフは，アスリートと同等，もしくはそれ以上の責務がある。アスリートのアンチ・ドーピングへの考え方・姿勢を養っていくために，常に最新の情報をチェックする必要がある。本ページは2025年1月時点での規程をもとに作成している。

## 2．アンチ・ドーピングとは

自分が対戦する相手がドーピングをしているかもしれないという疑いがある時，相手の勝利を心から称えることができますか？ ドーピングは，自分自身の努力や，チームメイトとの信頼，競い合う相手へのリスペクト，スポーツを応援する人々の期待などを裏切る，不誠実で利己的な行為である。そもそも，ドーピングありきでは，スポーツはスポーツとして成り立つことができない。

ドーピング行為に反対（anti アンチ）し，スポーツがスポーツとして成り立つための教育・啓発や検査といったさまざまな活動のことを「アンチ・ドーピング」という。違反をしているアスリートを排除するためだけではなく，アスリートやその周辺の人がドーピングのリスクを理解・予防し，自分自身の健康や競技，スポーツ全体の価値やフェアネスを守るために具体的な行動を行うことや，教育活動を推進することも含まれる。

このような活動に，トップアスリートだけでなく，トップを目指すアスリート，趣味でスポーツをする人，スポーツをみる人，ささえる人な

ど，スポーツに携わる多様な人々が参加することで，「ソフトテニスにおけるフェア，ソフトテニスの価値を守る」ことができる。

## 3．ドーピングとは

「スポーツにおいて，禁止されている物質や方法によって競技能力を高め，意図的に自分だけが優位に立ち，勝利を得ようとする行為」のことを「ドーピング」という。メディアで取り上げられているような禁止薬物を使用することだけではない。また，意図的であるかどうかに関わらず，ルールに反するさまざまな競技能力を高める「方法」や，それらの行為を「隠すこと」も含めて，ドーピングと呼ぶ。

「アンチ・ドーピング規則違反」は，以下の11項目あり，禁止物質・方法の使用以外の項目，選手だけでなく，サポートスタッフなども違反の対象となる項目もある。

①採取した尿や血液に禁止物質が存在すること
②禁止物質・禁止方法の使用，または使用を企てること
③ドーピング検査を拒否，避ける，実行しないこと
④居場所情報関連の義務を果たさないこと
⑤ドーピング・コントロールのいかなる過程において不正干渉をすること，または不正干渉を企てること
⑥正当な理由なく禁止物質・禁止方法を持っていること
⑦禁止物質・禁止方法を不正に取引し，入手しようとすること
⑧アスリートに対して禁止物質・禁止方法を使用または使用を企てること
⑨アンチ・ドーピング規則違反を手伝い，促し，共謀し，関与する，または関与を企てること
⑩アンチ・ドーピング規則違反に関与していた人とスポーツの場で関係を持つこと
⑪ドーピングに関する通報を阻止したり，通報

者に対して報復したりすること
※①～④はアスリートにのみ適用。⑤～⑪はアスリートとサポートスタッフに適用

## 4．ドーピング検査の実際

ドーピング検査は，アスリート自らがクリーンに競技に臨んでいることを証明できる手段である。検査の信頼性を保証するため，検査を実施する競技大会や検査対象者が，事前に公開・通知されることはない。

また，検査対象大会の選定，検査対象の選定，検体の取り扱い・搬送，結果管理，聴聞会などすべてのプロセスは，大会主催者（MEO），国際競技連盟（IF），国際検査機関（ITA），各国のアンチ・ドーピング機関（日本では JADA）が，「検査及びドーピング調査に関する国際基準に（ISTI）」に基づき統一された手順で行う。アスリートから採取する検体は，尿や血液である。

日本ソフトテニス連盟主催の大会の要項にはアンチ・ドーピングに関する記載がされており，大会にエントリーすることにより，ドーピング検査を受けることに同意したものとみなされる。18歳未満のアスリートは保護者記入の同意書を大会時に持参する必要があるため，事前に JADA ホームページよりダウンロードして作成し，検査対象となった時に提示できるよう準備しておく。

また，全日本総合選手権・国民スポーツ大会などでは，事前の TUE 申請（後述）が必要になるため，持病がある選手は大会出場が決まり次第，申請をする必要がある。

検査には以下の２種類があり，アスリートは，いつでも・どこでも検査に対応する義務がある。

### (1) 競技会外検査

自宅やトレーニング場など競技会（大会）以外で行われる検査。居場所情報を提出しているアスリート（RTP/TP）が対象となることが多いが，すべての選手が対象となる可能性がある。

### (2) 競技会検査

アスリートが参加する競技会の期間中に行われる検査。年齢や成績に関わらず，大会に参加するすべてのアスリートが対象。敗戦後，もしくは決勝戦後に通告され，体調不良や大きなケガでの受診が必要な場合を除き，検査が終了するまでは帰宅できないため，帰りのチケットなどは変更可能なものを用意しておくとよい。

## 5．アンチ・ドーピング規則違反の結果

ドーピングはアスリートの健康だけでなく，ソフトテニス界や社会へも悪い影響を及ぼす。検査により違反が疑われる場合，アスリートとその競技団体に対して，書面で通知が送られ，「暫定的な資格停止」が課され，正式に処分が決定するまでは競技会や練習への参加は禁止される。アスリートには，検査で採取した検体の再分析を依頼する権利，規律パネルによる公正な聴聞会に参加する権利があり，不服申し立てをすることができる。制裁としては主に次のように課される。

### (1) 成績の失効

対象の大会の成績，賞金，ポイントが失効する。ソフトテニスではダブルスのペアや団体戦のチームの成績も失われる。

### (2) 資格停止

競技会や練習への参加，コーチ活動などが禁止となる「資格停止」処分となる。違反の内容，それに対する申し立てや立証程度により，資格停止期間が決まる。数カ月から永久資格停止となる可能性がある。

## 6．アスリートの権利

アスリートには，３つの権利がある。

## (1) アンチ・ドーピングに関する教育を受ける権利

日本ソフトテニス連盟では，全日本，アンダーカテゴリー合宿での講義，大会でのアウトリーチブースを実施している。

## (2) 健康でスポーツに参加する権利

持病やケガなどの治療のために禁止物質や禁止方法を使用しなければならないとき，「治療使用特例（TUE）」を申請する権利がある。ただし，以下のすべての条件を満たすことを医師により証明する必要がある。

1）適切な臨床的証拠に基づく診断であること

2）使用しても，健康を取り戻す以上に競技力を向上させる効果を生まないこと

3）禁止物質・禁止方法が当該疾患に対する適切治療であり，他に代えられる治療方法がない

4）ドーピングの副作用に対する治療ではない

TUE 申請は以下の疾患や使用薬でよく行われている。

※禁止物質・方法を使用する主な疾患

気管支喘息，糖尿病，アナフィラキシー，炎症性腸疾患，ADHD，静脈内注入（点滴），突発性難聴，ほか

※使用頻度の高い禁止物質

ベータ2作用薬，利尿薬及び隠蔽薬，糖質コルチコイド，ほか

## (3) 公平・公正な検査を受ける権利

アスリートには，国や地域，競技，障がいの有無に関係なく，透明性の高い検査を受ける権利があり，守られている。検査実施の際には，NF-Rep（アンチ・ドーピングや検査に精通した連盟の代表者）が立ち会っており，検査の進行や選手のサポートをしている。

# 7. アスリートの役割と責務

クリーンでフェアなスポーツを守るため，アスリートには7つの役割と責務がある。

①ルールを理解し守る

②いつでも，どこでも検査に対応

③体内に摂り入れるものに責任を持つ

④アスリートとしての自分の立場と責務を伝える

⑤過去の違反を正直に伝える

⑥ドーピング調査に協力する

⑦サポートスタッフの身分を開示する

④の責務の3. について，自分の体内に摂り入れるものすべてに責任を持つことを「厳格責任の原則」という。日頃から治療前には必ず禁止物質の確認や飲料の管理などを行い，自身のリスクマネジメントをしなくてはならない。

以下（1）～（3）は意図せずに摂取して違反となった事例があるため，注意が必要である。

## (1) 漢方薬

禁止物質が含まれているものが一部あり，服用しないようにする。漢方薬は，動物や植物などの天然物から由来の「生薬」が含まれている。「生薬」は，含有されるすべての物質が明らかになっているわけではなく，「漢方薬に禁止物質が含まれていない」と断言することはできないため，服用しないことが推奨されている。また，明らかに禁止物質が含まれているものがあること，一見漢方薬でないものでも「○○エキス」と成分表に記載があるものは生薬を使用しているため，成分表などをチェックしたり，薬剤師に確認してもらうとよい。

## (2) サプリメント

サプリメントは食品であり，すべての含有成分を表示する法的な義務がない。そのため，サプリ

メントに禁止物質が含まれていないという保証はできない。また，サポートスタッフや知人より勧められたサプリメントによる違反が多発している。「サプリメント使用が違反につながる可能性がある」という大きなリスクに対して，「サプリメント使用から期待される効果」を客観的に比較し，アスリート自身の責務から，サプリメントの必要性に対する適切な判断が求められる。一時期，海外生産のものでなければ大丈夫，という風潮があったが，国内生産のものであっても，使用する際は「第三者認証」を得たものにするなどの注意が必要である（必ず安全という製品はない）。

### （3）病院処方薬，薬局などでの購入薬

内服薬だけではなく，湿布や軟膏など肌に塗るもの，目薬，点鼻薬などあらゆるものに禁止物質が含まれる可能性がある。また，すべての医師・薬剤師が禁止物質・方法について詳しいわけではないため，参照サイトを提示する準備，事前に「スポーツファーマシスト」が在勤する薬局を調べておくとよい。

実際に，治療や処置を受ける前，薬局やドラッグストアで薬を購入する際には，以下を医師や薬剤師に伝えるようにする。

・自身がアスリートで，スポーツで使用が禁止されている物質・方法があること
・禁止物質・方法を使用せずに治療が可能か検討
・最新の禁止表やアンチ・ドーピングに関する情報
・注意が必要な治療薬・Global DRO などの確認
以上の点に留意していても検査で陽性結果が出た時に備えて，処方や購入の経緯がわかるものと，1回使用量の現物を保存しておくとよい。
・病院処方薬の場合
薬局で渡される処方内容の詳細用紙
・市販薬やサプリメントの場合
購入した際のレシート，外箱（製造番号がわかる）

## 8．Speak Up 制度

巧妙化するドーピングにおいて，ドーピング検査で見つけられる違反は限定的である。ドーピングに関して通報された情報をもとにドーピング調査を行い，違反を立証することもクリーンスポーツにおいて大きな役割を果たしている。

①競技会会場で不審な使用済みの注射針を落としたアスリートがいた
②一緒に練習しているアスリートが，禁止物質が含まれていると知りながらも，そのサプリメントを使用している
③コーチから，特定の薬を飲むよう指示されている

このようなドーピング行為の疑いがあると考えられるときは，通報してほしい。通報は匿名で行うことができ，通報者の個人情報は，調査担当者以外の第三者に提供されることがないよう法令等に従って厳守される。また，通報の妨害や，通報者への報復は，アンチ・ドーピング規則違反として定められている。

Speak Up することがアスリート自身のクリーンスポーツに参加する権利を守り，クリーンスポーツ環境を守っていくことにつながる。

## 9．最後に

日本アンチ・ドーピング機構（JADA）の WEB サイトでは，たくさんの情報がわかりやすく掲載されている。

①選手・サポートスタッフ向け
https://www.realchampion.jp/
②医師・薬剤師向け
https://www.playtruejapan.org/medical/
WAD-CODE の改定後，URL は変更になる可能性がある。JADA ホームページで最新の情報を確認されたい。